Bernd Kollmann

Jerusalem

Bernd Kollmann

Jerusalem

Geschichte der Heiligen Stadt im Zeitalter Jesu

Abb. S. 2: Einzug Christi in Jerusalem, Maximianskathedra, Ravenna, Elfenbein, um 550

Die Deutsche Nationalbibliothek verzeichnet diese Publikation in der Deutschen Nationalbibliografie; detaillierte bibliografische Daten sind im Internet über http://dnb.dnb.de abrufbar.

Lizenzausgabe 2013 für den Primus Verlag, Darmstadt

Der Primus Verlag ist ein Imprint der WBG (Wissenschaftliche Buchgesellschaft), Darmstadt
Die Herausgabe des Werkes wurde durch die Vereinsmitglieder der WBG ermöglicht.

Einbandgestaltung: Christian Hahn, Frankfurt a. M.
Einbandabbildung: Jerusalem, Platz des Antonia-Turms (Fotochromdruck um 1890/1900); © picture-alliance/akg-images
Layout und Satz: Felgner und Zierke, Berlin
Redaktion: Heide Reinhäckel, Berlin
Gedruckt auf säurefreiem und alterungsbeständigem Papier
Printed in Germany
www.primusverlag.de
ISBN: 978-3-86312-059-7

Lizenzausgabe für die WBG (Wissenschaftliche Buchgesellschaft), Darmstadt
Einbandgestaltung der WBG-Lizenzausgabe: Peter Lohse, Heppenheim
Einbandabbildung der WBG-Lizenzausgabe: Jerusalem, Tempel (Rekonstruktion); © akg-images/Erich Lessing
www.wbg-wissenverbindet.de
ISBN 978-3-534-25667-9

Inhaltsverzeichnis

Vorwort ***7***

Faszination Jerusalem ***8***

Der wandernde Gott wird sesshaft 10

Zerstörung und babylonisches Exil 12

Mühsamer Neubeginn 14

Der Aufstand der Makkabäer und die Hasmonäerdynastie ***16***

Jerusalem wird eine hellenistische Polis 18

Menelaos verbietet die jüdische Religion 19

Der Aufstand der Makkabäer 21

Die Errichtung des Hasmonäerreiches 22

Der Bau der Festung Baris und des Königspalastes 22

Zitronenwürfe, Bürgerkrieg und eine Massenkreuzigung 24

Blutiger Bruderzwist um den Thron 25

Der Einmarsch des Pompeius in Jerusalem 26

Herodes erschafft seine Hauptstadt ***28***

Der Aufstieg des Herodes 30

König ohne Königreich 31

Ein Staatsbesuch von Kleopatra 33

Befestigungsanlagen und Residenzbauten 34

Theater, Amphitheater und Hippodrom 37

Die Neugestaltung von Tempel und Davidsgrab 38

Der Herrscher im Urteil der Geschichte 41

Ein Platz für die Ewigkeit: Der Tempel ***42***

Die Tempelanlage 44

Das Tempelhaus 45

Hohepriester und Kultpersonal 47

Tempelkult und Tempelbetrieb 49

Tempelsteuer und weitere Abgaben 50

Die zentralen Feste 51

Der Tempel als Schatzhaus und Bank 52

Die Herrschaft der Römer ***54***

Unruhen nach dem Tod des Herodes 56

Umwandlung Judäas in eine römische Provinz 57

Zensus und Steuerlasten 58

Römische Provinzialverwaltung 60

Die Amtsführung von Pontius Pilatus 62

Die Erschütterungen unter Caligula 64

Das Leben in der Heiligen Stadt ***66***

Bevölkerung und Sozialstruktur 67

Handwerk, Handel und Fremdenverkehr 69

Geld 71

Kleidung und Ernährung 72

Hungersnöte und Sozialfürsorge 75

Bildung, Kultur und Unterhaltung 76

Familienleben und Geschlechterrollen 78

Bestattungssitten und Gräber 79

Religion zur Zeit Jesu ***82***

Zadokiden und Sadduzäer 84

Die Pharisäer als Partei des Volkes 86

Das Essenertor in Jerusalem 88

Konflikte zwischen Juden und Samaritanern 91

Synagogen in der Heiligen Stadt 92
Radikalisierung der Religion durch die Zeloten 95
Pagane Kulte in Jerusalem 97

Jesus in Jerusalem ***100***
Der zwölfjährige Jesus im Tempel 101
Heilungen in Betesda und am Teich Schiloach 102
Jesus und die Ehebrecherin 104
Die Tempelreinigung 105
Betanien als Rückzugsort Jesu 106
Streitgespräche im Tempel 107
Die apokalyptische Rede auf dem Ölberg 109
Der Verrat des Judas 110
Das letzte Abendmahl 111
Verhaftung in Getsemani und Prozess 113
Jesus vor Pontius Pilatus und Herodes Antipas 116
Kreuzesweg und Hinrichtung auf Golgota 119
Die Grablegung Jesu 121
Sagenumwobene Passionsreliquien 123
Auferstehung und Himmelfahrt Jesu 127

Herodes Agrippa I.: Der letzte König von Judäa ***130***
Jugendjahre in Rom und Flucht vor Gläubigern 132
Vom Lebemann zum König in Jerusalem 133
Religionspolitik und Haltung zum Tempel 134
Befestigung Jerusalems und Außenpolitik 135
Tod des Königs und römische Herrschaft 136
Agrippa II. als Herrscher über den Tempel 138

Die Anfänge der Kirche ***140***
Tod des Judas und Nachwahl des Matthias 141
Das »Obergemach« auf dem christlichen Zion 142
Strukturen und Leitung der Urgemeinde 144
Tempel und Hausgemeinden 146
Besitzverzicht und Armenfürsorge 147
Verfolgung und Martyrium 149
Der Apostelkonvent 151
Die Kollekte für die Urgemeinde und die Verhaftung des Paulus 152
Die Urgemeinde und der jüdische Aufstand 154

Die Erhebung der Juden gegen die Römer ***156***
Die Eskalation der Konflikte 158
Der Beginn des Krieges gegen die Römer 159
Vespasian und Titus belagern Jerusalem 162
Die Zerstörung von Stadt und Tempel 164
Die Folgen des Krieges für Jerusalem 164
Erneuter Aufstand unter Bar Kochba 167
Jerusalem wird zu Aelia Capitolina 170

Von der Antike in die Gegenwart ***172***
Kaiser Konstantins Siegeszug und die Folgen 173
Der Beginn der christlichen Pilgerfahrt 175
Die Islamisierung Jerusalems 176
Das Königreich Jerusalem der Kreuzfahrerzeit 179
Die Zeit des Omanischen Reiches 180
Unter britischem Mandat 183
Hauptstadt des Staates Israel 184

Zeitstrahl ***186***

Literaturverzeichnis ***188***

Abbildungsnachweis ***192***

Vorwort

Jerusalem ist die Heilige Stadt von Juden, Christen und Muslimen. In engster Nachbarschaft verehren sie dort ihren Gott an den Stätten seiner Offenbarung. Über die Zeiten hinweg haben die drei monotheistischen Weltreligionen das Bild Jerusalems in vielfältiger Weise geprägt. Es gibt kaum einen Quadratmeter, der nicht geschichtsträchtiger Boden wäre. Für Christen ist Jerusalem der Ort des Leidenswegs Jesu, des Ostergeschehens und der Anfänge der Kirche. Früh bildete sich der Wunsch der Gläubigen heraus, an den Stätten des Wirkens Jesu auf seinen Spuren zu wandeln und ihm wenn schon nicht zeitlich, dann wenigstens räumlich nahe zu sein. Der Mythos Jerusalem ist ungebrochen und hat über die Zeiten hinweg nichts von seiner Faszination eingebüßt. Kaum ein Ort der Welt ist derart symbolträchtig und geheimnisumwittert wie die Heilige Stadt. Der traditionell das Passahmahl beschließende Wunsch »Nächstes Jahr in Jerusalem« hat sich längst verselbstständigt und ist zum geflügelten Wort geworden, das weit über das Judentum hinaus die Sehnsüchte und Träume der Menschen widerspiegelt. Alljährlich verzeichnet Jerusalem um die drei Millionen Besucher, von denen mehr als die Hälfte christliche Pilger sind.

Das vorliegende Buch zeichnet die Geschichte der Heiligen Stadt im neutestamentlichen Zeitalter nach. Es versucht auf der Grundlage der literarischen Quellen und archäologischen Erkenntnisse ein lebendiges Bild von den politischen Verhältnissen, dem religiösen Leben und der Alltagswirklichkeit im Jerusalem der Zeitenwende zu vermitteln. Dr. Dirk Palm von Palmedia Publishing Services in Berlin hat den Anstoß zu dem Buch gegeben und sein Entstehen begleitet, Dr. Heide Reinhäckel die Texte lektoriert und die Bildauswahl vorgenommen. Beiden danke ich für die enge und gute Zusammenarbeit. Meine studentische Hilfskraft Dominik Neben hat mich bei der Literaturbeschaffung unterstützt.

Siegen und Wolfsburg, im Juli 2013

Bernd Kollmann

Faszination Jerusalem

An der Klagemauer haben sich unzählige Juden mit Gebetsschals um die Schultern und Gebetsriemen an den Armen versammelt. Die meisten wiegen sich rhythmisch im Takt der heiligen Texte, während sie diese laut rezitieren. Vereinzelt werden Mobiltelefone hochgehalten, um die Gebete in alle Welt zu übertragen. Die fromme Stimmung kann jedoch jederzeit in Tumulte und tätliche Übergriffe durch ultraorthodoxe Juden umschlagen, sobald Frauen an der Klagemauer die Gleichberechtigung einfordern und mit Gebetsschals und Gebetsriemen laut beten, wie es auch die Männer tun. Nicht weit davon entfernt ziehen Christen mit Holzkreuzen über die Via Dolorosa, um an die Leidensstationen Jesu zu erinnern. Manche von ihnen haben sich blutrot mit Farbe beschmiert. Andere Gläubige reihen sich in die Besucherschlangen an der Grabeskirche ein. Diese befindet sich in der Hand von sechs christlichen Konfessionen, die über Eigentumsfragen und Nutzungsansprüche derart zerstritten sind, dass es zuweilen sogar zu Prügeleien am Heiligen Grab Jesu kommt. Zur selben Zeit strömt eine Vielzahl von muslimischen Gläubigen durch die Gassen der Altstadt zum Tempelberg, um in der Al-Aqsa-Moschee, die sich in unmittelbarer Nachbarschaft des Felsendoms auf dem Haram asch-Scharif erhebt, zum Gebet zusammenzukommen.

Jerusalem ist die Heilige Stadt der Juden, Christen und Muslime. In engster Nachbarschaft verehren sie dort ihren Gott an den Stätten seiner Offenbarung. Dabei treibt der Glaube zuweilen seltsame Blüten und schreckt auch vor Handgreiflichkeiten zur vermeintlichen Ehre Gottes nicht zurück. Es gibt kaum einen Quadratmeter

Die Klagemauer, die westliche Begrenzungsmauer des Zweiten Tempels, der auch zur Zeit Christi in Jerusalem stand, ist einer der zentralen Orte des jüdischen Glaubens.

in Jerusalem, der nicht geschichtsträchtiger Boden wäre. Über die Zeiten hinweg haben die drei monotheistischen Weltreligionen in der Heiligen Stadt tiefe Spuren hinterlassen. Dort soll Adam begraben liegen und Abraham zur Opferung seines Sohnes bereit gewesen sein. Von Jerusalem aus regierten David, Salomo und Herodes ihre Königreiche. Die Stadt ist der Schauplatz von Kreuzigung, Grablegung und Auferstehung Jesu. Hier stand mit dem goldüberzogenen Tempel des Herodes das prächtigste Heiligtum des Vorderen Orients, bis es von den Römern in Schutt und Asche gelegt wurde. Knapp 600 Jahre später wurde der Tempelberg zum Zielpunkt der Nachtreise Mohammeds, der nach muslimischer Tradition hier sein Pferd Buraq festband und auf einer Leiter in den Himmel aufstieg. Jahr für Jahr pilgern hunderttausende von Juden, Christen und Muslimen zu ihren heiligen Stätten, zur Klagemauer, Grabeskirche, Al-Aqsa-Moschee und zum Felsendom. An kaum einem anderen Ort der Welt glauben sie ihrem Gott so nahe zu sein wie dort.

Der wandernde Gott wird sesshaft

Jerusalem rückt meist erst mit dem sagenumwobenen Aufstieg Davids zum König Israels in das Geschichtsbewusstsein, doch in Wirklichkeit blickt die Stadt zu jenem Zeitpunkt bereits auf eine längere Historie zurück. Erste Siedlungsspuren stammen aus der Kupfersteinzeit, in der sich im mittelpalästinischen Gebirge an der Gichon-Quelle eine Art Hirtenlager befand. Im frühen 2. Jahrtausend v. Chr. entsteht auf der von Tälern geschützten Anhöhe westlich der Gichon-Quelle, die nun mit massiven Schutztürmen versehen ist, die auf einer ägyptischen Fluchtafel erwähnte Siedlung Uruschalimum, deren Name wohl „Berghöhe des Schalim“ bedeutet. Bei Schalim handelt es sich um den Gott der Morgenröte. Im 14. Jahrhundert v. Chr. werfen Briefe des Königs von Jerusalem (Urusalim) aus der Armana-Korrespondenz, einer Sammlung von fast 400 Briefen der lokalen Herrscher aus den von Ägypten unterworfenen Gebieten, Licht auf die Stadtgeschichte. Das vorbiblische Jerusalem ist Knotenpunkt wichtiger Handelswege und das vermutlich 2000 Einwohner umfassende Zentrum eines kanaanäischen Stadtstaates, der sich in einem Radius von ungefähr 30 Kilometern in das Umland erstreckt. Wie alle kanaanäischen Städte besitzt die von Jebusitern bewohnte Bergsiedlung eine Königsburg, ein Kultheiligtum mit Priesterschaft und Befestigungsmauern. In der Zeit um 1200 v. Chr. werden die halbnomadischen Vorfahren Israels sesshaft und beginnen die kanaanäischen Stadtstaaten zu unterwerfen, ohne dass Jerusalem in ihre Hände fällt.

Unter dem Druck der Philister, die von der südlichen Küstenebene Palästinas aus ihren Einflussbereich in das Landesinnere hinein ausweiten und mit ihren gut ausgerüsteten Kriegern zur akuten Bedrohung werden, schließen sich die von charismatischen Richtergestalten geführten zwölf Stämme enger zusammen. Dem Königtum Sauls über den nun entstehenden Stämmebund ist trotz anfänglicher Erfolge nur eine kurze Dauer beschieden. Nachdem Saul im Kampf gegen die Philister eine vernichtende Niederlage erleidet und sich in das Schwert stürzt, wird sein charismatischer Heerführer David in Hebron zum König von Juda gesalbt. Bald

Die Bundeslade besiegelt im Judentum den Bund Gottes mit dem Volk Israels. Mosaik mit Darstellung der Bundeslade aus der Synagoge Beth Alpha, Israel

dehnt David seine Macht auch auf die Nordstämme aus und legt das Fundament für ein vereintes jüdisches Königreich. Die gleichsam auf neutralem Territorium zwischen den nördlichen und südlichen Stammesgebieten gelegene Jebusiterstadt Jerusalem lässt David durch seine Söldner erobern, macht sie zu seiner Residenz und erhebt sie durch die feierliche Einholung der Bundeslade zum Zentrum des Jahwe-Glaubens. Der wandernde Gott der Nomaden wird sesshaft, wobei es in beträchtlichem Maße zur Integration kanaanäischer Gottesvorstellungen in den Jahwe-Glauben kommt.

Unter Davids Sohn Salomo erlebt das jüdische Jerusalem eine erste Blütezeit. Durch Salomos internationale Handelsbeziehungen tritt eine Zeit des Friedens und Wohlstands ein. Mit dem Tempelbau und der Überführung der Bundeslade in das Allerheiligste wird die Stellung Jerusalems als kultischer Mittelpunkt des Königreichs gefestigt. Jahwe, der Gott der neuen Herrscherdynastie, hat seinen Thronsitz nun auf dem Zion, wo ihm die Lade als symbolischer Fußschemel dient. Südlich des Tempels lässt Salomo seinen Königspalast errichten.

Zerstörung und babylonisches Exil

Die Blütezeit Jerusalems unter Salomo ist nicht von langer Dauer. Bereits in der Endphase seiner Herrschaft beginnt das von David geschaffene Staatsgebilde an den Rändern zu bröckeln. Nach Salomos Tod zerfällt es 926 v. Chr. in zwei eigenständige Königreiche. Jerusalem ist nur noch die Hauptstadt des kleinen Südreichs Juda, das sich von der Ausdehnung und Wirtschaftskraft her nicht mit dem Nordreich Israel messen kann. Die exponierte Lage zwischen

Die erst 1880 entdeckte Inschrift am Eingang des Schiloach-Tunnels, der unter König Hiskija zur Wasserversorgung Jerusalems während der Belagerung angelegt wurde, berichtet über die Grabung des Tunnels von beiden Seiten.

Ägypten und Mesopotamien lässt beide jüdischen Königreiche bald zum Spielball der vorderorientalischen Großmächte und ihrer imperialen Gelüste werden. Mitte des 9. Jahrhunderts v. Chr. gelingt es dem assyrischen Großreich, seinen Einflussbereich nach Palästina und Ägypten auszudehnen. Als der im Nordreich Israel regierende König Hoschea den Vasallenvertrag mit den Assyrern aufkündigt und auf ein Bündnis mit Ägypten setzt, fällt sein Territorium 722 v. Chr. der assyrischen Eroberung zum Opfer. Die Oberschicht des Nordreiches Israel wird deportiert und über unterschiedliche Orte des assyrischen Großreiches verstreut, womit sich ihre Spur verliert. Das zu jener Zeit von Hiskija regierte Südreich Juda unterwirft sich den Assyrern und bleibt unbehelligt.

Durch den Zustrom von Flüchtlingen aus dem Norden erlebt Jerusalem einen deutlichen Aufschwung. Erstmals wird nun auch der Westhügel besiedelt. König Hiskija verstärkt die Stadtmauern und ordnet den Bau des über 500 Meter langen Schiloach-Tunnels an, durch den das Wasser der Gichon-Quelle unterirdisch in die Stadt geleitet wird. Eine 1880 entdeckte Inschrift gibt Zeugnis von diesem technischen Meisterwerk. Damit trotzt Jerusalem der Belagerung durch Sanherib, der 701 v. Chr. in das Land einmarschiert, als Hiskija die Tributzahlungen an Assur einzustellen wagt. Im allgemeinen Freudentaumel über den unerwarteten Abzug des assyrischen Heeres ruft der Prophet Jesaja zur Trauer auf. Ein Jahrhundert später ist mit dem Aufstieg der Babylonier zur neuen Großmacht im Zweistromland der Untergang des Südreichs Juda und das Ende der Daviddynastie vorprogrammiert. König Jojakim wagt es, gegen den babylonischen Herrscher Nebukadnezzar II. aufzubegehren, woraufhin dieser 597 v. Chr. Jerusalem erobert. Die Königsfamilie und Teile der Oberschicht, unter ihnen der Prophet Ezechiel, werden nach Babylon verbannt. Als wenige Jahre später auch der neue König Zidkija den Babyloniern die Stirn bietet und alle Warnungen des Propheten Jeremia ungehört verhallen, geht Nebukadnezzar mit unerbittlicher Härte vor. Er lässt Jerusalem 586 v. Chr. erneut stürmen und mitsamt dem Tempel dem Erdboden gleichmachen. Das Königreich Juda wird zerschlagen und sein Territorium in die benachbarte Provinz Samarien eingegliedert. Zwei weitere Deportierungswellen nach Babylon schließen sich an.

Für die ins Exil Verschleppten wird Jerusalem nun zum Ort der Sehnsüchte und Träume. Der unbekannte Prophet, der sich im zweiten Teil des Jesajabuches (Jes 40–55) zu Wort meldet, malt die Befreiung aus dem babylonischen Exil und Rückkehr in die Heimat in den schillernden Farben eines Triumphzuges zum Zion aus, der sogar den Exodus aus Ägypten in den Schatten stellt und Jerusalem angesichts der Zahl der Rückkehrer aus allen Nähten platzen lässt. Als der Perserkönig Kyros ein halbes Jahrhundert nach Beginn des Exils das Babylonische Reich niederringt und der Moment der Befreiung gekommen ist, macht sich Ernüchterung breit. Die Mehrzahl der Exilierten zieht das Leben in Babylon, wo sie ihre Religion frei ausüben können und in gesicherten wirtschaftlichen Verhältnissen leben, der Heimkehr in die zerstörte Kleinstadt am Rande der judäischen Wüste vor. Auch der von Kyros genehmigte und aus der Staatskasse geförderte Wiederaufbau des Tempels kommt zunächst nur schleppend voran.

Mühsamer Neubeginn

Mit der Einweihung des Zweiten Tempels, die schließlich im Jahr 515 v. Chr. begangen werden kann, erwacht der Mythos Jerusalem Schritt für Schritt zu neuem Leben. Doch es bleibt ein langer und mühseliger Weg, bis Jerusalem unter den Hasmonäern zu alter Blüte zurückfindet und dann unter Herodes dem Großen zu einer der prachtvollsten Städte des Ostens wird. In der Zeit unmittelbar nach dem Exil stellt Jerusalem nur noch einen Schatten seiner früheren Tage dar. Weite Teile der Stadt liegen nach wie vor in Schutt und Asche, Tore und Mauern sind zerstört. Der Tempel, ohne den Jerusalem nun vermutlich in der Bedeutungslosigkeit versunken wäre, ist ein bescheidener Neubau und kann sich mit dem von Nebukadnezzar zerstörten Vorgängermodell nicht messen. Jerusalem bleibt innerhalb der von Damaskus aus verwalteten Satrapie Transeuphrat wohl zunächst Samaria unterstellt, bevor es im 5. Jahrhundert v. Chr. zum Verwaltungszentrum der neuen persischen Provinz Jehud aufsteigt, die zwar von der territorialen Ausdehnung bei Weitem nicht an das alte Königreich Juda heranreicht, aber den Status eines in inneren Angelegenheiten autonomen Tempelstaates besitzt. Unter Nehemia erhält die Stadt, die nur wenige Tausend Einwohner besitzt, wieder eine Mauer. Das Wohngebiet beschränkt sich auf den schmalen Südosthügel unterhalb des Tempelareals, die Davidstadt. Mit den Reformen Esras wird um 400 v. Chr. die Thora zur verbindlichen Lebens- und Rechtsordnung im jüdischen Tempelstaat. Neben dem Tempel stellt die nördlich davon gelegene Felsenburg (Neh 7,2) das einzig imposante Bauwerk dar. Prunkbauten wie das von den Babyloniern zerstörte Königsschloss sucht man vergeblich im Stadtbild. Als Umgangssprache beginnt das Aramäische, die persische Reichssprache, das Hebräische allmählich zu verdrängen.

An diesen Gegebenheiten ändert sich auch in der Zeit Alexanders des Großen und der anschließenden Diadochenherrschaft über das jüdische Volk wenig. Erst die Hasmonäer verleihen Jerusalem im 2. Jahrhundert v. Chr. wieder jenen Glanz, den es in der vorexilischen Königszeit ausstrahlte. Die kleine Provinzstadt mit Tempel verwandelt sich in die blühende Metropole eines jüdischen Großreiches zurück, deren Bevölkerung auf schätzungsweise 30 000 Personen anwächst. Dem ging allerdings ein erbitterter Kampf um Religionsfreiheit und politische Unabhängigkeit voraus. Nur um Haaresbreite konnte verhindert werden, dass Jerusalem zu einer griechischen Polis wurde und Zeus dauerhaft auf dem Zion Platz nahm.

Jeder Stein in der Jerusalemer Altstadt atmet Geschichte.

Der Aufstand der Makkabäer und die Hasmonäerdynastie

Wer um 175 v. Chr. durch Jerusalem spazierte, konnte merkwürdige Dinge beobachten, wie man sie bis dahin in der Stadt noch nicht zu Gesicht bekommen hatte. Am Fuße der Felsenburg, die sich auf der Nordseite des Tempelbergs erstreckte und unter dem Befehl des seleukidischen Stadtkommandanten stand, waren auf Initiative des Hohepriesters Jason ein Gymnasium und ein Ephebeninstitut errichtet worden. Solche Einrichtungen für sportliche, musische und akademische Übungen, die von den jungen Männern der vornehmen Familien, Epheben genannt, zur Vorbereitung auf ihre Führungsrolle in der Gesellschaft besucht wurden, prägten das Bild einer jeder ambitionierten griechischen Stadt. In Jerusalem waren sie bis dahin unbekannt. Nun stolzierten jüdische Jünglinge aus der Oberschicht in Ephebenuniform – einem kurzen, die Beine unbedeckt lassenden Reitermantel mit breitkrempigem Sonnenhut – unter den staunenden Blicken der Öffentlichkeit zum Gymnasium. Dort trugen sie nach griechischer Sitte mit entblößtem Körper sportliche Wettkämpfe aus. Viele von ihnen hatten durch einen chirurgischen Eingriff die Beschneidung rückgängig machen lassen, um nicht vor aller Augen als Anhänger einer scheinbar altmodischen, sich dem Zeitgeist widersetzenden Religion dazustehen. Auch auf die Priester des Jerusalemer Tempels machten die Neuerungen nachhaltig Eindruck. Bei den ersten Lauten, die aus dem nahe gelegenen Gymnasium erschallten, eilten sie ohne Rücksichtnahme auf ihre kultischen Pflichten den Tempelberg hinab, um den Jünglingen mit Begeisterung beim Diskuswerfen zuzuschauen.

Unter der Herrschaft des Seleukidenkönigs Antiochus III. konnten die Juden noch ungehindert ihre Religion ausüben. Römische Porträtbüste aus dem 3. Jahrhundert v. Chr.

Jerusalem wird eine hellenistische Polis

Hinter diesen Neuerungen stand die Geisteshaltung eines aufgeklärten und weltoffenen Judentums, das sich als Teil der hellenistischen Zivilisation verstand. Wie andere urbane Eliten suchte die Jerusalemer Aristokratie Anschluss an die hellenistische Kultur. Vorrangiges Ziel war es, Judäa aus seiner wirtschaftlichen wie geistigen Randstellung zu befreien. Um die konservativen Kräfte zu schwächen, entstand der Plan, die theokratische Verfassung außer Kraft zu setzen und Jerusalem in eine griechische Polis mit Namen Antiochia umzuwandeln. Die politische Ordnung sollte nicht mehr durch die Thora legitimiert und vom Hohepriester bestimmt werden, wie es seit den Tagen Esras der Fall war, sondern sich nach griechischem Vorbild auf die Verfassungsorgane der Polis stützen. Der Besuch des Gymnasiums und Ephebeninstituts unterhalb des Tempels stellte eine wesentliche Voraussetzung für die aktive Beteiligung am politischen Leben dar. Dies lief darauf hinaus, dass das Bürgerrecht und mit ihm die Einflussnahme auf die Belange der Polis allein der Oberschicht vorbehalten blieben.

Diese Veränderungen waren das Ergebnis der geschichtlichen Entwicklungen im Zeitalter des Hellenismus. Denn die von Alexander dem Großen mit atemberaubender Geschwindigkeit geschaffene neue Weltordnung brachte im östlichen Mittelmeerraum auch für Jerusalem einschneidende Veränderungen mit sich. Sie setzte der Perserherrschaft über die Stadt ein Ende und leitete den Prozess der Hellenisierung des jüdischen Geisteslebens ein. In den Diadochenkriegen um das Erbe Alexanders etablierten seine Generäle Ptolemaios und Seleukos im Osten zwei neue Großmächte, die um die Kontrolle über das strategisch bedeutsame jüdische Territorium stritten. Nachdem Judäa für ein Jahrhundert (301–200 v. Chr.) zum ägyptischen Ptolemäerreich gehört hatte, gelang es dem syrischen Seleukidenhaus unter Antiochus III. im 5. syrisch-ägyptischen Krieg, einen Herrschaftswechsel herbeizuführen. Dies wurde in Jerusalem zunächst mit Begeisterung aufgenommen. Antiochus III. förderte Baumaßnahmen in der Stadt und gewährte zum Ausgleich für die erlittenen Kriegsschäden Steuerprivilegien. Zudem bestätigte er die jüdische Religionsfreiheit, wie sie seit Ende des babylonischen Exils bestand, und erließ ein Edikt zum Schutz des Tempels.

Das Blatt wendete sich, als Antiochus III. nach dem Sieg über die Ptolemäer seine Expansionsbestrebungen in den Westen ausdehnte und Rom zu einem Gegenschlag herausforderte, dem er nicht gewachsen war. Nach einer vernichtenden Niederlage gegen das römische Heer musste er sich im Friedensabkommen von Apamea zu immensen Reparationszahlungen verpflichten, die das reiche Seleukidenhaus in den finanziellen Ruin trieben. Zur Begleichung der Kriegsschuld kam es überall im Seleukidenreich zu staatlichen Tempelplünderungen, wobei Antiochus III. in Kleinasien den Tod fand. In Jerusalem wäre es dem syrischen Kanzler Heliodor um ein Haar gelungen, den Tempelschatz zu beschlagnahmen.

Die Durchdringung des jüdischen Geisteslebens mit hellenistischem Gedankengut verlief bis zur Herrschaft von Antiochus IV. friedlich. Dann aber wurde der Hellenismus zur

Die Jerusalemer Oberschicht orientierte sich an den hellenistischen Erziehungsidealen, die in der Ephebenausbildung vermittelt wurden. Statue eines nackten Epheben aus dem 3.–2. Jahrhundert v. Chr.

akuten Bedrohung für die jüdische Identität und Religion. Antiochus IV. hatte fast 15 Jahre als Kriegsgeisel in Rom gelebt und war tief vom Geist des Hellenismus beseelt, in dem er zugleich ein geeignetes Mittel zur Stabilisierung seines heterogenen Reiches sah. Seine Thronbesteigung im Jahr 175 v. Chr. war für hellenistisch gesinnte Kreise in Jerusalem das Startsignal für den Versuch, mit seleukidischer Unterstützung den Tempelstaat und die Gesellschaft grundlegend zu modernisieren. Der konservative Hohepriester Onias III. verweigerte sich jedoch den Neuerungen. Er wurde von seinem Bruder Jason aus dem Amt gedrängt, der Antiochus IV. durch hohe Steuerzusagen und Reformversprechen dazu brachte, ihn mit den hohepriesterlichen Aufgaben zu betrauen.

Menelaos verbietet die jüdische Religion

Unter dem neuen Hohepriester Jason, der in den gehobenen Gesellschaftsschichten weitgehend Zustimmung fand, begann die schrittweise Umwandlung des jüdischen Tempelstaats in eine hellenistische Polis. Thora und Tempelkult blieben von diesen Entwicklungen unangetastet, bildeten aber nicht mehr die Grundlage der politischen und sozialen Ordnung. 172 v. Chr. erfolgte abermals ein überraschender Wechsel im Hohepriesteramt. Menelaos, ein zur Überbringung von Steuerzahlungen nach Antiochia entsandter Tempelbeamter, überbot Jasons Tributzusage an den Seleukidenherrscher um ein Vielfaches und bekam so die Hohepriesterwürde zugesprochen. Damit gelangte erstmals eine Person in das Amt des Hohepriesters, die nicht aus dem alten Priestergeschlecht Zadoks (2 Sam 8,17) stammte. Dies stellte einen klaren Verstoß gegen die väterlichen Gesetze dar. Zudem erwies sich Menelaos als radikaler Reformer, dessen Maßnahmen auf eine Abschaffung der jüdischen Religion hinausliefen.

Menelaos wurde in Jerusalem massiv von der Tobiadenfamilie gestützt, die es unter den Ptolemäern mit mehr als fragwürdigen Methoden zu immensem Reichtum gebracht hatte. Nun trat sie aus wirtschaftlichen Gründen für eine noch konsequentere Öffnung des Judentums gegenüber dem Hellenismus ein. Die Reformen von Menelaos entlarvten sich zusehends als Versuch der gesellschaftlichen Elite, mithilfe der Seleukiden das Staatswesen zum eigenen Vorteil unter Kontrolle zu bringen. Um seinen finanziellen Verpflichtungen gegenüber dem Seleukidenhaus nachkommen zu können, veräußerte der Hohepriester Kultgegenstände aus dem

Tempel und brachte damit auch fortschrittliche Kräfte gegen sich auf. Bald darauf musste Antiochus IV., der seit 170 v. Chr. einen Feldzug zur Eroberung des Ptolemäerreichs führte, neue Finanzmittel akquirieren. Er marschierte in Jerusalem ein und konfiszierte mit Billigung von Menelaos den gesamten Tempelschatz. Darunter befanden sich auch für den Kultbetrieb unentbehrliche Stücke wie der Schaubrottisch und die Menora. Zudem entweihte Antiochus IV. den Tempel, indem er das Allerheiligste betrat. Einen bewaffneten Aufstandsversuch des abgesetzten Hohepriesters Jason, der nun auch konservativen Kreisen als das geringere Übel erschien, schlug das seleukidische Heer mit aller Macht nieder und behandelte Jerusalem nach Kriegsrecht. Es fanden Plünderungen statt und ein Teil der Bevölkerung wurde in die Sklaverei verkauft.

Zur Sicherung der Herrschaft über die Stadt errichteten die Seleukiden auf der Südseite des Tempelbergs eine befestigte Zitadelle, die Akra, und bauten sie zu einer Militärkolonie aus. Das Tempelareal befand sich unter Kontrolle der in der Akra lebenden Militärsiedler und der hellenisierten jüdischen Oberschicht. Der Tempel wurde dem olympischen Zeus geweiht. Auf diese Weise vollzogen die Reformer eine Gleichsetzung des Gottes Israels mit der höchsten Gottheit des griechischen Pantheons. Zudem ordnete Antiochus IV. die Verehrung des Dionysos an. Der Vorplatz des Tempelhauses

Rund 30 Kilometer nordwestlich von Jerusalem wurden in den 1990er-Jahren Felsengräber entdeckt, die wahrscheinlich der Familie der Makkabäer als Grabstätte dienten.

wurde nach griechischem Vorbild in einen heiligen Hain verwandelt, dessen kultischen Mittelpunkt ein kleinerer Altar bildete, der auf den großen Brandopferaltar aufgesetzt war. Neben der Verpflichtung zum Zeus- und Dionysoskult erließ Antiochus IV. auf Initiative des Menelaos Religionsgesetze, die den jüdischen Opferkult, den Besitz von Thorarollen, die Beschneidung und die Einhaltung des Sabbats unter Todesstrafe stellten. Mit den strengen Religionsgesetzen hatte Menelaos ein Druckmittel gegen die konservativen Bevölkerungskreise in der Hand, die sich den Neuerungen verweigerten. Viele Thoratreue starben um ihres Glaubens willen oder verließen das Land.

Der Aufstand der Makkabäer

Die Zwangsmaßnahmen gegen den jüdischen Glauben wurden nicht überall widerstandslos hingenommen. Die aus dem Priester Mattathias und seinen fünf Söhnen bestehende Familie der Makkabäer erhob sich zur Rebellion. Ihnen stand eine »Sammlung der Frommen« (1 Makk 2,42) zur Seite, die sich als Widerstandsbewegung gegen die Hellenisierung der jüdischen Kultur gebildet hatte. Um auch die Landbevölkerung auf den neuen Kult einzuschwören, ließen die hellenistischen Reformer außerhalb Jerusalems weitere Altäre errichten. In dem kleinen Ort Modin erschlug Mattathias eigenhändig den ersten Juden, der zum Opfer für Zeus bereit war. Auch der für die Beaufsichtigung der Opferhandlungen zuständige seleukidische Beamte wurde ermordet. Dies war das Signal zur offenen Rebellion. Die Makkabäer zogen sich in die Berge zurück und führten von dort einen Partisanenkrieg. Sie zerstörten heidnische Altäre im Land, gingen gewaltsam gegen Kollaborateure aus dem eigenen Volk vor und vollzogen Zwangsbeschneidungen an den Kindern assimilationsbereiter Juden.

Nach dem Tod des Mattathias (166 v. Chr.) übernahm sein Sohn Judas die Führung. Er trug wegen seiner Schlagkraft den Beinamen Makkabäus, der sich von dem aramäischen Wort für Hammer ableitet und der Aufstandsbewegung ihren Namen verlieh. Mit seinen Kämpfern gewann Judas Makkabäus, der oft mit König David verglichen wird und bis heute als jüdischer Nationalheld gilt, mehrere Schlachten gegen zahlenmäßig weit überlegene seleukidische Truppen. Die Makkabäer, die bald auch am Sabbat kämpften, drängten die Besatzungsmacht zunehmend zurück. Es gelang ihnen, nach Jerusalem einzuziehen und das Tempelareal unter ihre Kontrolle zu bringen, während die Akra in seleukidischer Hand blieb. Der Verehrung des olympischen Zeus wurde ein Ende bereitet und der reguläre Tempelkult für den Gott Israels wieder in Gang gesetzt. An die Wiedereinweihung des Tempels im Dezember 164 v. Chr. erinnert heute noch Chanukka, das jüdische Lichterfest. Der Legende zufolge wurde im entweihten Tempel noch ein einziges Fass kultisch reinen Öls gefunden, das für acht Tage Licht spendete. Bald darauf kam Antiochus IV. in Persien ums Leben. Sein Nachfolger Antiochus V. sicherte den Makkabäern die freie Religionsausübung und ein Leben nach den väterlichen Gesetzen zu, den Hohepriester Menelaos aber ließ er hinrichten. Doch mit Religionsfreiheit gaben sich die Makkabäer längst nicht mehr zufrieden. Sie kämpften nun für einen souveränen jüdischen Staat.

Die Errichtung des Hasmonäerreiches

Obwohl es noch mehrfach zu kriegerischen Auseinandersetzungen kam, bei denen Judas Makkabäus den Tod fand, war der Triumph der Makkabäer über das immer schwächer werdende Seleukidenreich nicht aufzuhalten. Die Bewegung wurde nun von Jonathan, einem weiteren Sohn des Mattathias, geführt, der sich die erbitterten innerseleukidischen Machtkämpfe zielstrebig zunutze machte. Indem er die Konkurrenten um den Königsthron in Antiochia geschickt gegeneinander ausspielte und mehrfach die Seiten wechselte, konnte sich Jonathan mit Billigung der Seleukiden als militärischer Befehlshaber Jerusalems etablieren und gleichzeitig das Hohepriesteramt an sich reißen. Aus den Reihen der Frommen wurde er dafür heftig kritisiert und als Frevelpriester bezeichnet, weil er aus einer einfachen Priesterfamilie und nicht aus dem hohepriesterlichen Geschlecht Zadoks stammte.

Jonathan wurde durch den seleukidischen General Trypho ermordet und sein Bruder Simon übernahm die Rolle des Anführers der Makkabäer. Mit Simon sind jene Entwicklungen verbunden, die zum hasmonäischen Königtum führten. Die unvermittelt wiedergewonnene Unabhängigkeit Judäas verdankte sich anhaltenden Thronfolgekriegen in Antiochia und dem Aufstieg der Parther im Osten, an die das Seleukidenreich bald seine mesopotamischen Besitzungen verlor. Trypho ließ den minderjährigen König Antiochus VI. hinrichten, um selbst die Herrschaft an sich zu reißen. Simon ging daraufhin ein Bündnis mit dem von Antiochus VI. aus der Herrschaft verdrängten Demetrios II. ein, der im Gegenzug 142 v. Chr. den Bewohnern Judäas Steuerfreiheit gewährte. Dieses Ereignis markiert den entscheidenden Einschnitt in der Geschichte der makkabäischen Erhebung: Obwohl formal weiterhin eine Abhängigkeit von den Seleukiden bestand, war Judäa faktisch erstmals seit der Eroberung Jerusalems durch die Babylonier wieder ein souveräner Staat.

Ab dieser Zeit spricht man von den neuen Herrschern als Hasmonäern. Der Name leitet sich davon ab, dass sich unter den Ahnherren der Makkabäer ein Priester namens Hasmon befand. Mit der Stürmung der noch von den Besatzern gehaltenen Akra, die als verhasstes Symbol der Fremdherrschaft dem Erdboden gleichgemacht wurde, beseitigte Simon die letzte Stütze der seleukidischen Macht in Jerusalem. Simon nannte sich fortan großer Hohepriester, Stratege und Führer der Juden. Nach Art eines Königs zählte er die Jahre vom Beginn seiner Amtszeit an neu. Von politischer Weitsicht zeugt die Maßnahme Simons, seine Machtstellung in eine verfassungsmäßige Ordnung einzubinden und diese 140 v. Chr. in Jerusalem von der Volksversammlung verabschieden zu lassen. Das Verfassungsdokument wurde auf einer Bronzetafel niedergeschrieben, die man zur Herrschaftslegitimation an einer gut sichtbaren Stelle im Bereich des Tempels anbrachte.

Der Bau der Festung Baris und des Königspalastes

In der Folgezeit wurde Jerusalem zur Hauptstadt des Hasmonäerreiches ausgebaut. Die Herrscher der neuen Dynastie vermochten Jerusalem jenen Glanz zurückzugeben, den es in der vorexilischen Königszeit ausgestrahlt hatte. Die kleine Provinzstadt mit Tempel verwandelte sich Schritt für Schritt in die blühende Metropole eines jüdischen Großreiches zurück, deren Bevölkerung auf schätzungsweise 30 000 Personen anwuchs.

Als Simon einem Attentat zum Opfer fiel, beerbte ihn sein Sohn Johannes Hyrkan I. (134–104 v. Chr.). Zu Beginn von Hyrkans 30-jähriger Herrschaft wurde Jerusalem nochmals vom Seleukidenkönig Antiochus VII. angegriffen. Der Konflikt endete damit, dass sich der hasmonäische Herrscher zu Tributzahlungen und zur Schleifung der Mauerkronen verpflichtete. Als Antiochus VII. nach anfänglichen Erfolgen im Kampf gegen die Parther den Tod fand, war der Niedergang des Seleukidenreiches besiegelt. Johannes Hyrkan machte sich das Machtvakuum im östlichen Mittelmeerraum und den dadurch gewonnenen Handlungsspielraum während seiner gesamten Regierungszeit zunutze, indem er die militärische Befestigung der nun stetig wachsenden Hauptstadt Jerusalem ausbaute und die Reichsgrenzen durch Eroberungsfeldzüge weiter nach außen verschob. Die von Johannes Hyrkan errichtete Festung Baris, deren exakter Standort umstritten ist, erhob sich wahrscheinlich an der Nordseite des Tempels auf den Fundamenten der dort seit den Tagen Nehemias stehenden Felsenburg. Vermutlich begannen auch bereits unter Johannes Hyrkan die Bauarbeiten an dem Hasmonäerpalast, der den Herrschern der neuen Dynastie als Amtssitz diente. Damit verfügte Jerusalem wieder über eine prunkvolle Residenz, die dem alten Königsschloss, das die Babylonier in Schutt und Asche gelegt hatten, in nichts nachstand. Aus den Angaben des jüdischen Historikers Flavius Josephus geht hervor, dass sich der Prachtbau westlich des Tempels in der Oberstadt nahe der Grenze zur Unterstadt befand und über eine Brücke direkt mit dem Tempelareal verbunden war. Unterhalb des Palastes erstreckte sich der Xystus, eine Art Park oder Gartenanlage, die als öffentlicher Versammlungsplatz diente. Der seit der Zerstörung durch die Babylonier verwaiste Südwesthügel, die Oberstadt, wurde wieder besiedelt und zunächst durch Türme, später dann eine Befestigungsmauer abgesichert.

Trotz des neuen Glanzes, den Johannes Hyrkan Jerusalem und dem jüdischen Staat verlieh, zeichneten sich unter ihm bereits innenpolitische Konflikte um die Amtsführung ab, die das Reich bald vor die Zerreißprobe stellten. Denn die Wege der Hasmonäer und der Frommen hatten sich längst getrennt. Johannes Hyrkan bediente sich nach dem Vorbild hellenistischer Herrscher eines heidnischen Söldnerheeres, das er mit 3 000 Silbertalenten aus dem von ihm geplünderten Grab Davids bezahlt haben soll. Dies war einer der Gründe, warum sich trotz seiner militärischen Erfolge eine breite Op-

Bis heute erinnert der Chanukkaleuchter an die Wiedereinweihung des Jerusalemer Tempels nach dem Aufstand der Makkabäer.

Vom jüdischen Historiker Flavius Josephus erfuhr die Nachwelt nicht nur Details über den Jüdischen Krieg, sondern auch über Jerusalem. Nachkolorierter Kupferstich aus dem 18. Jahrhundert

positionsbewegung gegen ihn formierte. Dass er sich deutlicher als seine Vorgänger als rein weltlicher Herrscher gab und sich mit seinen kriegerischen Aktivitäten von den ursprünglichen Zielen der Makkabäerbewegung weit entfernt hatte, wurde als unvereinbar mit den Ansprüchen des Hohepriesteramtes betrachtet. Auf dieses Amt hatten die Hasmonäer aus Sicht der Frommen ohnehin keinen Anspruch, da sie nicht aus dem Geschlecht Zadoks stammten. Wortführer der Opposition waren die Pharisäer, aus deren Kreisen die Forderung laut wurde, Johannes Hyrkan solle der hohepriesterlichen Würde entsagen und sich mit der politischen Herrschaft begnügen. Nach seinem Tod eskalierten diese Konflikte und zogen einen blutigen Bürgerkrieg nach sich.

Zitronenwürfe, Bürgerkrieg und eine Massenkreuzigung

Sein Nachfolger Aristobul I., dessen Regierungszeit nur ein Jahr währte, trug als erster Hasmonäer den Königstitel und ermordete nach dem Vorbild hellenistischer Dynastien seine engsten Verwandten zum Zweck der Herrschaftssicherung. Nach seinem frühen Tod bestieg sein Bruder Alexander Jannai (103–76 v. Chr.) den Thron. Unter seiner Herrschaft wurden im Hasmonäerreich nun auch Münzen mit dem Königstitel geprägt. Bei ihren Münzprägungen knüpften die Hasmonäer mit Bildmotiven wie dem Füllhorn, dem Lorbeerkranz oder dem Anker einerseits bewusst an Vorbilder des zerfallenden Seleukidenreiches an und stellten sich in die Tradition hellenistischer Herrscher. Andererseits trugen sie durch hebräische Münzlegenden und den Verzicht auf Herrscherporträts oder anthropomorphe Götterbilder der Thora Rechnung und propagierten eine Sonderstellung des jüdischen Königreiches in der hellenistischen Staatenwelt.

Dass die Hasmonäer sich in der Art der Herrschaftsausübung zunehmend am Vorbild der benachbarten Diadochenreiche orientierten, ließ den Ruf nach einem Verzicht auf das Hohepriesteramt immer lauter werden. Bezeichnenderweise kam es am Jerusalemer Tempel zum offenen Protest gegen Alexander Jannai. Beim Laubhüttenfest, wo alle Feiernden einen Feststrauß mit Zitrusfrucht tragen, wurde er beim Opferdienst vom versammelten Volk mit Zitronen beworfen und durch Sprechchöre verhöhnt. Im Gegenzug ließ er durch seine Söldnertruppen ein Blutbad anrichten. Ab diesem Zeitpunkt war Alexander Jannai im eigenen Volk derart verhasst, dass man ihn sogar mithilfe der Seleukiden zu beseitigen suchte. Der Zeitpunkt dafür schien gekommen, als Alexander Jannai sich nach einer verlorenen Schlacht gegen den Nabatäerkönig Obodas I. mit letzter Kraft nach Jerusalem retten konnte. Die Pharisäer nutzten diese Situation, um einen offenen Aufstand gegen ihn in Gang zu setzen. Es folgte ein sechs Jahre währender Bürgerkrieg, bei dem Zehntausende ihr Leben ließen. Die Aufständischen unter Führung der Pharisäer riefen zur Unterstützung den Seleukidenkönig Demetrios III. ins Land und fügten Alexander Jannai mithilfe der syrischen Streitmacht bei Sichem eine vernichtende Niederlage zu.

Dann setzte sich allerdings die Überzeugung durch, dass es besser sei, in einem souveränen jüdischen Staat von einem verhassten Hasmonäer regiert zu werden, als erneut unter syrische Fremdherrschaft zu geraten. Zahlreiche Juden liefen zu Alexander Jannai über und zwangen Demetrios III. zum Rückzug. Alexander Jannai gelang die Rückeroberung Jerusalems. Dort nahm er grausame Rache an seinen Feinden. Bei einem Trinkgelage mit seinen Konkubinen ließ er 800 aufständische Juden ans Kreuz nageln und, während sie noch am Leben waren, vor ihren Augen ihre Frauen und Kinder niedermetzeln. Dieses grausame Spektakel ist der einzige bekannte Fall, dass die Kreuzesstrafe jemals von einem jüdischen Herrscher angewendet wurde. Während die Makkabäer sich einst gegen Zwang und Verfolgung erhoben hatten, war der Urenkel des Mattathias selbst ein Despot geworden, der sich nur noch mit blutigem Terror behaupten konnte. Dank seiner erfolgreichen Eroberungsfeldzüge war Jerusalem jedoch am Ende seiner Herrschaft die blühende Hauptstadt eines Staatsgebildes, das in seiner Ausdehnung nahezu dem Großreich Davids und Salomos entsprach.

Blutiger Bruderzwist um den Thron

Nach dem Tod von Alexander Jannai gelang es seiner Witwe Alexandra Salome, die von 76 bis 67 v. Chr. regierte, sich gegen ihre beiden Söhne als Königin zu behaupten. Sie ist die einzige Frau, die jemals den Thron in Jerusalem innehatte. Ihr ältester Sohn Hyrkan II. wurde als Hohepriester eingesetzt. Mit der Trennung von politischer Herrschaft und Hohepriestertum vollzog sich eine Verfassungsreform, die Ausdruck der von Alexandra Salome betriebenen Politik der Konsolidierung und des Ausgleichs war. Nach der bewegten Herrschaft des Alexander Jannai trat zunächst eine Zeit des inneren Friedens und wirtschaftlichen Wohlergehens ein.

Das Hasmonäerreich hatte allerdings seinen Zenit überschritten. Innenpolitisch sorgte bald Aristobul II., der machthungrige jüngere Sohn der Königin, für Unruhe. Er rekrutierte ein Söldnerheer, brachte mehrere Festungen im Lande unter seine Kontrolle und strebte einen Putsch an. Außenpolitisch geriet das Reich an den Nordgrenzen unter Druck. Der König Ti-

Gnaeus Pompeius Magnus belagerte 63 v. Chr. Jerusalem und eroberte im Anschluss die Stadt. Zeitgenössisches Münzbildnis des römischen Feldherren und Politikers

granes von Armenien hatte 83 v. Chr. den östlichen Teil des zerbröckelnden Seleukidenreiches besetzt und bald seine Herrschaft bis nach Syrien ausgedehnt. Er konnte von Alexandra Salome nur durch Geschenke, die faktisch einer Tributzahlung gleichkamen, an der Ausweitung seiner Expansionsbestrebungen auf das Hasmonäerreich gehindert werden. Am Ende teilte das Hasmonäerreich das Schicksal anderer hellenistischer Monarchien, in denen Machtkämpfe um den Thron zur treibenden Kraft des Verfalls wurden. Unmittelbar nach dem Tod von Alexandra Salome 67 v. Chr. begann ein blutiger Bruderkrieg um das Thronerbe. Zunächst erlitt Hyrkan II. nahe Jericho eine schwere Niederlage. Er räumte den Hasmonäerpalast in Jerusalem und verpflichtete sich zum Rückzug ins Privatleben, während Aristobul II. als Hohepriester und König die Herrschaft antrat.

In dieser Situation betrat Antipater die Bühne der jüdischen Geschichte. Er stammte aus Idumäa, wo sein Vater unter Alexander Jannai als Statthalter amtiert hatte, und war mit einer Nabatäerin namens Kypros verheiratet. Aus dieser Ehe ging der spätere König Herodes hervor. Antipater baute sich als starker Mann hinter dem politisch nicht sonderlich ehrgeizigen Hyrkan II. auf. Er vermochte ihn von Mordplänen Aristobuls II. zu überzeugen und versprach, ihn auf den Thron zurückzuführen. Dazu begab er sich nach Petra und schloss ein Bündnis mit dem Nabatäerkönig Aretas III., der nach Judäa einmarschierte. Aristobul II. verschanzte sich auf dem Jerusalemer Tempelberg, wo er von den Nabatäern und den Truppen seines Bruders belagert wurde. In dieser ausweglosen Situation richtete er ein Hilfegesuch an die Römer. Pompeius war zu jener Zeit vom Senat mit der Befriedung des Ostens betraut worden und in kriegerische Auseinandersetzungen im nördlichen Kleinasien verstrickt. Seinen Feldherrn Scaurus hatte er bereits vorausgesandt und mit der Besetzung Syriens beauftragt. Sowohl Aristobul II. als auch Hyrkan II. boten Scaurus einen hohen Geldbetrag für die römische Unterstützung an. Die Entscheidung fiel zunächst zugunsten von Aristobul. Scaurus befreite ihn von der Belagerung, indem er dem Nabatäerkönig Aretas III. androhte, er werde zum Feind Roms erklärt, wenn er nicht unverzüglich aus Jerusalem abziehe. Der Kampf um den Thron war damit wieder offen. Die endgültige Entscheidung blieb Pompeius vorbehalten. Am Ende des jüdischen Erfolgskrieges stand die Zerschlagung des Hasmonäerreichs durch die Römer.

Der Einmarsch des Pompeius in Jerusalem

In Damaskus, wo Pompeius 64 v. Chr. das Kerngebiet des Seleukidenreiches als Provinz Syrien in das Römische Reich einband, machten ihm drei jüdische Delegationen den Hof. Hyrkan II. hatte als Erstgeborener formal das Recht auf seiner Seite und klagte seinen Bruder an, dieser habe ihn unrechtmäßig der Herrschaft beraubt. Aristobul II. hielt dagegen, er habe Hyrkan II. entmachtet, weil der zu träge sei und sich kein Ansehen zu verschaffen wisse. Eine Abordnung aus dem jüdischen

Volk schließlich forderte eine Beseitigung des hasmonäischen Königtums und die Wiederherstellung der theokratischen Verfassung mit Priesterherrschaft.

Pompeius erbat sich Bedenkzeit. Aristobul II., auf den die Entscheidung zuzulaufen schien, geriet unvermittelt in den Verdacht, sich insgeheim zu einer kriegerischen Auseinandersetzung mit den Römern zu rüsten. In einem Friedensangebot an Pompeius sicherte er den Römern zwar den ungehinderten Einzug in Jerusalem zu, doch wurden dem Feldherrn Gabinius entgegen diesem Versprechen die Stadttore nicht geöffnet. Daraufhin veranlasste Pompeius die Verhaftung Aristobuls, der später in Rom beim Triumphzug zu Ehren des Imperators eine der Attraktionen sein sollte, und rückte gewaltsam gegen Jerusalem vor. Während Hyrkans Gefolgsleute den Römern bereitwillig Einlass in die Stadt gewährten, zogen sich die Anhänger Aristobuls auf den Tempelberg zurück. Pompeius schaffte schweres Belagerungsgerät aus Tyros heran und begann, die Tempelmauern mit Steinschleudern zu zermürben. Nach dreimonatiger Belagerung gelang ihm am Versöhnungstag des Jahres 63 v. Chr. die Eroberung des Tempels. Die Anhänger Aristobuls, die sich dort verschanzt hatten, wurden teils von den Römern selbst, teils von den Anhängern Hyrkans niedergemetzelt. Zudem starben zahlreiche Priester, die unbeeindruckt von allen Kampfhandlungen den Kultdienst am höchsten jüdischen Feiertag fortsetzten. Pompeius drang mit einem Teil seiner Offiziere in das Allerheiligste des Tempels ein, ließ jedoch den Tempelschatz unangetastet.

Alexander Jannai ging in die Geschichte als derjenige jüdische König ein, der aufständische Untertanen ans Kreuz nageln ließ. Kupferstich von Matthäus Merian d. Ä aus dem Jahr 1630

Herodes erschafft seine Hauptstadt

Tausende von Menschen säumen die Straßen. Erwartungsvoll blicken sie dem Trauerzug entgegen, der sich aus der Ferne nähert. Herodes der Große, der jahrzehntelang Angst und Schrecken verbreitete, wird im offenen Sarg von Jericho zur Festung Herodeion überführt, um dort seine letzte Ruhestätte zu finden. Der verstorbene König ist in sein Prachtornat aus Purpur gekleidet. Auf dem Haupt trägt er die goldene Krone und in der rechten Hand das Zepter. Den Sarg zieren kostbare Edelsteine. Er wird von den engsten Verwandten eskortiert. Ihnen folgen die Leibgarde des Königs und Söldnerregimenter aus unterschiedlichen Ländern, alle in voller Waffenrüstung. 500 Diener des Verstorbenen vervollständigen den pompösen Trauerzug.

Die Beisetzung des Herodes muss für seine Zeitgenossen eines der eindrücklichsten Ereignisse ihres gesamten Lebens gewesen sein. Nach dem Tod des verhassten Königs, der das Land mit harter Hand regierte, brachen Jubelstürme und Unruhen aus. Historiker haben Herodes den Großen immer wieder zu den schlimmsten Gewaltherrschern der gesamten Weltgeschichte gezählt. Als Kindermörder von Betlehem ging er mit einem Verbrechen in die Geschichte ein, das wahrscheinlich niemals stattgefunden hat. Die unbestreitbaren Verdienste des Königs wurden lange Zeit aus den Augen verloren. Er bescherte dem jüdischen Volk nach einer Phase turbulenter Umwälzungen Frieden, Wohlstand und weltweites Ansehen. Jerusalem machte er mit seiner ambitionierten Baupolitik zu einer der imposantesten Städte im Vorderen Orient. Der damit verbundene wirtschaftliche Aufschwung ließ die Bevölkerungszahl auf über

Archäologen entdeckten bei Grabungen auf der Festung Herodeion im Jahr 2007 vermutlich das lange gesuchte Grab von König Herodes dem Großen.

40 000 ansteigen. Westlich des Tempelbergs entstand ein neuer Stadtteil, der mit einer Befestigungsmauer versehen wurde. Mit dem Neubau des Tempels setzte Herodes sich ein Denkmal, das ihm sogar bei seinen schärfsten Kritikern größte Hochachtung einbrachte.

Der Aufstieg des Herodes

Nach der Eroberung Jerusalems durch Pompeius wurde das jüdische Staatsgebilde politisch wie territorial auf jene Größe zurückgestutzt, die es im Zeitalter der persischen und hellenistischen Fremdherrschaft besessen hatte. Die beim römischen Einmarsch zerstörten Stadtmauern durften zunächst nicht wieder befestigt werden. Pompeius verzichtete auf die Einrichtung einer römischen Provinz Judäa und entschied sich stattdessen für ein System der indirekten Herrschaftsausübung. Antipater nahm unter Aufsicht der Römer die Aufgaben eines Statthalters wahr, während Hyrkan II. in das Hohepriesteramt zurückkehrte und die Innenpolitik mitgestaltete. Alexander, der ältere Sohn Aristobuls II., unternahm 57 v. Chr. den Versuch, das Hasmonäerreich wiederherzustellen. Diese Erhebung zog einen weiteren Bedeutungsverlust Jerusalems nach sich. Der römische Feldherr Gabinius verfügte eine Verwaltungsreform, die Jerusalem zu einem von fünf Gerichtsbezirken in Judäa degradierte. Die später von Julius Caesar abgemilderte Maßnahme zielte darauf ab, die wirtschaftliche und kulturelle Einheit des Landes zu zerbrechen, um die Durchführung der römischen Herrschaft zu erleichtern.

Unter der Herrschaft von Gaius Julius Caesar wurde Herodes als Oberbefehlshaber über Galiläa eingesetzt. Römische Marmorbüste

Antipater und Hyrkan II. gelang es durch geschicktes politisches Taktieren, bei allen Umwälzungen in Rom die eigene Machtposition zu festigen und auszubauen. Die römische Republik befand sich seit Langem in einer tiefen Krise, die mit dem Bürgerkrieg zwischen Pompeius und Caesar einen neuen Höhepunkt erreichte. Pompeius war nach der verlorenen Schlacht von Pharsalos nach Alexandria geflüchtet, wo er 48 v. Chr. von der ptolemäischen Regierung heimtückisch ermordet wurde. Julius Caesar, der ihn nach Ägypten verfolgt hatte, ergriff im ptolemäischen Thronfolgestreit Partei zugunsten von Kleopatra VII. und ließ sich von ihr in eine leidenschaftliche Liebesbeziehung verstricken. Kleopatra war von ihrem Bruder Ptolemaios XIII., der die Sympathien des Volkes und das Militär auf seiner Seite hatte, aus der Herrschaft gedrängt worden. Als Caesar in Alexandria von dem ptolemäischen Heer eingeschlossen wurde, traf ihn dies völlig unvorbereitet. In dieser Situation rettete Antipater dem römischen Diktator Kopf und Kragen und sicherte seinem eigenen Geschlecht eine strahlende Zukunft. Antipater organisierte Hilfstruppen für Caesar, die ihn aus der Belagerung in Alexandria befreiten, und führte bei den kriegerischen Auseinandersetzungen im Nildelta mit einer jüdischen Streitmacht die siegreiche Wende herbei. Hyrkan II. sorgte dafür, dass die ägyptischen Juden Caesar unterstützten. Caesar gewährte aus Dankbarkeit den Juden im Römischen Reich Privilegien, erlaubte Hyrkan II. die Wiederbefestigung Jerusalems und stattete Antipater mit erweiterten Machtbefugnissen aus. Antipater nutzte diese dazu, seine Söhne Phasael und Herodes in wichtigen militärischen Positionen zu installieren: Phasael wurde zum Oberbefehlshaber über Jerusalem eingesetzt, Herodes übte diese Funktion in Galiläa aus.

Auch die Ermordung Caesars tat dem Aufstieg des Brüderpaars keinen Abbruch. Als Garant des Erfolgs erwies sich die uneingeschränkte Loyalität gegenüber dem jeweiligen Herrscher Roms im Osten. Zunächst akquirierten Phasael und Herodes mit großem Einsatz Finanzmittel für Cassius, der im Gegenzug Herodes zum Statthalter der Provinz Syrien einsetzte und ihm die Königsherrschaft über Judäa in Aussicht stellte. Als die Caesarmörder Cassius und Brutus 42 v. Chr. in der Schlacht von Philippi unterlagen und Marcus Antonius neuer Beherrscher des Ostens wurde, hielt dieser auf Anraten Hyrkans II. an Phasael und Herodes fest, weil auch er sich ihrer bedingungslosen Treue sicher sein konnte. Herodes, der mit einer Jüdin namens Doris verheiratet war, untermauerte seine politischen Ambitionen durch die Verlobung mit der Hasmonäerprinzessin Mariamme, die aus der Ehe von Hyrkans Tochter Alexandra und Aristobuls Sohn Alexander hervorgegangen war. Mit diesem klugen Schachzug wurde er Mitglied der angesehenen Herrscherdynastie.

König ohne Königreich

Diese Münze mit dem Motiv der Menora wurde unter der Herrschaft des letzten Makkabäers Antigonos Matthatias geprägt, der von 40–37 v. Chr. als König in Jerusalem herrschte.

Die Dinge nahmen eine unerwartete Wendung, als 40 v. Chr. die Parther in Syrien eindrangen, dort den Statthalter in die Flucht trieben und sich als Befreier vom Joch der Römerherrschaft feiern ließen. Auch in Judäa sahen weite Bevölkerungskreise unvermittelt die Chance gekommen, sich der romtreuen Führungsschicht um Hyrkan II., Herodes und Phasael entledigen zu können. Hoffnungsträger für eine Wiederherstellung der alten Hasmonäerherrschaft war Antigonos Matthatias, ein weiterer Sohn von Aristobul II., der ein Bündnis mit den Parthern einging. Das Partherheer rückte in Jerusalem ein und versetzte Antigonos in die Lage, knapp vier Jahre lang als letzter hasmonäischer Priesterkönig zu regieren. Als einziger Hasmonäer ließ er Münzen mit der Menora und dem Schaubrottisch prägen, um so gegen Herodes seine Ansprüche auf das Hohepriesteramt und die politische Herrschaft zu untermauern.

Während Herodes die Flucht aus Jerusalem gelang, fielen Phasael und Hyrkan II. einer Finte zum Opfer, indem sie bei vermeintlichen Friedensverhandlungen in Gefangenschaft gerieten. Phasael kam seiner sicheren Hinrichtung durch Selbstmord zuvor. Hyrkan wurden von seinem Neffen Antigonos die Ohren abgeschnitten. Mit dieser Verstümmelung war er für alle Zeit vom Hohepriesteramt ausgeschlossen, da die Thora nur körperlich Unversehrte zum Priesterdienst zulässt (Lev 21,18). Herodes bewies in dieser schier aussichtslosen Lage politische Weitsicht. Den Römern musste zur Herrschaftssicherung im Osten daran gelegen sein, die Parther umgehend aus Syrien zu vertreiben und den mit ihnen verbündeten Antigonos zu stürzen. Herodes brachte seine Familie auf der Festung Masada in Sicherheit und begab sich nach Alexandria. Ein Angebot Kleopatras auf einen hohen Posten im ptolemäischen Heer schlug er aus und gelangte auf dem Seeweg nach Rom. Dort vermochte er sowohl Antonius als auch Octavian, den späteren Kaiser Augustus, von seiner Position zu überzeugen. Vom Senat wurde er feierlich zum König von Judäa ernannt, während man Antigonos wegen seiner Allianz mit den Parthern zum Feind des römischen Volkes erklärte.

Zunächst war Herodes allerdings ein König ohne Königreich. Die Mehrheit des Volkes erhoffte sich von einer Restitution der Hasmonäerherrschaft eine Verbesserung der wirtschaftlichen Verhältnisse und lehnte den romtreuen Emporkömmling aus Idumäa entschieden ab. Bei den Frommen galt das Königtum des Herodes ohnehin als Verstoß gegen die Weisung der Thora, keinen Fremden zum König über Israel einzusetzen (Dtn 17,15). Als Sakrileg wurde die Tatsache empfunden, dass Herodes in Rom nach seiner Ernennung zum König auf dem Kapitol Jupiter ein Opfer dargebracht hatte. Auch die Jerusalemer Aristokratie stand klar auf der Seite von Antigonos. Es bedurfte langer Kämpfe, bis Herodes die Lage im Land

Herodes der Große lässt seinen Schwager Aristobul III. beim Schwimmen ertränken. Nachkolorierter Kupferstich von Matthäus Merian d. Ä aus dem Jahr 1630

kontrollierte und schließlich 37 v. Chr. mithilfe einer römischen Streitmacht Jerusalem erobern konnte. Zuvor vollzog er die Vermählung mit Mariamme und brachte damit den Anspruch zum Ausdruck, als rechtmäßiger Erbe des Hasmonäerhauses in Jerusalem einzuziehen. Antigonos, der sich im Tempel verschanzt hatte, ergab sich dem römischen Feldherrn Sossius und kam als Gefangener nach Antiochia. Dort wurde der letzte Hasmonäerkönig auf Befehl von Marcus Antonius hingerichtet, um jede Hoffnung auf ein Wiederaufleben des hasmonäischen Königtums im Keim zu ersticken und das jüdische Volk zur Anerkennung des Herodes zu zwingen. Unmittelbar nach der Eroberung Jerusalems griff Herodes mit aller Macht gegen seine innenpolitischen Widersacher durch. Die erste Aktion zur Festigung der Herrschaft war eine Hinrichtungswelle, der 45 hochrangige Anhänger des Antigonos zum Opfer fielen.

Ein Staatsbesuch von Kleopatra

Wenige Jahre nach der Thronbesteigung des Herodes kamen seine Untertanen in den Genuss eines denkwürdigen Ereignisses. Keine geringere als die sagenumwobene ägyptische Königin Kleopatra stattete dem jüdischen Herrscher um 34 v. Chr. einen Staatsbesuch ab. Herodes selbst blickte dem Ereignis mit gemischten Gefühlen entgegen. Nicht anders als vor ihm Caesar war auch Marcus Antonius, seit der Schlacht von Philippi der römische Herrscher über den Osten, den Reizen Kleopatras erlegen. Während er auf dem Papier noch mit Octavians Schwester verheiratet war, residierte er mit Kleopatra und den gemeinsamen Kindern in Alexandria. Kleopatra strebte eine Wiederherstellung des ptolemäischen Großreiches an, dem sie das Herrschaftsgebiet des Herodes einzuverleiben suchte. Neben dem Fürstentum Chalkis im Libanon und Teilen des Nabatäerreiches hatte Antonius ihr auch Gebiete aus dem Königreich Judäa zu Füßen gelegt, darunter die Gegend um Jericho mit ihren einträglichen Balsam- und Dattelplantagen.

Zudem spielte Kleopatra indirekt eine zentrale Rolle bei den familiären Intrigen, die eine erhebliche innenpolitische Bedrohung für Herodes darstellten. Am Hof des Herodes in Jerusalem hatte mit seiner Ehefrau Mariamme, seinem Schwager Aristobul III., seiner Schwiegermutter Alexandra und deren Vater Hyrkan II. eine Vielzahl einflussreicher Mitglieder des alten Hasmonäerhauses Einzug gehalten. Alexandra nutzte immer wieder ihre engen Beziehungen zu Kleopatra, um das Königtum des Herodes zu schwächen. Der erste Konflikt kreiste um das Hohepriesteramt. Herodes selbst kam als Sohn eines Idumäers und einer Nabatäerin dafür nicht infrage. Seine Wahl war auf einen babylonischen Juden namens Anael gefallen, der ihm politisch nicht gefährlich werden konnte. Bald sah er sich aber auf Druck von Alexandra, die bei Kleopatra interveniert hatte, zur Einsetzung seines Schwagers Aristobul III. in das Hohepriesteramt gezwungen. Dass dieser 35 v. Chr. am Laubhüttenfest während des Opferdienstes frenetisch gefeiert wurde, war eine deutliche Sympathiebezeugung für das Hasmonäerhaus. Aristobul III. stellte als Hoffnungsträger für eine Wiederherstellung des hasmonäischen Königtums eine

Gefahr dar, sodass Herodes ihn in Jericho kaltblütig ertränken ließ. Nachdem Alexandra erneut Kleopatra eingeschaltet hatte, musste sich Herodes vor Marcus Antonius für seine Tat verantworten. Er konnte diese aber offenbar als unumgängliche innenpolitische Maßnahme plausibel machen, die angesichts der allgemeinen Sympathien für die Hasmonäer auch im Interesse Roms lag. Später ließ Herodes mit Hyrkan II., Mariamme und Alexandra nach und nach alle verbliebenen Mitglieder des Hasmonäergeschlechts wegen tatsächlichen oder angeblichen Hochverrats hinrichten.

Bei dem Staatsbesuch Kleopatras ging es in erster Linie um die Inspektion ihrer Besitzungen in Jericho und den Abschluss von Pachtverträgen, in denen Herodes sich zur teuren Rückpachtung der ihm genommenen Gebiete verpflichtete. Einer beim jüdischen Geschichtsschreiber Flavius Josephus überlieferten Klatschgeschichte zufolge hat Kleopatra in Jericho sogar den Versuch unternommen, Herodes zu verführen und ihn dadurch bei Antonius in Misskredit zu bringen. Herodes, der insgesamt zehn Ehen schloss und unter anderen Umständen einem amourösen Abenteuer sicher nicht abgeneigt gewesen wäre, soll die List aber durchschaut haben und sogar ein Attentat auf seine ägyptische Widersacherin in Erwägung gezogen haben. Erst die Seeschlacht von Actium, die 31 v. Chr. das Ende von Kleopatra und Marcus Antonius besiegelte, befreite Herodes aus der ägyptischen Umklammerung. Unter Kaiser Augustus erhielt er nicht nur die an Ägypten gefallenen Territorien zurück, sondern konnte später sein Königreich sogar um die Gebiete nordöstlich des Sees Gennesaret erweitern.

Befestigungsanlagen und Residenzbauten

Weil das jüdische Volk Herodes als Herrscher ablehnte, sah dieser eine seiner vordringlichen Aufgaben darin, durch den Ausbau alter Hasmonäerburgen die Militärpräsenz im Land zu erhöhen. Vor diesem Hintergrund war sein erstes großes Bauprojekt in Jerusalem die Neugestaltung der nördlich an den Tempel grenzenden hasmonäischen Festung Baris. Sie wurde zu Ehren von Marcus Antonius in Antonia umbenannt. Die Namensgebung zeigt, dass die Bauarbeiten zum Abschluss gekommen sein müssen, bevor Marcus Antonius nach der verlorenen Schlacht von Actium in Alexandria Selbstmord beging. Nach der Beschreibung des Flavius Josephus hatte die Antonia die Gestalt eines quadratischen Turms mit vier kleineren Türmen an den Ecken. Der dem Tempelareal zugewandte Turm in der Südostecke überragte die anderen drei. Im Inneren war die Antonia prunkvoll mit Gemächern, Bädern und überdachten Gängen ausgestattet. Die Innenhöfe dienten als Soldatenlager. Von der Antonia übte Herodes die militärische Kontrolle über die Stadt und den Tempel aus, mit dem sie durch einen Geheimgang verbunden war. Bei Unruhen auf dem Tempelplatz konnte dieser zügig von Soldaten besetzt werden. Zudem wurde in der Antonia das hohepriesterliche Gewand unter Verschluss gehalten und nur zu den festlichen Anlässen herausgegeben. Damit demonstrierte der König symbolträchtig seine Macht über den Hohepriester und Tempelkult.

Die Antonia diente Herodes neben dem alten Hasmonäerschloss als Residenz, bis er 23 v. Chr. seinen monumentalen Königspalast

Ansicht der auf den Trümmern des Herodespalastes errichteten Zitadelle

in der Oberstadt beziehen konnte. Dieser befand sich in der Nähe des Jaffators auf jenem Gelände, wo sich heute die mittelalterliche Zitadelle und das Armenische Lehrerseminar erstrecken. Auch dieser Palast, von dem bei Ausgrabungen zumindest Fragmente des Fundaments zutage traten, wird von Flavius Josephus ausführlich beschrieben. Architektonisch orientierte Herodes sich an dem Vorbild hellenistischer Residenzen, die durch prunkvolle Räume, Säulenhallen, Höfe, Gärten und Wasserbecken der Herrschaftsrepräsentation dienten. Die mit zahlreichen Gegenständen aus Silber oder Gold ausgestatteten Säle und Gemächer des Jerusalemer Königspalastes hatten Böden aus kostbarem farbigem Stein, den man aus unterschiedlichen Ländern importiert hatte. Die Decken waren mit kunstvollen Balken und herrlichen Ornamenten versehen. Den beiden kostbarsten Sälen, die in ihrer Pracht sogar den Tempel übertroffen haben sollen, gab Herodes zum Erweis seiner Ehrerbietung gegenüber Kaiser Augustus und dessen Schwiegersohn Agrippa die Namen Caesareum und Agrippeum. Die Innenhöfe waren als Parkanlagen mit Bäumen, Teichen und bronzenen Wasserspeiern versehen. Zudem enthielten sie ein Kolumbarium für Zuchttauben. Der Königspalast erfüllte für Herodes nicht nur die Funktion einer herrschaftlichen Residenz, sondern war für Notzeiten auch als Festung und Zufluchtsort konzipiert. Im Westen lehnte er sich an die Stadtmauer an, die der König in diesem Bereich verstärken ließ. Die Nordseite wurde mit drei mächtigen Türmen versehen, die Herodes nach seinem Freund Hippikus, seinem verstorbenen Bruder Phasael und seiner Ehefrau Mariamme II. benannte. Die Türme dienten in erster Linie der militärischen Sicherung der Palastanlage, waren aber auch mit prächtigen Wohngemächern, Bädern, Säulenhallen und Zisternen ausgestattet. Flavius Josephus vergleicht den Phasaelturm überschwänglich mit dem Pharosturm von Alexandria, einem der sieben Weltwunder der Antike.

Bereits zu jener Zeit, als Herodes mit seiner Ehefrau Mariamme II. den neuen Königspalast bezog, begann er Vorkehrungen für seinen Tod zu treffen. Unweit von Jerusalem setzten die Bauarbeiten für die Palastanlage Herodeion ein, die als persönlicher Rückzugsort und letzte Ruhestätte dienen sollte. Das Herodeion entstand etwa zwölf Kilometer südlich der Stadt am Rand der judäischen Wüste auf einem Berg, der die Form eines abgeflachten Kegels besitzt und von Flavius Josephus mit einer weiblichen Brust verglichen wird. Herodes hatte an diesem Ort 40 v. Chr. einen wichtigen Sieg über Anhänger des Antigonos errungen. Bei der archäologischen Erschließung des Terrains wurde deutlich, dass es sich um eine zweigeteilte Palastanlage von ungeheurer Pracht handelte. Der Palast des oberen Herodeions war von einer doppelten kreisförmigen Mauer mit vier Türmen umgeben. Er enthielt einen Speisesaal, prunkvolle Gemächer und ein Badehaus. Im Hof befand sich ein von Säulengängen umgebener Ziergarten. Das am Fuße des Berges gelegene untere Herodeion bestand aus einem größeren frei stehenden Palast, Nebengebäuden und einem Ziergarten mit großem Wasserbecken. Der exakte Ort der letzten Ruhestätte des

Das Amphitheater von Cäsarea vermittelt einen Eindruck von den Ausmaßen der Theaterbauten zur Zeit des Königs Herodes.

Königs war unbekannt, bis 2007 bei Ausgrabungen auf halber Höhe des Berges das Mausoleum mit dem von Hammerschlägen zertrümmerten Sarkophag entdeckt wurde. Die Grabstätte des als Römerfreund verhassten Herodes war höchstwahrscheinlich im Jüdischen Krieg geschändet worden, als sich das Herodeion in der Hand der Zeloten befand.

Theater, Amphitheater und Hippodrom

Theaterbauten befriedigten in den Städten der griechisch-römischen Welt nicht nur das Unterhaltungsbedürfnis der Bevölkerung, sondern dienten auch der politischen Propaganda und boten den urbanen Eliten eine Plattform zur Selbstdarstellung. In Judäa waren sie bis dahin unbekannt. Herodes ließ in Jerusalem sowohl ein Theater als auch ein Amphitheater errichten. Daneben ist bei Flavius Josephus auch von einem Hippodrom die Rede. Unmittelbar motiviert waren diese Bauten durch das Ansinnen des Herodes, Jerusalem zum Schauplatz von Festspielen zu machen, wie sie nach der Schlacht von Actium (31 v. Chr.) an vielen Orten des Römischen Reiches zu Ehren des Kaisers Augustus abgehalten wurden.

Das Jerusalemer Theater lag in der Oberstadt und wies einen kreisförmigen Grundriss auf, wobei sich die Sitzreihen im Halb- oder Dreiviertelrund um die Bühne gruppierten. An der westlichen Stadtmauer wurden Fragmente von steinernen Theaterstufen und Sitzen entdeckt. Es gibt allerdings auch die Vermutung, diese Relikte stammten erst aus der Zeit Hadrians und Herodes habe in Jerusalem lediglich einen Theaterbau aus Holz errichtet, der nur für die Zeit der Kaiserfestspiele in Betrieb gewesen sei. Wenn das Jerusalemer Theater dagegen aus Stein war, dürfte es sich kaum von dem Theaterbau des Herodes in Cäsarea unterschieden haben, den Archäologen freilegen konnten. Zur Aufführung kamen wahrscheinlich griechische Dramen oder Komödien sowie musikalische Darbietungen und Possenspiele. Für strenggläubige Jüdinnen und Juden war der Theaterbesuch undenkbar. Die dargebotenen Stücke galten als moralisch zweifelhafte Zeugnisse der heidnischen Kultur. Zudem spielten darin oftmals griechische oder römische Gottheiten eine zentrale Rolle, was als Verstoß gegen den monotheistischen Gottesglauben empfunden wurde. Aus denselben Gründen hat übrigens auch das frühe Christentum den Besuch von Theaterveranstaltungen abgelehnt. Verschärfend kam hinzu, dass der Jerusalemer Theaterbau nicht nur mit Ehreninschriften für den Kaiser, sondern auch mit silbernen oder goldenen Repliken kaiserlicher Trophäen geschmückt war, die von der jüdischen Bevölkerung als Verstoß gegen das Bilderverbot des Dekalogs betrachtet wurden.

Noch bedenklicher waren aus Sicht der jüdischen Frommen die Spektakel im Amphitheater, das Herodes anlegen ließ. Mit diesem Bau brachte der König die Bevölkerung Jerusalems in den zweifelhaften Genuss dessen, was man in der hellenistischen Welt als festen Bestandteil der unterhaltsamen Freizeitgestaltung betrachtete. Amphitheater, die in der Regel eine ovale Form mit Sitzreihen rund um die gesamte Arena aufwiesen, dienten neben athletischen Wettkämpfen vornehmlich Tierhetzen und Gladiatorenkämpfen. Noch stärker als die Aufführungen im Theater widersprachen diese Darbietungen, in deren

Mittelpunkt das allein der Unterhaltung dienende Töten von Menschen wie Tieren stand, den ethischen Grundsätzen der jüdischen Religion. Bei den breiten Bevölkerungsmassen dürften die Wettkämpfe und Schauspiele allerdings große Begeisterung ausgelöst haben, zumal Herodes eigens exotische Tiere heranschaffen ließ. Ob das von Flavius Josephus erwähnte Hippodrom im Süden Jerusalems ein weiteres eigenständiges Bauwerk des Herodes darstellte, bleibt zweifelhaft. Eher ist anzunehmen, dass damit das Amphitheater gemeint ist, welches von der Größe her so ausgelegt war, dass es auch als Hippodrom zur Durchführung von Pferde- und Wagenrennen diente. Dort konnte die Bevölkerung Jerusalems ihrer Begeisterung für die waghalsigen Künste der Reiter und Wagenlenker freien Lauf lassen.

Zu Ehren des Augustus wurden in den Theaterbauten von Herodes alle vier Jahre prunkvolle Festspiele ausgerichtet. Neben athletischen und künstlerischen Wettbewerben umfassten sie Tierhetzen, Pferderennen und Gladiatorenkämpfe, für die Herodes hohe Preisgelder aussetzte, um berühmte Athleten aus aller Welt zu gewinnen. In welcher Intensität die Bauten außerhalb der Festspielzeit genutzt wurden, bleibt unklar. Durch die Festspiele konnte der König öffentlichkeitswirksam seiner Ehrerbietung gegenüber dem Kaiser Ausdruck verleihen und sein Herrschaftsgebiet glanzvoll als integralen Bestandteil des Römischen Reiches präsentieren. Gleichzeitig dienten die Theaterbauten der eigenen Herrschaftssicherung, indem sie den Untertanen ein Ventil boten, Emotionen zu zeigen und Aggressionen abzureagieren, ohne dass diese sich gleich in Aufständen entluden. Zudem verfolgte Herodes mit den Bauten sicher auch das Ziel, seine Untertanen für die griechisch-römische Kultur zu öffnen. Denn die Veranstaltungen im Theater und Amphitheater wurden nicht nur von der griechischen oder römischen Bevölkerung im Herodesreich besucht, sondern auch von religiös indifferenten oder kulturell aufgeschlossenen Jüdinnen und Juden. Insbesondere die Festspiele zu Ehren des Augustus besaßen weit über Jerusalem hinaus große Anziehungskraft, zogen viele Besucher aus benachbarten Ländern an und trugen zum Aufschwung der Wirtschaft bei. Die Kritik der Frommen an den neuen kulturellen Errungenschaften Jerusalems ging dagegen so weit, dass eine Gruppe aus ihren Reihen während der Festspiele ein Attentat plante und den Versuch unternahm, Herodes im Theater zu erdolchen. Nach der Neugründung von Cäsarea, wo anders als in Jerusalem auch ein Augustustempel entstand, scheint Herodes die Festspiele zu Ehren des Kaisers dorthin verlagert zu haben.

Die Neugestaltung von Tempel und Davidsgrab

Das mit Abstand umfangreichste und bedeutsamste aller herodianischen Bauprojekte betraf den Jerusalemer Tempel. Der in der Perserzeit errichtete Zweite Tempel blieb weit hinter dem Vorbild des 586 v. Chr. von den Babyloniern zerstörten salomonischen Heiligtums zurück. Er war von schlichter Gestalt und wurde erst von den Hasmonäern prachtvoller ausgestattet. Mit seiner völligen Neugestaltung des Tempels löschte Herodes die sichtbare Erinnerung an die Hasmonäer aus und stellte sich gezielt in die Tradition des Königs Salomo.

Bei dem Bauprojekt, das 20 v. Chr. in Angriff genommen wurde, hielt sich Herodes streng an die Religionsgesetze. Eigens in der Steinmetzkunst und im Zimmerhandwerk unterwiesenen Priestern fiel die Aufgabe zu, die Bauarbeiten in dem nach den Heiligkeitsvorschriften nur ihnen zugänglichen innersten Tempelbezirk auszuführen. Das rechteckige Areal des auf einem gewaltigen Plateau angelegten Tempels wurde durch künstliche Aufschüttungen nahezu verdoppelt und übertraf mit einem Umfang von etwa eineinhalb Kilometern alle vergleichbaren Kultstätten der Antike an Größe. Beim prunkvollen Neubau des Tempelhauses wahrte Herodes die Grundfläche und Struktur des Vorgängermodells. Das aus Vorhalle, Kultraum und Allerheiligstem bestehende Gebäude wurde in Anlehnung an Stilelemente des hellenistischen Zeitalters um verschiedene Höfe und umlaufende Säulenhallen erweitert. Dabei diente der im hellenistischen Raum verbreitete Tempelbautypus des Kaisareion als architektonisches Vorbild. Das erste Bauwerk dieser Art war von Julius Caesar in Alexandria errichtet worden. Im Zuge der gewaltigen Vergrößerung des Tempelareals entstand mit dem Vorhof der Völker eine Art Markt, der als äußerer Bezirk die gesamte Anlage umgab. Dieses von der königlichen Säulenhalle begrenzte Areal wurde angesichts des Fehlens einer Agora in Jerusalem bald zum Mittelpunkt des öffentlichen Lebens und pulsierenden Ort der Begegnung. Die streng an den Religionsgesetzen orientierte Bauausführung schloss auch eine Respektierung des alttestamentlichen Bilderverbots ein. Zum Stein des Anstoßes wurde allerdings ein goldener Adler, der über dem Tor des Tempelgebäudes

Herodes ließ im Amphitheater von Jerusalem Gladiatorenkämpfe veranstalten. Römisches Relief mit Gladiatoren und wilden Tieren

prangte. Als kurz vor dem Tod des Herodes zwei pharisäische Gesetzeslehrer ihre Schüler zum Abreißen der Figur animierten, wurden sie hingerichtet. Wahrscheinlich richtete sich der pharisäische Protest vor allem gegen die Symbolkraft des Adlers als Zeichen der königlichen Macht über den Tempel.

Zehn Jahre nach Baubeginn konnte der neue Tempel eingeweiht werden, auch wenn sich der endgültige Abschluss aller Arbeiten noch über viele Jahrzehnte hinziehen sollte. Der Talmud rühmt den herodianischen Tempel als ein Muster an Schönheit. Mit dem Neubau des Tempels vermochte Herodes sich trotz aller Vorurteile gegenüber seiner Herrschaft hohes Ansehen und bleibenden Ruhm zu verschaffen. Er vollzog dabei mit großem Geschick eine Gratwanderung, indem er sich hellenistische Herrschaftsarchitektur zunutze machte, ohne dabei jüdische Befindlichkeiten zu verletzen. Das Bauprojekt sollte den Einsatz für das Volk und die religiöse Ehrfurcht des Königs versinnbildlichen, der nach dem Vorbild Salomos ein dem Gott Israels würdiges Heiligtum errichtete. Der zunächst auf größtes Misstrauen in der Bevölkerung gestoßene Tempelneubau wurde damit weit über Jerusalem hinaus für Herodes zu einem wichtigen Mittel der Manifestation und Legitimation seiner Herrschaft.

Auch die prachtvolle Ausgestaltung des Davidsgrabs besaß hohen Symbolwert. Wo das Davidsgrab seinerzeit in Jerusalem lokalisiert wurde, ist unbekannt. Es war vermutlich noch nicht jener Ort in der Oberstadt, wo es bis heute verehrt wird. Indem Herodes das Davidsgrab mit einem prächtigen Denkmal versah, brachte er seine Ehrerbietung gegenüber dem großen König Israels zum Ausdruck. Es handelt sich um einen weiteren Profilierungsversuch des Herodes gegenüber seinen jüdischen Untertanen.

Der Herrscher im Urteil der Geschichte

Die letzte Phase der Regierungszeit von Herodes war durch blutige Familienkonflikte über seine Nachfolge und ein kaum noch zu entwirrendes Knäuel von Intrigen am Königshof gekennzeichnet. Gegen drei seiner Söhne erwirkte der König Todesurteile wegen Hochverrats. Das letzte dieser Urteile ließ er vollstrecken, als er selbst bereits auf dem Sterbebett lag. Angesichts dieser politischen Morde, die auch vor engsten Familienangehörigen nicht Halt machten, ist von Augustus die Aussage überliefert, es sei besser ein Schwein als ein Sohn des Herodes zu sein. Dessen Skrupellosigkeit spiegelt sich auch in der wohl erfundenen Legende vom Kindermord in Betlehem (Mt 2,16–18) wider. Wäre diese Gräueltat wirklich geschehen, hätte Flavius Josephus sicher davon berichtet. Herodes verstarb 4 v. Chr. in seinem Winterpalast in Jericho. Die prunkvolle Beisetzung erfolgte gemäß den testamentarischen Verfügungen des Königs auf der Festung Herodeion.

In der Bewertung des Herodes hat sich in der Geschichtsforschung eine deutliche Wende vollzogen. In der jüdischen wie christlichen Historiografie fiel das Urteil über Herodes lange Zeit ausgesprochen negativ aus. Aus jüdischer Sicht war dafür vor allem die Öffnung des Herodes gegenüber dem Hellenismus verantwortlich, die sich in der Förderung griechischer Kultur, Lebensart und Religiosität niederschlug. Auf christlicher Seite wirkte unverkennbar die Legende vom Kindermord in Betlehem nach. Diese negative Wirkungsgeschichte verschleiert die unbestreitbaren Verdienste des Herodes bis zur Unkenntlichkeit. Bei aller Grausamkeit und Härte, mit der Herodes zweifellos regierte, verfolgte er mit großem diplomatischem Geschick die Einbeziehung Judäas in die hellenistisch-römische Weltkultur. Er war sich der Abhängigkeit von Rom und des daraus resultierenden engen Handlungsspielraums bewusst. In diesem Rahmen machte er aus Überzeugung wie aus machtpolitischem Kalkül die bedingungslose Gefolgschaft gegenüber Rom und die konsequente Einbindung seines Territoriums in das Römische Reich zu Garanten seiner erfolgreichen Herrschaft. Mit Kaiser Augustus und dessen Schwiegersohn Agrippa verband ihn ein geradezu freundschaftliches Verhältnis. In seinem ethnisch heterogenen Königreich trat Herodes für ein friedliches Miteinander von Juden und Griechen ein. Bei allem Eifer für die griechische Kultur nahm er in hohem Maße Rücksicht auf die religiösen Gefühle des Volkes und verschaffte dem Judentum im gesamten Imperium Romanum großes Ansehen. Durch umfangreiche Baumaßnahmen und eine Steigerung der landwirtschaftlichen Produktivität wurde der Wohlstand der Bevölkerung nachhaltig gefördert. Jerusalem ließ er im Glanz einer hellenistischen Metropole erstrahlen. Herodes bescherte dem Land Frieden und Wohlstand, wie es sie seit den Tagen Salomos nicht mehr erlebt hatte. Mit seinem Tod ist zugleich der schleichende Verfall des jüdischen Staatswesens verbunden.

Auf die Legende vom Jerusalemer Kindermord unter König Herodes spielt auch das Gemälde eines unbekannten Malers aus dem Jahr 1650 an, das den Kopf des Herrschers aus Kinderleibern zusammensetzt.

Ein Platz für die Ewigkeit: Der Tempel

Zehntausende von Besuchern drängen sich durch die engen Straßen der Heiligen Stadt. Sie kommen von weither aus Babylonien, Ägypten, Libyen, Kleinasien, Griechenland oder Italien. Die Mehrzahl von ihnen hat einen wochenlangen Fußmarsch voller Strapazen und Gefahren hinter sich. Nur wenige konnten sich eine Schiffspassage, ein Reittier oder eine Kutsche leisten. Die Quartiere in Jerusalem sind knapp, vor den Toren der Stadt haben viele in Zelten Unterkunft gefunden. Für die unzähligen Händler, welche die Menschen mit Lebensmitteln und den Tempel mit Opfertieren beliefern, ist mit ihren Karren in dem Gedränge kaum ein Durchkommen. Ein ganz neues oder zumindest in diesen Ausmaßen noch nicht dagewesenes Phänomen hat in Jerusalem Einzug gehalten: die Pilgerfahrt zum Tempel, um dort eines der großen jüdischen Feste mitzufeiern.

»Wer den Bau des Herodes nicht gesehen hat, hat nie ein prachtvolles Gebäude gesehen.« Dieses Sprichwort aus dem Talmud vermittelt einen Eindruck davon, welche überwältigende Wirkung der Neubau des Tempels durch Herodes auf die Menschen seiner Zeit ausübte. Wenigstens einmal im Leben musste man sich aus der Diaspora auf den Weg nach Jerusalem machen, um dieses imposante Bauwerk mit eigenen Augen gesehen zu haben. Selbst Heiden wie der Kämmerer aus Äthiopien konnten sich der Faszination einer Pilgerfahrt nach Jerusalem nicht entziehen (Apg 8,27). In seiner Pracht übertraf der neue Tempel, wie der Geschichtsschreiber Flavius Josephus es in schillernden Farben ausmalt, alle Vorstellungen und Erwartungen.

Das Modell des Zweiten Tempels im Israel-Museum in Jerusalem lässt deutlich die westliche Befestigungsmauer erkennen, die nach der Zerstörung des Tempels übrig blieb und seitdem als Klagemauer dient.

Majestätisch erhob er sich mit seinem weißen Mauerwerk auf einem gewaltigen Felsplateau über die Stadt. Aus der Ferne erschien er den Pilgern, wenn sich die Silhouette Jerusalems vor ihnen abzeichnete, wie eine schneebedeckte Bergkuppe. Kamen sie dem Tempel näher, dann mussten sie die Augen abwenden, um nicht von den Spiegelungen seiner goldenen Verzierungen im Sonnenlicht geblendet zu werden.

Die Tempelanlage

Von den Ausmaßen her übertraf die herodianische Tempelanlage mit einem Umfang von etwa eineinhalb Kilometern alle vergleichbaren Kultstätten der Antike. Das auf einer Anhöhe gelegene und durch massive Außenmauern geschützte Tempelareal verfügte auf allen vier Seiten über Eingangstore, die über verschiedene Brücken und Treppen erreicht werden konnten. Der Hauptzugang erfolgte von Süden aus der Davidstadt. Eines der beiden Südtore war wahrscheinlich die »Schöne Pforte«, die von Bettlern in der Hoffnung auf ein Almosen gesäumt war (Apg 3,2). Wer sich an ihnen vorbeigekämpft hatte und das Tempelareal betrat, gelangte zunächst auf den Vorhof der Völker. Diesen hatte Herodes im Zuge der gewaltigen Vergrößerung des Tempelplateaus als profanen Außenbezirk geschaffen. Er war Schauplatz eines bunten kulturellen, religiösen und geschäftlichen Lebens. Auf ihm wurden Diskussionen geführt, die Religionsgesetze ausgelegt, Opfertiere zum Verkauf angeboten und Geldmünzen in die Tempelwährung umgetauscht. Rundum umgaben ihn mit Zedernholz bedeckte Säulenhallen, unter denen die königliche Halle im Süden und die Halle Salomos (Apg 3,11) im Osten herausragten. Angesichts des Fehlens einer Agora in Jerusalem avancierte der Tempelvorplatz bald zum Mittelpunkt des öffentlichen Lebens und pulsierenden Ort der Begegnung. Von der nördlich an das Tempelareal angrenzenden Burg Antonia aus hatte Herodes den Tempelvorplatz unter militärischer Kontrolle. Nach Einrichtung der Provinz Judäa war in der Antonia eine römische Kohorte stationiert, die das bunte Treiben am Tempel aufmerksam im Blick behielt und bei Gefahren für die innere Sicherheit energisch einschritt. Auf diese Weise wurde der Apostel Paulus vor Lynchjustiz bewahrt (Apg 21,30–32).

Der innere Tempelbezirk war als sakraler Bereich durch eine Balustrade, deren Überschreiten Nichtjuden bei Todesstrafe untersagt war, vom äußeren Vorhof abgetrennt. Zwei auf Griechisch abgefasste Verbotsschilder aus dem Tempel sind bei Ausgrabungen gefunden worden. Sie tragen die Aufschrift »Niemand aus einem anderen Stamm darf eintreten in die das Heiligtum umgebende Schranke und Umwallung. Wer dabei ergriffen wird, verschuldet an sich selbst die darauf stehende Todesstrafe«. Der innere Tempelbezirk gliederte sich in Zonen zunehmender Heiligkeit, nämlich Frauenhof, Männerhof und Priesterhof mit Tempelhaus. Der Frauenhof war nicht etwa allein weiblichen Personen vorbehalten. Der Name bringt vielmehr zum Ausdruck, dass er anders als der sich anschließende Männerhof auch noch von jüdischen Frauen betreten werden durfte. Als größtes Areal im Sakralbereich der Tempelanlage diente er der Durchführung gottesdienstlicher Zusammenkünfte und religiöser Zeremonien, die nicht unmittelbar mit Opferhandlungen verbunden waren.

Der Zugang konnte durch drei Tore erfolgen, von denen das aus korinthischem Erz gefertigte Osttor das prächtigste war. Im Frauenhof standen 13 Behälter für Geldgaben oder die Bezahlung von Opfern. Diese Behälter verjüngten sich posaunenförmig nach unten, um die eingeworfenen Münzen vor Diebstahl zu schützen. Der Durchgang vom Frauenhof zum schmalen Männerhof erfolgte durch das Nikanortor. Es war das größte Tor im gesamten Tempelbereich und wies besonders üppige Goldverzierungen auf. Sein Name geht auf einen wohlhabenden ägyptischen Juden zurück, dessen Familiengrab 1902 am Skopusberg entdeckt wurde. Ein dort ausgegrabener Sarkophag trägt die Aufschrift »Nikanor aus Alexandria, der die Tore gemacht hat«. Der Priesterhof war durch eine Schranke vom Männerhof abgegrenzt. In ihm befanden sich der große Brandopferaltar mit seinen hörnerartig in die Höhe ragenden Ecken, Schlachtbänke, Becken zu rituellen Waschungen und Schlafkammern für die diensthabenden Priester. Vom Männerhof aus konnte man die Opferhandlungen verfolgen.

Das Tempelhaus

Beim Neubau des nur über den Priesterhof zugänglichen Tempelhauses hatte Herodes sich aus Respekt vor der Tradition an den Grundriss des Vorgängerbaus gehalten. Es bestand aus Vorhalle, Hauptraum und Allerheiligstem. Seine inneren Wände waren komplett mit Goldplatten verkleidet. Die Vorhalle enthielt Geschenke, die dem Tempel von Monarchen

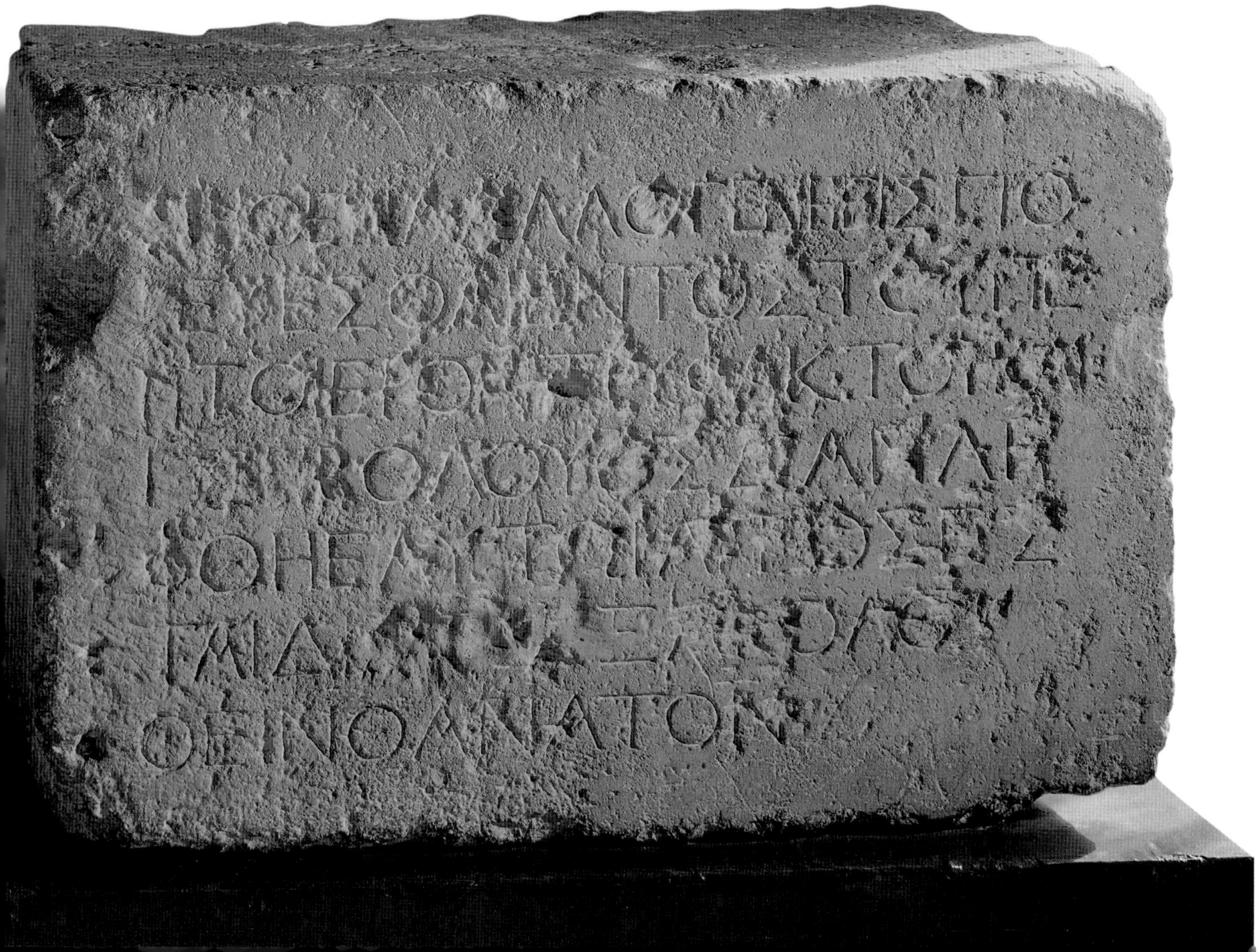

Dieses Verbotsschild an der Außenmauer des Tempels untersagte in griechischer Schrift Nichtjuden das Betreten des Heiligtums.

wie Kaiser Augustus oder der Königin Helena von Adiabene gestiftet worden waren. Der Hauptraum beherbergte mit dem Schaubrottisch, der Menora und dem Räucheraltar die drei wertvollsten Kultgeräte. Die aus massivem Gold bestehende Menora brannte Tag und Nacht, die sieben Arme des Leuchters bezogen sich auf das Planetensystem. Der Schaubrottisch aus vergoldetem Akazienholz wurde am Sabbat mit zwölf Schaubroten belegt, die den Priestern zufielen, und symbolisierte die Erde. Er ist genau wie die Menora auf dem Titusbogen in Rom zu sehen und wird dort von acht Soldaten getragen. Der aus dem gleichen Material wie der Schaubrottisch gefertigte Räucheraltar war permanent mit 13 Arten köstlichen Räucherwerks aus aller Welt bedeckt und stand als Sinnbild für die Wohltaten, die durch Gott und die Naturelemente gewährt werden. Den innersten Raum des Tempelgebäudes stellte das durch einen kostbaren Vorhang abgetrennte Allerheiligste dar. Es durfte ausschließlich vom Hohepriester betreten werden, und zwar nur einmal im Jahr an Jom Kippur, um dort das große Ritual des Versöhnungstages zu vollziehen. Das Allerheiligste hatte im Tempel Salomos die sagenumwobene Bundeslade beherbergt, die nach der Zerstörung des Heiligtums durch die Babylonier verloren ging. Im zweiten Tempel, der nach Ende des babylonischen Exils errichtet wurde, wie auch im neuen Tempel des Herodes, blieb das Allerheiligste leer. Lediglich eine Steinfliese aus der Zeit Salomos erinnerte noch an die Bundeslade.

Im Jüdischen Krieg wurde der Tempel 70 n. Chr. von den Römern geplündert und

Der Reliefschmuck des Titusbogens in Rom zeigt den Triumphzug nach der Eroberung Jerusalems im Jahre 70 n. Chr., bei dem der Schaubrottisch, die Menora und die Silbertrompeten als Beutestücke aus dem Jerusalemer Tempel präsentiert werden.

unwiderruflich zerstört. Alle Hoffnungen auf einen neuen Tempel blieben unerfüllt. Kaiser Hadrian ließ 135 n. Chr. nach dem neuerlichen jüdischen Aufstandsversuch unter Bar Kochba auf dem verwaisten Tempelplateau eine Jupiterstatue oder sogar einen Jupitertempel errichten. In byzantinischer Zeit versuchte Kaiser Julian nach der Privilegierung des Christentums durch Konstantin den Großen das Rad der Geschichte nochmals zurückzudrehen und förderte gezielt die nichtchristlichen Religionen im Reich. Unter ihm wäre es Ende des 4. Jahrhunderts beinahe zum Wiederaufbau des Tempels gekommen. Heute beherbergt der Tempelberg mit dem Felsendom und der Al-Aqsa-Moschee bedeutsame islamische Heiligtümer. Nur noch die Klagemauer, ein Teil der westlichen Stützmauer des Tempelplateaus, erinnert als letztes Relikt an den herodianischen Tempel. Sie ist die wichtigste Stätte jüdischer Gottesanbetung in Jerusalem. Hunderte kleiner Zettel mit Gebeten und Wünschen werden Tag für Tag in ihre Mauerspalten gesteckt. Viele Familien begehen dort feierlich die Bar-Mizwa ihrer Söhne.

Hohepriester und Kultpersonal

Am Tempel war eine Vielzahl von Personen in unterschiedlichster Funktion tätig. An der Spitze des Heiligtums stand der Hohepriester, der als Vorsitzender des Synhedrions, des Hohen Rats in Jerusalem, zudem über erheblichen politischen Einfluss verfügte. Auch im Falle der Absetzung behielt er Titel und Ansehen. Zweitmächtigste Person und Stellvertreter des Hohepriesters war der Tempeloberst, der als Befehlshaber über die Tempelpolizei die Verantwortung für die Sicherheit trug. Dieser Posten wurde meist von einem Bruder oder anderen engen Verwandten des Hohepriesters ausgefüllt. Schlüsselpositionen hatten auch die sieben Finanzverwalter und drei Schatzmeister inne, die über das immense Vermögen des Heiligtums wachten. Die Kulthandlungen lagen, soweit sie nicht dem Hohepriester vorbehalten waren, in der Hand der einfachen Priester. Am unteren Ende der Tempelhierarchie standen die Leviten.

Allein der Hohepriester konnte das kultische Ritual des Versöhnungstages vollziehen, um Sühne für die Sünden des Klerus und des Volkes zu schaffen. Zudem brachte er am Sabbat, an ausgewählten Festtagen und in der Woche vor dem Versöhnungstag persönlich das tägliche Opfer am Tempel dar. Beim Ritual des Versöhnungstages war er in schlichtes Leinen gekleidet, im Anschluss daran und zu den anderen festlichen Anlässen trug er über dem einfachen Priesterkleid ein mehrteiliges Gewand von ungeheurer Pracht. Dieses bestand aus einem ärmellosen Mantel in Dunkelblau oder Violett, einer mit Goldfäden durchwobenen und wertvollen Edelsteinen besetzten bunten Ja-

Diese Farblithografie, die um 1880 entstand, zeigt im Vordergrund einen jüdischen Hohepriester, im Hintergrund einen niederen Priester. Die zwölf Edelsteine des Brustschildes symbolisierten die zwölf Stämme Israels.

cke, einem quadratischen Brustschild aus zwölf in Gold gefassten Edelsteinen, einem kostbaren Gürtel und einer Kopfbedeckung mit goldener Platte, auf der in Höhe der Stirn die Buchstaben des Gottesnamens eingraviert waren. Das um 200 v. Chr. entstandene Buch Jesus Sirach beschreibt überschwänglich, wie der Hohepriester Simon, wenn er im Prachtornat aus dem Tempelhaus heraustrat und im Kreis der einfachen Priester zum Opferaltar emporstieg, geradezu den Glanz einer göttlichen Erscheinung verbreitete (Sir 50,1–27).

Bis in die hellenistische Zeit übte das Geschlecht Zadoks, den David nach der Eroberung Jerusalems zum Oberpriester eingesetzt hatte, in fest geregelter Erbfolge die Herrschaft über den Tempelkult aus. Diese Tradition brach ab, als 172 v. Chr. unter Antiochus IV. mit Menelaos zum ersten Mal ein nichtzadokidischer Hohepriester an die Spitze der Tempelhierarchie rückte. Infolge der siegreichen makkabäischen Erhebung rissen dann die Hasmonäer neben der politischen Herrschaft auch das höchste geistliche Amt an sich und regierten als Priesterkönige. Nach dem Untergang des Hasmonäerreiches wurden die Hohepriester von den Römern oder den Herrschern aus der Herodesdynastie eingesetzt. Pompeius beließ nach der Eroberung Jerusalems den Hasmonäer Hyrkan II. im Amt. Herodes der Große favorisierte Priesterfamilien aus der Diaspora, die ihm politisch nicht gefährlich werden konnten. In der Anfangsphase seiner Herrschaft beugte er sich noch dem Druck, seinen aus dem Hasmonäergeschlecht stammenden Schwager Aristobul III. als Hohepriester einzusetzen, ließ diesen aber bald ermorden. Eine Vormachtstellung errang dann der aus Ägypten stammende Boethus, der durch die Vermählung seiner Tochter Mariamme II. mit Herodes zum königlichen Hof zählte und das Hohepriesteramt mehr als 20 Jahre innehatte. Mehrere seiner Söhne amtierten ebenfalls als Hohepriester.

Nach Einrichtung der römischen Provinz Judäa stieg der Clan des Hannas (Apg 4,6) zum vorherrschenden Priestergeschlecht auf. Er stellte in den nachfolgenden Jahrzehnten mindestens acht Hohepriester. Dazu zählte auch der in den Tagen Jesu amtierende Josef Kajafas, der ein Schwiegersohn von Hannas war (Joh 18,13). Insgesamt waren es vom Neubau des Tempels durch Herodes bis zu dessen Zerstörung durch die Römer nur vier Familien, aus denen sich die knapp 30 Hohepriester dieses Zeitraums rekrutierten. Die neue Priesteraristokratie brachte es durch Besetzung aller Schlüsselpositionen im Tempel zu beträchtlichem Einfluss und Reichtum. Sie grenzte sich als gesellschaftliche Elite Jerusalems von den einfachen Priestern ab und war durch uneingeschränkte Loyalität gegenüber den Herrschenden darauf bedacht, die eigene Machtstellung zu sichern.

Der alltägliche Opferdienst fiel in den Zuständigkeitsbereich von 24 Priesterklassen, die mit ihren Familien in der Regel außerhalb Jerusalems lebten und im Rotationsverfahren für jeweils eine Woche am Tempel tätig waren. Dazu zählte auch Zacharias, der Vater von Johannes dem Täufer (Lk 1,5). Von diesen eigentlichen Priestern aus dem Geschlecht Aarons hoben sich die Leviten als untergeordneter Klerus ab. Sie waren ursprünglich an den Landheiligtümern vollwertige Priester gewesen. Nachdem König Josia im 7. Jahrhundert v. Chr. eine Zentralisation des Kultes in Jerusalem verordnet hatte, kamen sie an den Tempel, ohne sich dort

gleichberechtigt etablieren zu können. Der Zutritt zum Altar und Tempelgebäude war ihnen streng untersagt. Sie unterstanden dem Tempeloberst und durften lediglich untergeordnete Tätigkeiten wie die Bewachung des äußeren Tempelareals, das Schlachten von Opfertieren oder das Herbeischaffen der Thorarollen verrichten. Eine gehobene Klasse von Leviten sorgte für Tempelgesang und Musik. Das Blasen der Posaunen und des Schofars blieb ihnen allerdings verwehrt. Erst kurz vor der Zerstörung des Tempels kam es zu Reformen, die auf eine Besserstellung der Leviten innerhalb der Tempelhierarchie abzielten.

Tempelkult und Tempelbetrieb

In erster Linie begaben sich Menschen zum Tempel, um dort am Gottesdienst teilzunehmen. Dieser fand nicht nur am Sabbat, sondern an allen Tagen statt. Im Zentrum standen Opferhandlungen, die von Gesang, Musik, Gebeten und Schriftlesungen begleitet waren. Im Opferkult durchdrangen sich unterschiedliche religiöse Vorstellungen. Es ging darum, Gott durch Opfergaben Dankbarkeit zu erweisen, ihn gütig zu stimmen, in enge Gemeinschaft mit ihm zu treten, Gelübde einzulösen, Schuld zu tilgen und Sühne zu bewirken.

Die wichtigste der öffentlichen Opferhandlungen war das Brandopfer (Tamid), bei dem die Priester Tag für Tag vormittags und nachmittags ein einjähriges Lamm opferten (Ex 29,38). Damit verbunden wurde das im Namen des Hohepriesters, aber nicht von ihm persönlich dargebrachte Speiseopfer (Lev 6,13). Als Judäa im Jahre 6 n. Chr. römische Provinz wurde, kam zweimal am Tag ein Tieropfer für den Kaiser hinzu. Auf diese Weise bekundete das jüdische Volk, das mit Rücksicht auf den monotheistischen Glauben von der göttlichen Verehrung des Kaisers befreit war, seine Loyalität gegenüber Rom.

Ein anderes wichtiges Motiv für den Gang zum Tempel war die individuelle Befolgung religiöser Bestimmungen aus dem Gesetz des Mose. Dazu gehörten neben der Entrichtung von Tempelabgaben vor allem Opferriten zur Wiedererlangung der kultischen Reinheit. Reinigungsopfer waren beispielsweise nach der Heilung von Aussatz, der Niederkunft im Wochenbett, dem Kontakt mit Ausflüssen aus den Geschlechtsorganen oder der Berührung von Toten vorgeschrieben. Solche Privatopfer machten den Hauptanteil der priesterlichen Tätigkeit aus. Dazu wurden zwei Opfertiere benötigt. Dem Sündopfer, bei dem das Blut des einen Tieres an den Altar gesprengt wurde, folgte das Brandopfer, bei dem das andere Tier auf dem Altar verbrannt wurde. Durch diese Doppelhandlung erwirkten die Priester Sühne für die betroffenen

Bronzene Weihrauchschaufel aus Jerusalem (2. bis 3. Jahrhundert n. Chr.). Solche Weihrauchschaufeln wurden im Tempel benutzt, um Asche vom Altar zu entfernen oder Weihrauch zu verbrennen.

Antike Öllampe mit Menora, Weihrauchschaufel und Schofar

Personen. Als Opfertiere standen Tauben an oberster Stelle. Sie waren auch für die kleinen Leute erschwinglich (Lev 5,7) und konnten auf dem Tempelvorplatz käuflich erworben werden.

Tempelsteuer und weitere Abgaben

Wirtschaftlich getragen wurde der Tempel durch eine Vielzahl von Abgaben. An erster Stelle stand die jährliche Tempelsteuer, die zur Finanzierung des Kultbetriebs und der Armenversorgung diente. Sie galt für jeden männlichen Juden über 20 Jahre und betrug in den Tagen Jesu einen halben Schekel. Bereits die Hasmonäer hatten die Praxis eingeführt, die Tempelsteuer als Symbol nationaler und religiöser Einheit auch außerhalb des Mutterlandes zu erheben. Sie wurde bereitwillig entrichtet, zumal den dadurch finanzierten Opfern Sühnewirkung für das Volk Israel zugeschrieben wurde, an der alle partizipierten. In der Diaspora gab es zentrale Sammelstellen für die Tempelsteuer, die dann unter dem Geleitschutz bewaffneter Pilgerkarawanen nach Jerusalem überbracht wurde. In Provinzen mit hohem jüdischem Bevölkerungsanteil war den Statthaltern die Kapitalflucht ein Dorn im Auge. Es konnte immer wieder vorkommen, dass die Tempelsteuer unmittelbar vor dem Abtransport von den Behörden vor Ort konfisziert wurde. Julius Caesar hatte vor diesem Hintergrund den Juden ausdrücklich das Recht eingeräumt, Geld und Edelmetall aus den Provinzen des Reichs nach Jerusalem zu senden.

Zu der Tempelsteuer kamen unterschiedlichste Naturalabgaben hinzu, die für die bäuerliche Bevölkerung neben den staatlichen Steuern eine empfindliche Belastung darstellten. Die Holzabgabe diente der Befeuerung des Brandopferaltars, während die Abgaben vom landwirtschaftlichen Ertrag den Lebensunterhalt des Kultpersonals sicherten. Dazu zählten die Erstlingsfrüchte und der Zehnte vom Ernteertrag des Landes, der den Leviten zustand. Weitere Naturalabgaben waren die auf bestimmte Getreidearten erhobene »Teighebe« und die ungefähr den fünfzigsten Teil aller geernteten Früchte ausmachende »Priesterhebe«.

Die zentralen Feste

Für das Judentum in der gesamten antiken Welt stellte der Jerusalemer Tempel den zentralen Bezugspunkt der Frömmigkeit dar. Das wichtigste der am Heiligtum gefeierten Feste war der im Zeichen von Buße und Sühne stehende Versöhnungstag (Jom Kippur). Zunächst vollzog der Hohepriester im Allerheiligsten einen Ritus zur Reinigung des Tempels von allen Sünden, die dort im Verlauf des Jahres durch den Klerus und die Kultgemeinde begangen worden waren. Dazu sprengte er das Blut eines Stieres für die Verfehlungen der Priester und das Blut eines Ziegenbocks für die Verfehlungen des Volkes an den Vorhang des Allerheiligsten. Im Tempel Salomos war das Blut noch auf den Deckel der Bundeslade gespritzt worden. Anschließend trat der Hohepriester aus dem Tempelhaus heraus und reinigte auch die Hörner des Brandopferaltars im Priesterhof mit dem Blut der beiden Tiere. Als Abschluss wurde das Sündenbockritual vollzogen. Dazu legte der Hohepriester alle Sünden des Volkes auf einen zweiten Ziegenbock, der aus dem Tempel in die judäische Wüste gejagt wurde und sinnbildlich alle Schuld der Menschen hinwegtrug.

Neben dem Versöhnungstag kam den Wallfahrtsfesten eine Sonderstellung im Jahreszyklus des Tempellebens zu. Zum Passahfest, Wochenfest und Laubhüttenfest pilgerten unzählige Menschen aus der Diaspora nach Jerusalem. Als besonderer Besuchermagnet erwies sich Passah, ein Fest, das in Verbindung mit dem Fest der ungesäuerten Brote begangen wurde und an den Auszug Israels aus Ägypten erinnert. Zum Passah fand man sich im Familien- oder Freundeskreis zu Gemeinschaften von 10 bis 20 Personen zusammen. Nachmittags erfolgte im Tempel die Schlachtung der Lämmer. Das Blut der Tiere sprengten die Priester an den Altar, das Fett brachten sie als Brandopfer dar. Danach zog sich jede Mahlgemeinschaft mit ihrem geschlachteten Lamm in private Räumlichkeiten zurück, um dort nach Sonnenuntergang das Passahmahl zu feiern. Angesichts der hohen Zahl von Festpilgern war es nicht einfach, in Jerusalem noch einen geeigneten Raum zu finden. Das geröstete Lamm wurde mit ungesäuertem Brot und Bitterkraut verzehrt. Diese Elemente deutete der Vorsitzende während des Mahls, das von Segenssprüchen über dem Wein und Gesängen aus dem Hallel (Psalm 113–118) begleitet war, auf das Geschehen beim Auszug aus Ägypten. Die Liturgie des Passahmahls hat sich bis heute nicht verändert. Das Passah ging unmittelbar in das siebentägige Fest der ungesäuerten Brote über, in dessen Verlauf die Priester täglich zwei

Musik begleitete nicht nur das Laubhüttenfest, sondern war grundsätzlich in der jüdischen Religion von Bedeutung. Der alttestamentarische König David gilt als Dichter und Sänger der Psalmen und wurde oft mit der Zither oder Harfe dargestellt. Englische Buchmalerei, um 1050

Die Kupferrolle zählt zu den berühmtesten Funden aus Qumran. Sie nennt verschiedene Verstecke des Tempelschatzes.

Stiere, einen Widder und sieben Lämmer auf dem Brandopferaltar darbrachten.

50 Tage nach Passah schloss sich das Wochenfest (Shavuot) an, das ebenfalls Besucher aus aller Welt anzog. In den Tagen Jesu hatte es noch seinen ursprünglichen Charakter als frühes Erntefest bewahrt, an dem landwirtschaftliche Opfergaben dargebracht wurden. Erst nach der Zerstörung des Tempels wurde Shavuot zu einem Fest, mit dem man sich auf die Gesetzgebung am Sinai zurückbesinnt und quasi den Bund mit Gott erneuert. Das dritte große Wallfahrtsfest war das Laubhüttenfest (Sukkoth), ein achttägiges Erntedankfest im Herbst. Während der Festdauer wohnte man in Laubhütten und nahm an liturgischen Zeremonien im Tempel teil. Die Laubhütten dürften ursprünglich die Schatten spendenden Unterstände während der Ernte symbolisiert haben, später wurden sie mit dem Auszug aus Ägypten in Verbindung gebracht. Die Feiernden zogen mit Feststräußen, die aus Palm-, Myrte- und Weidenzweigen mit einer Zitrusfrucht bestanden, um den Brandopferaltar. Am Abend des ersten Festtages tanzten sie im hell erleuchteten Frauenhof. Leviten sorgten mit Zithern, Harfen und Zimbeln für musikalische Untermalung. Gesetzeslehrer boten Gesangs- oder Tanzeinlagen und schwenkten dabei brennende Fackeln. Zu den priesterlichen Handlungen zählte neben Opferritualen auch eine große Wasserzeremonie, die vermutlich Regen und Fruchtbarkeit gewährleisten sollte. Dazu wurde in einem goldenen Krug Wasser aus dem Teich Schiloach herbeigebracht und vom diensthabenden Priester feierlich in eine mit Löchern versehene Kalkschale gegossen, aus der es heraustropfte. Verschüttete der Priester das Wasser, konnte er mit Zitronen beworfen werden. Zum Abschluss des Laubhüttenfests las entweder der König oder der Hohepriester im Frauenhof auf einer Holztribüne öffentlich aus der Thora.

Zu Jom Kippur und den großen Wallfahrtsfesten gesellten sich weitere Feste wie das vom Klang der Posaunen untermalte Neujahrsfest (Rosh hashanah), das der Wiedereinweihung des Tempels durch die Makkabäer gewidmete Chanukka (Joh 10,22) oder der an den Sieg von Judas Makkabäus über den syrischen Heerführer Nikanor erinnernde Nikanortag (2 Makk 15,36). Das ganze Jahr über war der Tempel ein Ort pulsierenden Lebens.

Der Tempel als Schatzhaus und Bank

Dank der Tempelsteuer, der Naturalabgaben, freiwilliger Spenden und des konzessionierten Verkaufs von Opfertieren verfügte der Jerusalemer Tempel über einen unvorstellbaren Reichtum an Kultgegenständen, Edelmetall und Bargeld. Dies verdankte sich auch einer geschickten Finanzpolitik. Als Währung wurde am Tempel allein der Schekel akzeptiert. Darunter verstand man in hellenistisch-römischer Zeit die Tetradrachme aus Tyros. Diese Münze verstieß eigentlich sowohl gegen den jüdischen Monotheismus als auch gegen das Bilderverbot. Denn die Vorderseite zeigt das Antlitz des tyrischen Stadtgottes Melkart, während auf der Rückseite der seleukidisch-ptolemäische Adler abgebildet ist. Dass die Tetradrachme zur offiziellen Tempelwährung von Jerusalem avancierte, verdankte sie ihrer für antike Verhältnisse einzigartigen Wertbeständigkeit. Sie hatte ein Gewicht von 14 Gramm und einen Silbergehalt von etwa 95 Prozent, der mit nur geringfügigen Schwankungen über fast zwei Jahrhunderte hinweg in allen Emissionen durchgehalten wurde.

Wie andere Heiligtümer der Antike, beispielsweise der zu den sieben Weltwundern zählende Artemis-Tempel in Ephesus, diente der Jerusalemer Tempel zudem als Bankhaus für Privatpersonen, die dort Depots für ihr Vermögen unterhielten und Gebühren dafür entrichteten. Tempel waren in der Antike nicht nur gut bewacht, sondern boten auch wegen ihrer Heiligkeit besondere Sicherheit. Es bestand eine Scheu vor dem Ausrauben eines Tempels, weil man befürchtete, sich dadurch den Zorn der Gottheit zuzuziehen, der das Heiligtum geweiht war. Dies spiegelt sich in der Legende vom gescheiterten Tempelraub des syrischen Schatzkanzlers Heliodor wider. Sie erzählt davon, wie Heliodor dank des wunderbaren Eingreifens Gottes in der Schatzkammer des Jerusalemer Tempels von fürchterlichen Visionen heimgesucht wurde, ohnmächtig zu Boden fiel und erblindete (2 Makk 3,1–40). Solche Schreckensgeschichten änderten allerdings nichts daran, dass der Tempelschatz immer wieder die Begehrlichkeiten der über das jüdische Volk herrschenden Fremdmächte weckte. Sowohl unter den Seleukiden als auch unter den Römern kam es mehrfach zur Beschlagnahmung des Tempelschatzes, um damit kostspielige Feldzüge zu führen oder Löcher in den Staatsfinanzen zu stopfen.

Auch der wohl faszinierendste Textfund aus den Höhlen von Qumran am Toten Meer, die heute in Amman verwahrte Kupferrolle, dürfte mit dem Tempelschatz in Verbindung stehen. Es handelt sich um ein in Kupferblech geritztes Schatzverzeichnis. Dieses umfasst mehr als 100 Tonnen Gold und Silber, die an 64 verschiedenen Orten versteckt wurden, und zwar in Gräbern, Höhlen, Ruinen und Aquädukten. Aller Wahrscheinlichkeit nach brachte man den Tempelschatz im Jüdischen Krieg außerhalb Jerusalems in Sicherheit und notierte die Verstecke auf der Kupferrolle, womit sich seine Spur verliert. Die für die Aufrechterhaltung des Tempelbetriebs notwendigen Kultgegenstände, darunter Thorarollen, die Menora und der Schaubrottisch, fielen dagegen den Römern nach der Eroberung Jerusalems in die Hände und wurden 71 n. Chr. beim Triumphzug zu Ehren des Titus durch Rom getragen.

Ansicht eines Schekels aus Tyros, wie er von 127 v. Chr. bis 66 n. Chr. verbreitet war

Die Herrschaft der Römer

Im Hippodrom von Cäsarea spielen sich tumultartige Szenen ab. Pontius Pilatus hat in der Mitte der Rennbahn auf dem Richterstuhl Platz genommen, Hunderte aufgebrachter Juden umringen ihn. Sie sind aus Jerusalem gekommen, um ihrer Wut Ausdruck zu verleihen, und warten seit Tagen auf eine Entscheidung. Soldaten halten die Menge mit gezückten Schwertern im Zaum. Judäa steht zu diesem Zeitpunkt seit 20 Jahren unter direkter römischer Herrschaft. Eine Woche zuvor hatten römische Truppen auf Anweisung des neuen Statthalters Standarten nach Jerusalem gebracht. Sie zeigten das Porträt des Kaisers Tiberius. Was in anderen Provinzen eine Selbstverständlichkeit darstellte, galt in Judäa als Verstoß gegen das Bilderverbot und rief Empörung hervor. Die Menschen im Hippodrom wollen eher für den Glauben der Väter sterben, als Kaiserbilder in der Heiligen Stadt zu dulden. Sie knien nieder und bieten den gezückten Schwertern der Legionäre demonstrativ ihren Nacken dar. Pontius Pilatus zeigt sich beeindruckt. Er gibt klein bei und ordnet die Entfernung der Kaiserbilder aus Jerusalem an. Der Beginn seines Wirkens als Statthalter von Judäa soll nicht von einem Blutbad überschattet werden.

Einige Zeit später ordnet Pontius Pilatus in Jerusalem den Bau eines Aquädukts an, um die Wasserversorgung der Stadt zu sichern. Dass er zur Finanzierung der sinnvollen Baumaßnahme den Tempelschatz antastet, ruft erneute Unruhen hervor. Dieses Mal geht Pontius Pilatus kompromisslos zu Werke. Mit Knüppeln bewaffnete Soldaten mischen sich unerkannt unter das Volk. Auf das verabredete Zeichen des Statthalters hin werden die Rädelsführer des Protestes

Mit der Errichtung der Provinz Judäa im Jahre 6 n. Chr. geriet Jerusalem unter römische Herrschaft. Römischer Bronzehelm aus Judäa (1.–3. Jahrhundert n. Chr.)

totgeschlagen, ihr Blut ergießt sich in Strömen über die Straßen Jerusalems. Die Priesteraristokratie schweigt, denn solange ihre Privilegien und der Tempelkult unangetastet bleiben, besteht kein Grund, die Stimme zu erheben. Im Volk wird auch den letzten Optimisten klar, dass ein Leben unter der direkten Herrschaft Roms keine wirkliche Alternative zum herodianischen Herrschertum darstellt. Nicht wenige Menschen blicken mit Wehmut auf die Zeit des einst so verhassten Herodes zurück. Seit seinem Tod hatte sich viel in Jerusalem ereignet und alle Hoffnungen auf den Aufbruch in ein besseres Zeitalter hatten sich als Illusion erwiesen.

Unruhen nach dem Tod des Herodes

Auf dem Sterbebett hatte Herodes sein Testament ein letztes Mal geändert und eine Aufteilung des Königreiches auf drei seiner Söhne verfügt. Zum König über Judäa, Samaria und Idumäa setzte er Archelaus ein, Herodes Antipas wurde mit der Herrschaft über Galiläa und Peräa abgefunden, während Philippus die Reichsteile nordöstlich des Sees Gennesaret zufallen sollten. Herodes war kaum begraben, da brachen die Spannungen und Gegensätze in seinem bis dahin mit harter Hand regierten Reich offen aus. In Jerusalem zettelten Pharisäer während des Passahfestes einen Aufstand am Tempel an, den Archelaus als designierter Thronfolger energisch niederschlug. Auslöser der Proteste war seine Weigerung gewesen, die Verantwortlichen zur Rechenschaft zu ziehen, die nach dem Skandal um den goldenen Adler am Tempeltor die Hinrichtung zweier pharisäischer Gesetzeslehrer angeordnet hatten.

Herodes war zwar von Augustus das Recht eingeräumt worden, seine Nachfolge selbst zu regeln, doch lag die Entscheidung über die Zukunft Judäas letztlich in der Hand Roms. Deshalb begab sich Archelaus in die Hauptstadt, um von Augustus gemäß dem letzten Testament des Herodes als Haupterbe anerkannt zu werden. Einstweilen hatte der Kaiser den syrischen Schatzmeister Sabinus mit der kommissarischen Verwaltung des jüdischen Königreichs betraut. Zudem wurde aus Sicherheitsgründen eine der drei syrischen Legionen von Antiochia nach Jerusalem verlegt. In Rom erhielt Archelaus bald von seinem Halbbruder Philippus Unterstützung, den er zunächst als Reichsverweser in Jerusalem zurückgelassen hatte. Der in einem früheren Testament seines Vaters noch zum alleinigen Thronfolger bestimmte Herodes Antipas sprach ebenfalls beim Kaiser vor und versuchte seine Interessen durchzusetzen.

Während alle designierten Thronerben in Rom weilten, brach im Herodesreich eine Reihe einzelner Aufstände aus, die durch messianische Sehnsüchte und apokalyptische Erwartungen motiviert waren. In Emmaus und Sepphoris stürmten die Rebellen königliche Getreidelager und Waffenarsenale, in Jericho setzten sie den Winterpalast des Herodes in Brand. Der Funke sprang auf Jerusalem über, als Sabinus das Königsschloss besetzte und das herodianische Vermögen zu beschlagnahmen begann. Diese demonstrative Machtgeste Roms führte in der aufgeheizten Atmosphäre des Shavuotfestes zu schweren Unruhen. Aufgebrachte Juden, in der Mehrzahl vermutlich Festpilger, versuchten den von Sabinus gehaltenen Herodespalast zu stürmen. Im Gegenzug starteten die römischen Truppen eine Offensive, bei der die königliche

Säulenhalle des Tempelplatzes in Flammen aufging und der Tempelschatz in ihre Hände fiel. Danach mussten sie sich vor dem aufgebrachten Volk wieder im Herodespalast verschanzen. Erst als der syrische Statthalter Varus mit zwei Legionen von Norden anrückte und sich kämpfend den Weg nach Jerusalem bahnte, bekamen die Römer die Lage in den Griff. Varus machte die Aufstandszentren Sepphoris und Emmaus dem Erdboden gleich, marschierte in Jerusalem ein und ließ insgesamt rund 2000 Juden kreuzigen. Wenige Jahre später wurden ihm dann in Germanien von dem Cheruskerfürsten Arminius die Grenzen aufgezeigt.

Kaiser Augustus bestätigte nach reiflicher Überlegung das letzte Testament des Herodes in den wesentlichen Punkten. Archelaus konnte die Herrschaft über Judäa, Samaria und Idumäa antreten. Die anderen Teile des Herodesreichs fielen erwartungsgemäß Herodes Antipas und Philippus zu. Der Königstitel blieb Archelaus allerdings vorenthalten. Er musste sich mit der niedrigeren Stellung eines Ethnarchen begnügen und erlitt zudem empfindliche territoriale Verluste. Die wirtschaftlich bedeutsamen Städte Gaza, Gadara und Hippos, die schon lange das jüdische Joch abzuschütteln suchten, wurden aus seinem Herrschaftsgebiet ausgegliedert und der Provinz Syrien zugeschlagen.

Umwandlung Judäas in eine römische Provinz

Herodes der Große hatte jahrzehntelang die Gegensätze in seinem Reich zusammengehalten und sich als Garant römischer Interessen im Osten erwiesen. Archelaus hingegen zeigte sich dieser Aufgabe nicht gewachsen. Seine Herrschaft war von inneren Unruhen und schweren Protesten gegen seine Amtsführung gekennzeichnet. Mit der brutalen Niederschlagung des Aufstandes am Passahfest, die unzählige Menschen das Leben kostete, hatte Archelaus von Anfang an die Sympathien des Volks verloren. Auch erregte er Unmut in der priesterlichen Aristokratie durch die willkürliche Absetzung des Hohepriesters Joazar, dem er eine Mitschuld an den Unruhen in Jerusalem gab. Zudem zog er durch die Heirat mit Glaphyra die Kritik der Frommen auf sich, denn Glaphyra war die Witwe seines von Herodes hingerichteten Halbbruders Alexander. Diese Ehe mit der Schwägerin stellte einen schweren Verstoß gegen das jüdische Religionsgesetz dar (Lev 18,16). Wie sein Vater verfolgte Archelaus eine Reihe von Bauprojekten. Diese konzentrierten sich darauf, den bei den Unruhen zerstörten Königspalast von Jericho wiederherzustellen und sich mit der Neugründung der Stadt Archelais ein Denkmal zu setzen. In Jerusalem vermochte er in seiner zehnjährigen Regierungszeit keine städtebaulichen Akzente zu setzen.

Das von Archelaus ausgeübte Schreckensregiment spiegelt sich auch im Neuen Testament wider. Nach der Rückkehr aus Ägypten soll Josef aus Furcht vor Archelaus Judäa gemieden haben und mit seiner Familie nach Galiläa in das Herrschaftsgebiet des Herodes Antipas übergesiedelt sein (Mt 2,22). Im Jahr 6 n. Chr. begab sich

Nach dem Tod Herodes des Großen entschied der römische Kaiser Augustus über die Aufteilung des hinterlassenen Reiches zwischen Herodes Söhnen Archelaus, Herodes Antipas und Philippus. Augustusstatue von Prima Porta, die nach ihrem Fundort in Rom benannt ist

Das byzantinische Mosaik aus dem Chorakloster in Istanbul (Ausschnitt, um 1310) zeigt Quirinius, den Statthalter von Syrien und Palästina, auf dem Thron, links neben ihm eine Wache, rechts zwei Beamte mit Listen.

eine Delegation jüdischer und samaritanischer Aristokraten nach Rom, um beim Kaiser die Absetzung des Archelaus einzufordern. Da Augustus dem Anliegen stattgab und Archelaus nach Gallien verbannte, müssen schwere Anschuldigungen gegen ihn vorgebracht worden sein, die Rom um die Stabilität im Osten bangen ließen. Sowohl Philippus als auch Herodes Antipas bemühten sich vergeblich darum, ihren Bruder zu beerben. Sein Reich wurde in die Provinz Judäa umgewandelt und der direkten Herrschaft Roms unterstellt. Gleichzeitig konfiszierten die Römer den gesamten Besitz des Archelaus. Die Ländereien wurden verkauft und der Erlös in die römische Staatskasse überführt.

Zensus und Steuerlasten

Die Umwandlung des Herrschaftsgebiets von Archelaus in eine römische Provinz hatte einen Zensus zur Folge, der in die Hände des syrischen Statthalters Quirinius gelegt wurde. Der Zensus war von Augustus in den Provinzen des

Reiches zur Bemessung der Kopfsteuer und Grundsteuer eingeführt worden. Ihm mussten sich bei der Neueinrichtung einer Provinz all deren Bewohner unterziehen, die nicht das römische Bürgerrecht besaßen. In regelmäßigen Abständen wurden die Daten aktualisiert. Auf diese Weise verschaffte sich die Provinzialverwaltung Einblick in die Zahl der kopfsteuerpflichtigen Personen und deren Vermögensverhältnisse. Normalerweise erschien der Hausvorstand vor den Behörden. Seine Angaben zu den Personen im Haushalt, dem Grundbesitz und dem durchschnittlichen Bodenertrag wurden auf einer Urkunde aus Papyrus festgehalten, von der er eine Abschrift erhielt. In Jerusalem befand sich, wie in vielen anderen Städten, ein Archiv mit den Steuerlisten. Die Weihnachtsgeschichte des Lukas bringt die Steuerschätzung mit der Geburt Jesu in Verbindung, die in die Endphase der Herrschaft von Herodes dem Großen fällt. Dabei ist Lukas ein chronologischer Irrtum unterlaufen. Aus dem Werk des Flavius Josephus geht deutlich hervor, dass der Zensus des Quirinius nach der Verbannung des Archelaus erfolgte und somit in das Jahr 6 n. Chr. fällt. Der mit Einrichtung der Provinz Judäa erstmalig durchgeführte Zensus markiert die Geburtsstunde der zelotischen Bewegung, die sich zum Widerstand gegen die Steuerschätzung formierte. Jenseits des sozialen Aspektes, dass die Steuern schwer auf dem Rücken der jüdischen Bevölkerung lasteten, wurde der Zensus zum Symbol der römischen Fremdherrschaft, die es mit allen Mitteln zu bekämpfen galt. In dieser Situation griff der wieder ins Amt zurückgekehrte Hohepriester Joazar mäßigend ein und half, den Widerstand gegen die Registrierung in den Steuerlisten zu brechen.

Steuern hatte die Bevölkerung selbstverständlich auch zuvor entrichten müssen. Mit Einrichtung der Provinz Judäa waren sie allerdings erstmals direkt an die römischen Behörden zu zahlen und flossen größtenteils außer Landes, soweit sich nicht bereits der amtierende Statthalter persönlich an ihnen bereichert hatte. Im Vergleich zur herodianischen Zeit markierte dies einen tiefen Einschnitt: Herodes der Große war als enger Vertrauter des Kaisers von der Tributpflicht gegenüber Rom befreit gewesen. Er wurde im Gegenteil wegen seiner Verdienste um die Durchsetzung der römischen Ordnung von Augustus sogar an den Einnahmen aus den Kupferminen Zyperns beteiligt. Die von Herodes in beträchtlichem Umfang erhobenen Steuern blieben weitgehend im Land und kamen seinen Untertanen indirekt zugute. Indem sie vor allem zur Nutzbarmachung neuer landwirtschaftlicher Flächen und zur Finanzierung ehrgeiziger Baumaßnahmen aufgewendet wurden, förderten sie das Wachstum, schufen Arbeitsplätze und sorgten für wirtschaftliches Wohlergehen. Die Praxis eines Steuererlasses, wie ihn Herodes seinen Untertanen in Notzeiten mehrfach gewährt hatte, gehörte unter den Römern der Vergangenheit an.

Zu den direkten Steuern, die nun mit dem Zensus erfasst wurden, kamen seit jeher weitere Abgaben in Form von Maut und Warenzöllen hinzu. Diese wurden von Zöllnern an Brücken, Stadttoren oder Grenzstationen erhoben. Während in anderen Reichsprovinzen große Pachtgesellschaften mit der Eintreibung der Zölle betraut wurden, dominierte in Judäa das von den Römern beibehaltene System der Kleinpacht. Oberzöllner wie Zachäus (Lk 19,1–10) brachten es als Pächter eines Zollbezirks zu erheblichem Reichtum. Die an den Zollstationen sitzenden einfachen Zöllner waren dagegen abhängig Beschäftigte und verfügten über ein eher bescheidenes Einkommen, das sie nach allen Regeln der Kunst durch Betrügereien aufzubessern versuchten.

Römische Provinzialverwaltung

Die Umwandlung des Territoriums von Archelaus in eine römische Provinz stellte eine markante Zäsur dar. Sie besiegelte in Judäa das vorläufige Ende des von Rom abhängigen, aber innenpolitisch autonomen herodianischen Herrschertums. Die Regierungsgewalt einschließlich der Kapitalgerichtsbarkeit und Steuerhoheit lag nun in den Händen eines römischen Statthalters. Dieser unterstand der Dienstaufsicht des Statthalters von Syrien, trug den militärischen Titel eines Präfekten und war Oberbefehlshaber der römischen Truppen im Land. Bei der Festlegung der Provinzhauptstadt fiel die Wahl auf Cäsarea, das als prachtvolle Hafenstadt und Zentrum hellenistisch-römischer Kultur den Vorzug gegenüber Jerusalem erhielt. Dort befand sich auch das Hauptquartier der römischen Garnison. In Jerusalem hielt sich der Statthalter nur an hohen Feiertagen auf und residierte dann im Prätorium (Mk 15,16), das sich wahrscheinlich im Herodespalast befand. Als römischer Militärstützpunkt in Jerusalem diente die Burg Antonia, wo eine etwa 400 Soldaten umfassende Kohorte stationiert war. Unter Kaiser Augustus wechselten die Statthalter in kurzen Intervallen von zwei oder drei Jahren. Kaiser Tiberius, der von 14–37 n. Chr. regierte, machte es dagegen zu einem Charakteristikum seiner Politik, die Statthalter über einen möglichst langen Zeitraum im Amt zu belassen, um Kontinuität und Stabilität in den Provinzen zu schaffen. Unter ihm hatten Valerius Gratus und Pontius Pilatus für den Zeitraum von jeweils etwa zehn Jahren die Position des Präfekten von Judäa inne.

Eigentlicher Gewinner der politischen Umwälzungen nach Absetzung des Archelaus war die jüdische Aristokratie, die das Synhedrion beherrschte und von der geringen Präsenz des Statthalters in Jerusalem profitierte. Der römische Statthalter stellte zwar die höchste Instanz in allen Fragen dar, die das Recht, die innere Sicherheit und die Finanzen der Provinz Judäa betrafen. Er hielt sich aber die meiste Zeit in Cäsarea auf und trat weite Teile der innenpolitischen Befugnisse an das Synhedrion in Jerusalem ab. Es bestand aus 71 Mitgliedern mit dem Hohepriester an der Spitze und umfasste drei Fraktionen. Neben der priesterlichen und nichtpriesterlichen Aristokratie gehörten ihm auch Pharisäer als Repräsentanten des Volks an. Als jüdisches Parlament und oberster Gerichtshof gewann das Synhedrion eine bis dahin nicht gekannte Bedeutung, indem es sich zur höchsten innenpolitischen Entscheidungsinstanz und zum zentralen Organ jüdischer Selbstverwaltung entwickelte. Während die Aristokratie unter den hasmonäischen und herodianischen Herrschern weitgehend zur Bedeutungslosigkeit verurteilt und der Willkür ausgeliefert gewesen war, verzeichnete sie nach Einrichtung der römischen Provinz Judäa einen enormen Machtzuwachs, indem sie im Synhedrion alle maßgeblichen Entscheidungen in den inneren Angelegenheiten des Landes traf.

Auch die Rolle des an der Spitze des Synhedrions stehenden Hohepriesters erfuhr gegenüber der herodianischen Zeit einen grundlegenden Wandel. Zusätzlich zu seinen traditionellen kultischen Funktionen gewann der Hohepriester nun wieder politische Macht, indem er zum obersten Repräsentanten des jüdischen Volkes gegenüber den Römern wurde und letztlich die Hauptverantwortung für die Innenpolitik trug. Er wurde vom römischen Statthalter eingesetzt, der das hohepriesterliche Gewand in der Burg Antonia verwahrte und nur zu den hohen jüdischen Feiertagen herausgab. Dieses Verfahren hatte auch bereits Herodes der Große praktiziert. Die Oberaufsicht über den Tempel legten die Römer in die Hände von Mitgliedern der Herodesdynastie.

An die römische Zeit erinnert heute in Cäsarea noch das Aquädukt.

Die Amtsführung von Pontius Pilatus

Von den ersten Statthaltern der römischen Provinz Judäa kennt man nur die Namen. Über Valerius Gratus, der von 15 bis 26 n. Chr. das Amt innehatte, sind wenigstens einige Informationen überliefert. Zu Beginn seiner Statthalterschaft setzte er drei unterschiedliche Hohepriester ein und enthob sie sogleich wieder des Amtes, bis er in Kajafas den geeigneten Kandidaten gefunden hatte. Zudem nahmen unter Gratus die Klagen der Bevölkerung über die Steuerlast zu. Weit mehr ist über Pontius Pilatus bekannt (Amtszeit 26–36 n. Chr.), von dem nicht nur im Neuen Testament, sondern auch in den Werken der jüdischen Schriftsteller Philo von Alexandria und Flavius Josephus die Rede ist. Als archäologisches Zeugnis kommt der 1961 bei Ausgrabungen in Cäsarea gefundene Pilatusstein hinzu, eine von Pontius Pilatus in Auftrag gegebene Inschrift für ein Bauwerk, das Kaiser Tiberius gewidmet war.

Bereits die biblische Tradition zeichnet ein verzerrtes Bild von Pontius Pilatus als gütigem Statthalter, der seine Hände in Unschuld wäscht und die Kreuzigung Jesu nur widerwillig vollzieht. In der altkirchlichen Legendenbildung setzt sich diese Entschuldungsstrategie fort. In den auch als Nikodemusevangelium bekannten Pilatusakten, bei denen es sich um fiktive Protokolle zum Prozess Jesu handelt, versucht der Statthalter mit allen Mitteln die Kreuzigung zu verhindern. In anderen Schriften wird ein angeblicher Brief des Pilatus an den Kaiser zitiert, in dem er allein die Juden für den Tod Jesu verantwortlich macht und den Vorschlag unterbreitet, Jesus vom römischen Senat zum Gott erklären zu lassen. Auch um das Ende des Pilatus ranken sich verschiedene Legenden. Bei dem Kirchengeschichtsschreiber Euseb ist von Selbstmord als gerechter Strafe für die Kreuzigung Jesu die Rede. Die apokryphe »Auslieferung des Pilatus« weiß dagegen von einer Enthauptung des Statthalters durch Kaiser Tiberius zu berichten, der erbost darüber gewesen sein soll, dass Pilatus Jesus hinrichten ließ, obwohl er in ihm den Messias erkannt hatte. Dabei wird der römische Statthalter als unschuldiges Werkzeug der Juden und bekennender Christ porträtiert, dessen Haupt nach dem Märtyrertod sofort von einem Engel in den Himmel aufgenommen wird. Bei kritischer Analyse der Evangelien und Heranziehung der jüdischen Quellen stellt sich seine Person ganz anders dar.

Der sogenannte Pilatusstein mit dem Inschriftfragment »Tiberieum (Pon) tius Pilatus (praef) ectus Juda(eae)« ist das einzige bekannte archäologische Zeugnis des römischen Statthalters Pontius Pilatus. Das Original befindet sich im Israel-Museum in Jerusalem, eine Kopie am Fundort in Cäsarea (Foto).

Pontius Pilatus verdankte seine Ernennung wahrscheinlich dem Prätorianerpräfekten und Judenfeind Seianus, der lange Zeit der engste Vertraute und einflussreichste Ratgeber des Tiberius war. Zu Beginn seiner Amtszeit beschwor Pontius Pilatus durch provokative Demonstrationen kaiserlicher Macht schwerwiegende Konflikte mit dem Judentum herauf. Dazu zählt nicht nur der Vorfall mit den Standarten, die das Bild des Tiberius zeigten. Pontius Pilatus ließ zudem im Herodespalast in Jerusalem vergoldete Schilde anbringen, die den Namen des Kaisers trugen und dadurch Protest hervorriefen. Vermutlich wurde Tiberius auf den umstrittenen Objekten als Sohn des göttlichen Augustus bezeichnet. Ein Bittgesuch von Mitgliedern der alten herodianischen Dynastie führte dazu, dass der Kaiser persönlich die Entfernung der anstößigen Schilde aus Jerusalem anordnete. In den Münzprägungen des Pontius Pilatus zeigt sich im Hinblick auf den Respekt gegenüber der jüdischen Religion ein ambivalentes Bild. Die von ihm emittierten Münzen tragen einerseits pagane Kultsymbole wie den Augurenstab und die Schöpfkelle, verzichten aber andererseits auf die provokative Abbildung von Herrscherporträts oder Götterbildern.

Wenn es um die Durchsetzung der römischen Ordnung in der Provinz Judäa ging, war Pontius Pilatus jedes Mittel recht. Die Jerusalemer Proteste gegen die Finanzierung eines Aquädukts aus dem Tempelvermögen ließ er brutal niederschlagen. Aus unbekannten Gründen veranlasste der Statthalter ein Blutbad an Galiläern, die zur Darbringung von Opfern nach Jerusalem gekommen waren (Lk 13,1). Auch an der Kreuzigung Jesu von Nazaret trägt er juristisch die Schuld. Allein Pontius Pilatus

Die Figur Pontius Pilatus fand auch Eingang in die europäische Malerei. Gemälde eines unbekannten italienischen Künstlers aus dem 16. Jahrhundert

kann das Todesurteil über Jesus verhängt haben, da nur er über die Schwertgewalt in der Provinz Judäa verfügte. Zudem erlitt Jesus mit der Kreuzigung die römische Todesstrafe, wie sie gegen Aufrührer und Verbrecher verhängt wurde. Die Aktion, mit der Pontius Pilatus das Ende seiner politischen Laufbahn besiegelte, fügt sich nahtlos in das Gesamtbild ein: Mitte der 30er-Jahre ließ er am heiligen Berg Garizim eine Gruppe aufständischer Samaritaner niedermetzeln. Eine Delegation des samaritanischen Hohen Rates verklagte Pontius Pilatus wegen seines Vorgehens beim syrischen Legaten Vitellius und erreichte seine Ablösung. Resümierend unterschied sich Pontius Pilatus in seiner Amtsführung nicht gravierend von anderen römischen Statthaltern, allerdings ließ er es in entscheidenden Momenten an Fingerspitzengefühl fehlen. Er verletzte durch unbedachte Aktionen die religiösen Empfindungen des Judentums

Römische Münzen mit dem Porträt des Tiberius auf der Vorderseite

tiefer als seine Vorgänger und neigte bei Widerstand gegen die römische Ordnung zu unverhältnismäßiger Gewaltanwendung. Dass gleichzeitig mit ihm auch der Hohepriester Kajafas seines Amtes enthoben wurde, deutet auf ein enges Einvernehmen beider Personen hin, wie es sich auch im gemeinsamen Vorgehen gegen Jesus von Nazaret widerspiegelt. Weitere Konsequenzen für das Massaker am Garizim blieben Pontius Pilatus erspart, da bei seiner Rückkehr nach Rom Tiberius verstorben war und der neue Kaiser Caligula kein Interesse an einer Verfolgung der Angelegenheit zeigte.

Die Erschütterungen unter Caligula

Wer glaubte, mit der Abberufung von Pontius Pilatus würde Ruhe in Jerusalem einkehren, sah sich getäuscht. Unter Kaiser Caligula verschlechterte sich die Lage für das Judentum im Mutterland wie in der Diaspora weiter. Als Gaius Caligula 37 n. Chr. nach dem Tod des wenig beliebten Tiberius im Alter von 24 Jahren die Herrschaft an sich riss, brach im gesamten Römischen Reich Freudenstimmung aus. Im geschichtlichen Rückblick hingegen wurde Caligula zu einer wahnsinnigen Bestie und blieb als Kaiser in Erinnerung, der sein Lieblingspferd zum Konsul ernennen wollte. Wenn ihm von den antiken Historikern unvorstellbare Grausamkeit, Wahnsinn und Inzest angedichtet werden, entspricht dies kaum den Tatsachen. Das bis zur Unkenntlichkeit verzerrte Caligulabild verdankt sich einem Umgang des Kaisers mit dem Senat und der Oberschicht, wie er bis dahin ohne Beispiel war. Caligula trieb energisch die sakrale Überhöhung seiner Herrschaft voran. Er bestand darauf, wie ein Gott angeredet und verehrt zu werden. Dabei handelte es sich um eine gezielte Selbstinszenierung als Gottheit, die der Herrschaftslegitimation diente und Instrument der Machtpolitik war. Sie verfolgte vorrangig das Ziel, die römische Aristokratie zu demütigen und sich des Gehorsams seiner Untertanen zu versichern.

Im Osten führte die neue Dimension des Kaiserkultes zu schweren Unruhen und stürzte das Reich an den Rand des Abgrunds. Von den urbanen Eliten der Provinzen wurde der Kaiserkult aus freien Stücken als Loyalitätserweis erbracht. Damit verband sich die Hoffnung, dass man diesen Akt der Ergebenheit in Rom wahrnehmen und honorieren würde. Zur gleichen Zeit strebte in Städten wie Alexandria oder Antiochia die zahlenmäßig beträchtliche jüdische Bürgerschaft nach politischer Mitbestimmung. Für sie war vor dem Hintergrund des monotheistischen Glaubens eine göttliche Verehrung des Kaisers undenkbar. In dieser Situation machte die griechische Oberschicht, die um ihre Privilegien in der Polis fürchtete, den Kaiserkult zum Instrument ihres Vorgehens gegen die Juden. In Alexandria setzte sie mit Billigung des römischen Statthalters Flaccus die Pflicht zur Aufstellung von Caligulastatuen in den Synagogen durch. Als die Juden sich dem erwartungsgemäß widersetzten, erkannte Flaccus ihnen die Rechte ab und duldete schwere Pogrome, bei denen der Mob die jüdischen Häuser plünderte und brandschatzte. Die Judenschaft Alexandrias entsandte 40 n. Chr. eine von dem Religionsphilosophen Philo angeführte Delegation nach Rom, um dort vor Caligula ihre Beschwerden persönlich vorzubringen. Der Kaiser hörte sie in seiner Arroganz kaum an und wandte stattdessen seine Aufmerksamkeit einer Abordnung griechischer Bürger Alexandrias zu, welche die Juden wegen ihrer Verweigerung des Herrscherkultes weiter diskreditierte.

Die Situation verschärfte sich, als es in hellenistischen Städten Judäas zu ähnlichen Auseinandersetzungen wie in der Diaspora kam, in deren Verlauf in Jamnia ein von der griechischen Bevölkerung errichteter Kaiseraltar durch aufgebrachte Juden zerstört wurde. In dieser Situation erteilte Caligula dem syrischen Statthalter Petronius den Befehl, ein kaiserliches Standbild im Tempel von Jerusalem aufstellen zu lassen, um auf diese Weise den Juden einen Loyalitätserweis gegenüber der römischen Herrschaft abzufordern. Als Petronius das Standbild Caligulas unter dem Geleitschutz von drei Legionen aus Syrien in Richtung Jerusalem führte, zog ihm eine jüdische Gesandtschaft entgegen und konnte den Zug in Ptolemais stoppen. Petronius versuchte vergeblich die Juden zum Einlenken zu bewegen. Danach verschleppte er die Angelegenheit unter fadenscheinigen Vorwänden und bat den Kaiser schließlich um Rücknahme des Befehls. Ihm war klar geworden, dass es sich bei dem Ansinnen Caligulas um ein unvorstellbares Sakrileg handelte, das mit der Entweihung des Tempels unter den Seleukiden auf einer Stufe stand und weit über Judäa hinaus schwerste Unruhen auslösen würde. Die jüdische Landbevölkerung hatte bereits die Arbeit auf den Feldern eingestellt und mit Vorkehrungen für einen Krieg gegen die Römer begonnen. Mit seiner Verzögerungstaktik zog Petronius den Zorn Caligulas auf sich, der ihn schriftlich anwies, Selbstmord zu begehen. Die Katastrophe für Jerusalem wurde allein durch den überraschenden Tod Caligulas abgewendet. Im Januar 41 fiel der Kaiser, der schon zuvor zwei Verschwörungen nur knapp überlebt hatte, einem Attentat der Prätorianergarde zum Opfer. Das jüdische Volk konnte aufatmen. Für Petronius sollte es sich als glückliche Fügung erweisen, dass ihn die Nachricht vom Tod Caligulas eher erreichte als der kaiserliche Brief mit dem Befehl, seinem Leben ein Ende zu setzen.

Unter Kaiser Caligula verschlechterte sich die Lage der jüdischen Bevölkerung in der römischen Provinz Judäa. Marmorbüste des Caligula aus dem 1. Jahrhundert n. Chr.

Das Leben in der Heiligen Stadt

Im hell erleuchteten Villenviertel der Oberstadt beginnt das abendliche Vergnügen. Allerorts hat sich die sorgfältig ausgewählte und durch Diener eingeladene Gästeschar in festlicher Kleidung eingefunden. Sie wird vom Hausherrn begrüßt und in den Speisesaal geführt, wo man auf gepolsterten Matten mit Kopfkissen zu Tische liegt. Mit dem Segensspruch über dem Brot eröffnet der Gastgeber das opulente Festmahl. Diener servieren immer neue Speisen und sorgen mit wachem Auge dafür, dass die Weinbecher stets gefüllt sind. Nach Aufhebung der Tafel wird Räucherwerk angezündet, um den Speisesaal mit Wohlgeruch zu erfüllen. Tänzerinnen und Musiker betreten den Raum, um die Gäste mit ihren künstlerischen Darbietungen zu unterhalten. Bei Tischgesprächen und Wein klingt der Abend aus. Was für die gesellschaftliche Elite Jerusalems zum festen Bestandteil des Lebens gehört, bleibt für die große Masse der Bevölkerung ein unerfüllbarer Traum. Sie kämpft mit den Sorgen des Alltags und kann sich glücklich schätzen, wenn sie wenigstens einmal im Jahr zum Passah in den Genuss einer festlichen Mahlzeit kommt.

Bevölkerung und Sozialstruktur

In Jerusalem lebten in der Zeit von Herodes dem Großen mehr als 40 000 Menschen. In den Jahrzehnten nach seinem Tod konnte die Stadt ihre dynamische Entwicklung fortsetzen und beherbergte in der Zeit vor dem Jüdischen Krieg etwa 70 000 Einwohner in ihren Mau-

Diese kleine Glocke aus Bronze wurde als Instrument genutzt. 1.–3. Jahrhundert n. Chr.

ern. Die Sozialstruktur lässt sich als Pyramide mit einer zahlenmäßig kleinen Oberschicht an der Spitze und einer die Mehrheit der Bevölkerung umfassenden Unterschicht am Boden darstellen. Die gesellschaftliche Elite Jerusalems wurde von den Mitgliedern des herodianischen Königshauses, der Priesteraristokratie, Großhändlern, Steuerpächtern und Großgrundbesitzern gebildet. In den Tagen des Königtums beherrschte der Hof das öffentliche Leben. Herodes der Große verfügte über ein immenses Vermögen. Mit der Antonia, dem alten Hasmonäerpalast und dem neu erbauten Königsschloss unterhielt er allein in Jerusalem drei prachtvolle Residenzen, an denen eine Vielzahl von Hofbeamten, Beratern, Wachsoldaten und Dienern tätig war. Nach dem Tod des Herodes führte Archelaus diesen herrschaftlichen Hofstaat bis zu seiner Absetzung und Verbannung fort. Mit der Einrichtung der römischen Provinz Judäa im Jahr 6 n. Chr. wurde zwar das Vermögen des Archelaus vom kaiserlichen Sonderbeauftragten Quirinius beschlagnahmt, doch residierten bis zur Zerstörung Jerusalems im Jüdischen Krieg namhafte Mitglieder der weit verzweigten herodianischen Herrscherdynastie im ehemaligen Hasmonäerpalast. Dort führten sie weiterhin ein fürstliches Leben, das verglichen mit den Zeiten des Herodes allerdings nur noch ein Schattenbild früherer Pracht darstellte. Die Wiederbelebung des Hofstaates durch König Agrippa I., dessen jährliche Einkünfte mit zwölf Millionen Drachmen die seines Großvaters Herodes noch übertrafen, blieb ein kurzes Intermezzo, das durch seinen frühen Tod im Jahr 44 n. Chr. ein jähes Ende fand. Auch die führenden Priesterfamilien, die alle Schlüsselpositionen im Tempel besetzten und an dessen Einnahmen beteiligt waren, verfügten über beträchtliche Vermögenswerte. Andere Angehörige der Jerusalemer Oberschicht hatten es durch Großhandel, Pacht von Steuerbezirken oder Einkünfte aus Landgütern, die sie von Verwaltern bewirtschaften ließen, zu Reichtum gebracht.

Den Mittelstand bildeten neben Kleinhändlern mit eigenem Laden oder Marktstand vor allem die Handwerker. Auch die Schriftgelehrten übten in der Regel ein Handwerk oder Kleingewerbe aus. Bereits zur Unterschicht zählten Taubenfänger, die mit dem Erlös der am Tempel zum Opfern verkauften Tiere nur mit Mühe ihren Lebensunterhalt bestreiten konnten. Auch die Situation der zahlenmäßig beträchtlichen Tagelöhner stellte sich mehr als ungünstig dar. Mit einem Tageslohn von einem Denar führten sie ein Leben am Existenzminimum. Zur Ernährung einer fünfköpfigen Familie war ein Jahreseinkommen von ungefähr 200 Denaren erforderlich. Bei Arbeitslosigkeit oder Krankheit verfügten Tagelöhner über keinerlei soziale Absicherung. In dieser Hinsicht waren sie schlechter als Sklaven gestellt, die für ihre Herren einen materiellen Wert darstellten und daher gut versorgt wurden. Zu den Randexistenzen der Gesellschaft zählten Menschen, die infolge von Arbeitslosigkeit, Krankheit oder Behinderung von Bettelei oder Zuwendungen lebten.

Die Priesteraristokratie und der Geldadel lebten in der Oberstadt, wo sich in unmittelbarer Nachbarschaft der herrschaftlichen Paläste das vornehme Villenviertel befand. Freskenmalereien mit unverfänglichen Motiven wie Granatäpfeln, Blumen oder Vögeln, die nicht gegen das Bilderverbot verstießen, zierten die Wohnräume der mehrstöckigen Häuser. Die Kellergeschosse beherbergten neben Wirtschaftsräumen auch Zisternen und Bäder. Zudem verfügten die luxuriösen Villen nach römischem Vorbild über ein Atrium, das die Möglichkeit bot, sich ungestört im Freien aufzuhalten. Das Hauspersonal bestand überwiegend aus Sklaven, wobei jüdische Sklaven gemäß der Thora im siebten Jahr die Freiheit zurückerhielten (Ex 21,2). Auch einzelne Kunstgewerbe waren in der Oberstadt angesiedelt. Das unter Herodes westlich des Tempels entstandene und mit der Zweiten Mauer befestigte Marktviertel nördlich der Oberstadt war das wirtschaftliche Zentrum der Textilhändler und Schmiede. Die Unterstadt hatte dadurch eine Aufwertung erfahren, dass die Königin Helena von Adiabene und weitere Angehörige ihres Herrscherhauses nach dem Übertritt zum Judentum auf dem Bergrücken südlich des Tempels mehrere Wohnpaläste errichten ließen. Sie war aber im Allgemeinen das Wohnquartier der weniger privilegierten Schichten und das Armenviertel Jerusalems.

Handwerk, Handel und Fremdenverkehr

Jerusalem zählte seit den Tagen des Herodes zu den blühenden Wirtschaftsmetropolen des Vorderen Orients. Die wichtigsten Wirtschaftszweige waren das Handwerk, der Handel und der Fremdenverkehr. In Jerusalem konnte man die typischen Handwerkerberufe antreffen, die es in jedem größeren Ort des Römischen Reiches gab. Schmiede, Steinmetze, Töpfer, Seiler, Korbflechter, Walker, Färber, Ledergerber, Zeltmacher, Tischler und Zimmerleute prägten das Stadtbild. Viele Handwerksbetriebe spezialisierten sich auf die Herstellung von Haushaltsartikeln. Bei Ausgrabungen in Jerusalem wurden unzählige Gebrauchsgegenstände aus Keramik, Stein oder Metall gefunden, die einen anschaulichen Eindruck vom Alltagsleben in der Heiligen Stadt vermitteln. Dabei zeigt sich, dass im neutestamentlichen Zeitalter Krüge, Becher und Schalen aus Kalkstein anstatt aus Keramik bevorzugt wurden. Dies ist wahrscheinlich als Zeichen religiöser Alltagspraxis zu deuten, die von den Reinheitsvorstellungen der Pharisäer inspiriert war. Bei den mit Hand gemeißelten oder maschinell auf der Drehbank hergestellten Steingefäßen handelte es sich um ein unvermischt gewonnenes und verarbeitetes Naturprodukt, das kultische Reinheit gewährleistete.

Die Vorstellung, dass Vermischung die Eigenart eines Elements zerstört und alle im Naturzustand verbliebenen Produkte nicht unrein werden können, drückte auch der Textilverarbeitung ihren Stempel auf. Mischgewebe waren nach der Thora verboten (Lev 19,19), die Stoffe mussten aus reiner Wolle oder reinem Leinen bestehen. Das Kämmen, Spinnen und Weben der Woll- oder Flachsfasern lag in der Hand von Frauen. Hieran schloss sich die Arbeit der Walker an, die den gewebten Stoff einweichten und mit Schlegeln walkten,

Diese kunstvolle Fibel (Gewandnadel) aus Gold und Silber mit einer Glasperle am oberen Ende, auf der ein Granat angebracht war, wurde in Jerusalem gefunden. Vermutlich gehörte sie einer Angehörigen der Oberschicht.

bis ein geschmeidiges Tuch daraus entstand. Bereits in alttestamentlicher Zeit gab es beim oberen Teich im Norden der Stadt ein Walkerfeld (Jes 7,3). In den Tagen Jesu wurde das Walkerhandwerk auch im unteren Kidron- und Hinnomtal ausgeübt, wo sich ein als Walkerquelle bezeichneter Brunnen befand. Ein Teil der gewalkten Stoffe wurde von Färbern weiterbearbeitet. Die Gerbereien, in denen aus den Fellen der am Tempel geopferten Tiere Leder hergestellt wurde, lagen wegen der von ihnen ausgehenden Geruchsbelästigung ebenfalls außerhalb der Stadttore. Die Ledergerber zählten zu den verachteten Berufsgruppen, da zum Gerben der Tierhäute Urin und Kot verwendet wurden. Eine untergeordnete Rolle spielte angesichts des städtischen Charakters von Jerusalem die Landwirtschaft. Allerdings befanden sich in unmittelbarer Umgebung der Stadt, vor allem am Ölberg, größere Olivenhaine mit Kelteranlagen, wo die frisch geernteten Früchte zu Olivenöl verarbeitet wurden.

Zu den Produkten der Handwerker in Jerusalem zählten auch Bronzespiegel.

Der mit Abstand wichtigste Wirtschaftsfaktor in Jerusalem waren die zahlreichen Bauprojekte, die durch Herodes den Großen, Agrippa I. und Agrippa II. in Auftrag gegeben wurden. Dazu zählten neben der Errichtung von Prachtbauten wie der Burg Antonia, dem Königsschloss und dem Tempel auch der Straßenbau, Maßnahmen zur Stadtbefestigung und der Bau von Wasserleitungen. Insbesondere die ökonomische Bedeutung des Tempelneubaus für das Handwerk, den Handel und den Fremdenverkehr kann kaum hoch genug eingeschätzt werden. Auch nach der Einweihung des neuen Tempels zogen sich die Bauarbeiten noch rund 70 Jahre hin, womit sich einem Heer von Steinmetzen, Zimmerleuten und Goldschmieden beste Arbeitsmöglichkeiten boten. Als mit der endgültigen Fertigstellung des Tempels auf einen Schlag 18 000 Menschen beschäftigungslos wurden, legte Agrippa II. als Arbeitsbeschaffungsmaßnahme ein aus dem Tempelschatz finanziertes Straßenbauprogramm auf. Auch der Tempelkult sicherte eine Vielzahl von Arbeitsplätzen. Bäckereien machten mit der Herstellung der allwöchentlich auszutauschenden Schaubrote und der täglichen Brotopfer des Hohepriesters einträgliche Geschäfte. An den prachtvollen Tempelvorhängen waren immer wieder Instandhaltungsarbeiten durch Weber und Sticker notwendig. Schneider und Wäscher sorgten für die Anfertigung, Reparatur und Pflege der priesterlichen Gewänder. Ein Tempelarzt kümmerte sich um die gesundheitlichen Belange der Priester. Auf dem Tempelvorplatz waren zahlreiche Menschen als Geldwechsler und Opfertierverkäufer tätig. Angesichts des Reichtums des Tempels waren alle dort angesiedelten Arbeitsplätze überdurchschnittlich gut bezahlt.

Einen höchst bedeutsamen Wirtschaftsfaktor für ganz Judäa und die benachbarten Regionen stellte der Handel mit dem Tempel dar. An erster Stelle ist angesichts der großen Menge an Stieren, Kälbern, Schafen, Ziegen und Tauben, die Tag für Tag als Opfertiere benötigt wurden, der Viehhandel zu nennen. Darüber hinaus waren für den Tempelbetrieb und die ordnungsgemäße Durchführung der Kulthandlungen große Mengen an Holz, Wein, Öl, Getreide und Weihrauch erforderlich, die aus dem Umland bezogen wurden. Zudem erwies sich der herodianische Tempel in seiner unermesslichen Pracht als Besuchermagnet, der alljährlich Hunderttausende von Pilgern anzog. Insbesondere zu den großen Wallfahrtsfesten strömten riesige Menschenmassen aus aller Welt nach Jerusalem, die Unterkunft wie Verpflegung benötigten und große Mengen an Geld in der Stadt ließen.

Geld

In Jerusalem waren in den Tagen Jesu Münzen unterschiedlichster Art und Herkunft als Zahlungsmittel in Umlauf. In der Vielfalt der Münzen spiegeln sich die engen wirtschaftlichen Verflechtungen Judäas mit den Nachbarprovinzen und die kulturelle Vielfalt des Landes wider. Anders als heute definierte sich in der Antike der Wert einer Münze durch das darin enthaltene Edelmetall. Deshalb verloren Münzen auch nach Herrschaftswechseln und der Einführung neuer Währungen nicht zwangsläufig ihre Gültigkeit, sondern konnten weiterhin als anerkanntes Zahlungsmittel Verwendung finden. Teilweise wurden ältere Münzen einfach durch neue Insignien überprägt. Die Münzprägung vollzog sich in der Antike von Hand. Den eisernen Stempel mit dem Negativ für die Vorderseite der Münze spannte man in einen Amboss. Darüber wurden der Rohling und der Stempel mit dem Negativ für die Rückseite gelegt, um dann mit kräftigen Hammerschlägen das Geldstück zu prägen.

Als einzige Goldmünze kannte das römische Währungssystem den Aureus, der zentral in Rom geprägt wurde und den die kleinen Leute in Jerusalem wohl kaum zu Gesicht bekamen. Darunter rangierte als Silbermünze der Denar, wobei ein Aureus dem Wert von 25 Denaren entsprach. Im Osten des Reiches war neben dem Denar weiterhin die gleichwertige Drachme in Umlauf. Das Recht zur Prägung von Silbermünzen war nicht auf Rom beschränkt, wurde aber nur an ausgewählte Münzstätten im Römischen Reich vergeben. Die in Judäa verwendeten Silbermünzen waren meist Denare aus der Provinzialmünzstätte im syrischen Antiochia oder Tetradrachmen aus der autonomen Münzstätte von Tyros. Kleingeld bestand aus Messing oder Kupfer und wurde auch in Jerusalem geprägt. Münzen dienten in der Antike nicht nur als Zahlungsmittel, sondern waren mit ihren Bildern wie Schriftzügen auch Träger konkreter Botschaften und Instrumente der Machtpolitik. Die meisten Münztypen der römischen Kaiserzeit zeigen auf der Vorderseite das Porträt des Kaisers mit einer Umschrift, die Name und Titulatur nennt. Die von Herodes dem Großen und Herodes Antipas geprägten Münzen verzichten mit Rücksicht auf das Bilderverbot auf figürliche Abbildungen und bieten stattdessen unverfängliche Motive wie Füllhorn, Palmzweig oder Schilfrohr. Auch die römischen Statthalter von Judäa respektierten bei ihren Münzprägungen das Bilderverbot. Auf den Münzen autonomer Städte, beispielsweise der tyrischen Tetradrachme, begegnet einem anstatt des Kaiserporträts ein Götterbildnis. Auf der Rückseite der Münzen dominieren Herrschaftsinsignien und religiöse Symbole. Die Aufschriften auf den Münzen waren in Griechisch oder Latein abgefasst. In den beiden kriegerischen Erhebungen gegen Rom wurden von den Aufständischen jüdische Münzen geprägt, die unter anderem die Erlösung Zions oder die Freiheit Jerusalems propagieren und als Symbol des nationalen Aufbruchs bewusst die hebräische Sprache verwenden.

Kleidung und Ernährung

Die Kleidung von jüdischen Männern wie Frauen bestand aus einem Untergewand und einem Obergewand (Mt 5,40). Bei der Anfertigung des Untergewandes wurden zwei rechteckige Stoffbahnen übereinander gelegt und dann so zusammengenäht, dass Aussparungen für die Arme und den Kopf blieben. Der dazu verwendete Stoff bestand aus Wolle oder Leinen. Außerhalb des Hauses trug man über dem Untergewand eine Art Mantel. Dabei handelte es sich um ein rechteckiges Tuch aus Wolle oder Leinen, das auf verschiedene Weise um den Körper gelegt und bei Bedarf mit Nadeln oder Lederbändern zusammengehalten wurde. Für robustere Obergewänder kamen auch Stoffe aus Ziegen- oder Kamelhaar zum Einsatz. Das Obergewand der Schriftgelehrten bestand aus

Ohrringe aus der herodianischen Zeit aus Gold und Granat

einem wallenden und bis zum Boden reichenden Umhang (Lk 20,46), der gemäß der Thora an allen vier Ecken mit Quasten verziert war. Wenn man der Polemik des Matthäusevangeliums Glauben schenken darf, trugen viele Schriftgelehrte besonders große Quasten und breite Gebetsriemen, um ihre Frömmigkeit zur Schau zu stellen (Mt 23,5). Festlichere Gewänder hatten farblich abgesetzte Borten und kunstvolle Webmuster. Mithilfe von Safran, Krappwurzeln oder Indigo konnte die Wolle oder das Leinen gelb, rot oder blau eingefärbt werden. Besonders kostbar und nur für die Reichen erschwinglich waren Purpurstoffe

Mit dieser einfachen Getreidemühle, die aus zwei Mahlsteinen bestand, wurde früher Korn zu Mehl gemahlen.

(Lk 16,19). Purpur wurde aus den farbhaltigen Drüsen der im Mittelmeer lebenden Murexschnecke gewonnen. Die in Jerusalem angebotenen Purpurstoffe stammten überwiegend aus Sidon, das eine Hochburg der Purpurfärberei war. Vervollständigt wurde die Kleidung durch Schuhe. Männer trugen meist Ledersandalen, während Frauen sich in der Öffentlichkeit wahrscheinlich in geschlossenen Schuhen bewegten. Vor allem vornehme Frauen aus höheren sozialen Schichten trugen zur Kleidung Schmuckstücke wie Haarkränze, Halsketten, Fingerringe, Armreifen und Gürtel. Das Design war von ägyptischen und orientalischen Vorbildern inspiriert. Als Materialien zur Herstellung von Schmuck dienten Gold, Silber, Perlen, Edelsteine und Glas.

In der Antike lebte die große Mehrheit der Bevölkerung vegetarisch, da Fleisch ein der Oberschicht vorbehaltener Luxusartikel war. Mehr als die Hälfte des täglichen Kalorienbedarfs wurde mit Getreideprodukten gedeckt. Neben einem mit Wasser angerührten Brei aus Gersten- oder Weizenschrot stellte Brot das Hauptnahrungsmittel dar. Daher wurde der Begriff Brotbrechen im antiken Judentum und frühen Christentum (Apg 2,46) zum Synonym für das Abhalten einer Mahlzeit. Die unteren sozialen Schichten ernährten sich vorwiegend von Gerstenbrot, das preiswerter als Weizenbrot war. Die Qualität des für die breiten Bevölkerungsschichten erschwinglichen Brotes war im Allgemeinen schlecht. Brot wurde, außer in der Passahzeit, normalerweise aus Sauerteig hergestellt, der es länger haltbar machte und dem Befall durch Schimmel entgegenwirkte. Die dünnen Brotfladen im Durchmesser von 20 bis 50 Zentimeter wurden zu Hause in Öfen, in Glutasche, auf glühenden Steinplatten oder in eisernen Pfannen gebacken. Zum Brot wurden Obst, Gemüse und Eier gegessen. Das Heilige Land war für seinen Reichtum an Oliven, Weintrauben, Datteln und Feigen berühmt, die als regionale landwirtschaftliche Produkte auch für die kleinen Leute erschwinglich waren. Daneben stellte Fisch eine beliebte Beilage dar, wobei die Speisegebote der Thora nur den Genuss solcher Tiere aus dem Wasser erlauben, die schuppig sind und Flossen haben (Lev 11,9). Neben frischem Fisch war auch geräucherter oder getrockneter und mit Salz konservierter Fisch erhältlich. Er kam meist vom See Genesaret, der für seinen Fischreichtum berühmt war. Zum Essen trank man gewöhnlich Wasser. Jerusalem verfügte über ein ausgeklügeltes Wasserversorgungssystem, das mit Mitteln des Tempelschatzes instand gehalten wurde. Über Aquädukte wurde Wasser aus umliegenden

Quellen in die Stadt geleitet und in Teichen gesammelt. Von dort trug man es in Krügen nach Hause. Wein, dem gerne Wasser, Kräuter, Gewürze und Honig beigesetzt wurden, konnten sich viele Menschen nicht leisten. Bei festlichen Mahlzeiten wie dem Sabbatmahl oder dem Passahmahl gehörte er aber dazu. Wenn zu besonderen Anlässen Fleisch verzehrt wurde, achtete man streng darauf, dass es von Tieren stammte, die von der Thora für rein erklärt werden. Die Tiere wurden geschächtet, da die Thora den Verzehr von Blut verbietet (Lev 17,10–14).

Hungersnöte und Sozialfürsorge

Das Alltagsleben in Jerusalem war immer wieder von Naturkatastrophen und Hungersnöten bedroht. Im Jahr 31 v. Chr. wurde Judäa von einem schweren Erdbeben heimgesucht, bei dem eine große Menge Vieh umkam und Tausende von Menschen unter den Trümmern ihrer eingestürzten Häuser den Tod fanden. Vielleicht steht die rätselhafte Nachricht aus dem Lukasevangelium, dass nahe dem Teich Schiloach ein Befestigungsturm einstürzte und 18 Menschen unter sich begrub (Lk 13,4), mit dieser Naturkatastrophe in Verbindung.

Engpässe in der Versorgung der Bevölkerung mit Nahrungsmitteln ergaben sich regelmäßig infolge des Sabbatjahrs. Der Brauch, die Felder in Analogie zu dem als Ruhetag dienenden Sabbat in jedem siebten Jahr brachliegen zu lassen, geht in alttestamentliche Zeit zurück (Lev 23,1–7). Durch die Verknappung von Obst, Gemüse und Getreide infolge des Ernteausfalls stiegen die Preise, sodass für viele Familien die Grundversorgung mit Lebensmitteln nicht mehr erschwinglich war. Zudem erlitten die in der Landwirtschaft tätigen Personen durch das Sabbatjahr spürbare Einkommensverluste. Vor diesem Hintergrund hatte bereits Julius Caesar ein Edikt erlassen, das den Bewohnern Jerusalems im Sabbatjahr Steuerbefreiung gewährte. Besonders dramatisch spitzte sich die Nahrungsmittelknappheit zu, wenn unmittelbar vor oder nach dem Sabbatjahr auch noch Missernten aufgrund von Dürreperioden oder Unwettern eintraten. Bei einer der schlimmsten Hungersnöte in Jerusalem, die in die Zeit um 25 v. Chr. fiel, erwies sich Herodes der Große als Wohltäter des Volks. Zur Linderung der Not und wohl auch aus Furcht vor Unruhen ließ er alles Gold- und Silbergerät aus seinem Königspalast einschmelzen, um damit große Mengen Getreide aus Ägypten anzukaufen und an seine Untertanen zu verteilen. Als während der Herrschaftszeit des Kaisers Claudius eine Hungersnot eintrat, die viele Menschen das Leben kostete, stand die zum Judentum übergetretene Königin Helena von Adiabene der notleidenden Bevölkerung Jerusalems bei, indem sie Weizen aus Ägypten und Schiffsladungen von Feigen aus Zypern herbeischaffen ließ. Die Christusgläubigen in Jerusalem profitierten in dieser Notsituation zusätzlich von einer Hilfsaktion der Gemeinde in Antiochia, die eine Geldspende nach Jerusalem übersandte (Apg 11,28).

Grundsätzlich herrschte im antiken Judentum eine für damalige Verhältnisse vorbildliche Sozialfürsorge. Dazu zählte die allerdings oft umgangene Verpflichtung zum Schuldenerlass im Sabbatjahr und zum Armenzehnt, bei dem alle drei Jahre ein Zehntel des nach allen anderen Abgaben verbleibenden Ernteertrags den Bedürftigen zu geben war. Die aus der Tempelsteuer gespeiste Armenkasse in Jerusalem bot in unterschiedlichsten Notlagen materielle Hilfe und unterstützte auch bedürftige Personen, die sich zum Passahmahl nicht die vorgeschriebenen vier Becher Wein leisten konnten. Wer einer der religiösen Gemeinschaften angehörte, war durch ein engmaschiges soziales Netz abgesichert. Die Essenergemeinden praktizierten Gütergemeinschaft. Beim Eintritt in den Orden ging aller Privatbesitz in Gemeinschaftseigentum über. In der Jerusalemer Urgemeinde veräußerten wohlhabende Christusgläubige Teile ihres Grundbesitzes und spendeten den Kauferlös in die Gemeindekasse, aus der Ärmere unterstützt wurden (Apg 4,34–37).

Bildung, Kultur und Unterhaltung

Trotz des erfolgreichen Kampfes der Makkabäer für die Thora und die jüdische Tradition ließ sich der in der Seleukidenzeit eingeleitete Prozess der Hellenisierung Jerusalems nicht nachhaltig stoppen. Jerusalem war in den Tagen Jesu eine hellenistisch geprägte Stadt. Dies zeigt sich bereits in den erhaltenen Inschriften aus dem antiken Jerusalem, von denen ungefähr ein Drittel auf Griechisch abgefasst ist. Diasporajuden, die in die Heilige Stadt zurückgekehrt waren und dort schätzungsweise zehn Prozent der Bevölkerung ausmachten, sprachen von Kindesbeinen an Griechisch und waren des Aramäischen wie Hebräischen meist nicht mächtig. Wer in Jerusalem geboren oder aufgewachsen war, beherrschte in der Regel drei Sprachen. Die Alltagssprache war Aramäisch, eine Form des Persischen. Hebräisch als die Sprache der heiligen Schriften Israels spielte am Tempel, in der Synagoge und in der Thoraschule weiterhin eine zentrale Rolle. Für die weltgewandten Angehörigen der Jerusalemer Oberschicht war zudem das Beherrschen der griechischen Sprache eine Selbstverständlichkeit. Aber auch die kleinen Leute mussten, um Kontakte zu knüpfen, Handel zu treiben und das Alltagsleben zu meistern, zumindest über Griechischkenntnisse verfügen. Urkunden und Kaufverträge waren meist in Griechisch abgefasst. Das Lateinische scheint dagegen in Jerusalem kaum eine Rolle gespielt zu haben. Selbst die in der Burg Antonia stationierten römischen Legionäre kamen überwiegend aus dem Osten des Reiches und dürften sich auf Griechisch verständigt haben.

Metropolen wie Alexandria oder Antiochia waren Hochburgen der hellenistischen Bildung und Kultur. Unter Herodes dem Großen gelang es Jerusalem, wenn auch nur in vergleichsweise bescheidenem Maße, in dieser Hinsicht anderen urbanen Zentren des Ostens nachzueifern. Als Förderer der Künste und Wissenschaften holte Herodes namhafte Philosophen, Schriftsteller, Künstler und Rhetoren an den Hof in Jerusalem. Diese geistige Elite war für die Erziehung und Elementarbildung der Prinzen verantwortlich, bevor diese dann im frühen Jugendalter nach Rom entsandt wurden, um dort ihre Kenntnisse zu vertiefen und sich auf ihre künftigen Aufgaben im herodianischen Herrscherhaus vorzubereiten. Auch Herodes selbst strebte nach hellenistischer Bildung und ließ sich in Studienfächern wie Rhetorik, Geschichte und Philosophie unterweisen. Dies geschah durch Nikolaus von Damaskus, der einer der bedeutsamsten Gelehrten seiner Zeit war. Er hatte seine geistige Prägung durch den Peripatos, die in der Tradition des Aristoteles stehende Philosophenschule, erhalten. Nikolaus von Damaskus war am Hof in Alexandria für die Erziehung der Kinder Kleopatras aus den Liebesbeziehungen mit Julius Caesar und Marcus Antonius verantwortlich, bevor er dem Ruf des Herodes nach Jerusalem folgte. Dort wirkte er nicht nur als Hofhistoriker, sondern wurde bald auch zum freundschaftlichen Ratgeber und einflussreichen Diplomaten des Königs, der ihn mehrfach mit heiklen politischen Missionen betraute. Bei einer Romreise gelang es Nikolaus, Kaiser Augustus von der Notwendigkeit einer eigenmächtigen militärischen Invasion des Herodes in das Nabatäerreich zu überzeugen, die das Verhältnis des Königs zu Rom schwer belastet hatte. Zudem ließ Nikolaus regelmäßig eine bestimmte Sorte Datteln nach Rom senden, die Kaiser Augustus besonders liebte und nach ihrem Absender Nikolaus-Datteln nannte. Sein Bruder Ptolemäus von Damaskus stand ebenfalls im Dienst des Herodes und beriet ihn wahrscheinlich in wirtschaftlichen Angelegenheiten. Beide Brüder waren nach dem Tod des Herodes in Rom zugegen, als Kaiser Augustus im Streit der Herodessöhne über das Thronerbe eine Entscheidung traf. Nikolaus von Damaskus trug mit seinem Plädoyer maßgeblich zu dem Entschluss des Augustus bei, Archelaus gemäß dem letzten Testament des Herodes als Haupterben zu bestätigen. Ptolemäus von Damaskus trat dagegen als Sachwalter der Interessen von Herodes Antipas auf. Neben seiner Tätigkeit als Diplomat und Politiker am Jerusalemer Hof verfasste Nikolaus von Damaskus zahlreiche Schriften philosophischen und historischen Inhalts. Sein bedeutsamstes Werk war eine weitgehend verloren gegangene Universalgeschichte in 144 Büchern, die von den Anfängen der Welt bis zum Tod von Herodes dem Großen reichte und Flavius Josephus in seinen »Jüdischen Altertümern« als maßgebliche Quelle diente. Von besonderer Bedeutung ist zudem seine Biografie des Kaisers Augustus, von der größere Teile erhalten sind.

Nach römischem Vorbild wurden auch in Jerusalem Gladiatorenkämpfe veranstaltet. Römischer Gladiatorenhelm, 1. Jahrhundert n. Chr.

Während sich am Hof des Herodes ein reges Geistesleben entfaltete, war für die breitere Bevölkerung Jerusalems das Angebot an Kultur und Freizeitgestaltung überschaubar. Sieht man von den vorübergehend abgehaltenen Augustusfestspielen ab, beschränkte es sich wohl im Wesentlichen auf die Veranstaltungen im Theater, Amphitheater und Hippodrom. In welcher Häufigkeit Theateraufführungen stattfanden und welche Stücke gespielt wurden, ist unbekannt. Amphitheater und Hippodrom boten mit Gladiatorenkämpfen, Tierhetzen, sportlichen Wettbewerben und Pferderennen sicherlich die typischen Bestandteile der römischen Unterhaltungskultur.

Familienleben und Geschlechterrollen

Die jüdische Gesellschaft in den Tagen Jesu war patriarchal strukturiert. Mädchen kamen bereits mit der Geschlechtsreife in das heiratsfähige Alter. Nach der Eheschließung, für die eine Mitgift notwendig war, unterstanden sie rechtlich der Autorität des Ehemannes. Ein Ehevertrag regelte die vermögensrechtlichen Beziehungen zwischen den Eheleuten, nicht zuletzt die Höhe der Aussteuer. Eheschließungen innerhalb der Großfamilie, beispielsweise zwischen Cousin und Cousine oder Onkel und Nichte, waren keine Seltenheit. Der Mann hatte, anders als die Frau, das Recht zur Polygamie. Verstarb der Bruder kinderlos, bestand nach der Thora sogar die Pflicht, die verwitwete Schwägerin zu ehelichen und mit ihr Kinder zu zeugen (Dtn 25,5–10). In der Praxis war die Polygamie allerdings eher selten, da sich die meisten Männer den Unterhalt für mehr als eine Frau nicht leisten konnten. Im städtischen Milieu Jerusalems, wo Feldarbeit keine erkennbare Rolle spielte, hielt sich die Frau weitgehend im häuslichen Bereich auf. Dort war sie für die Versorgung der Kinder verantwortlich und ging Tätigkeiten wie Backen, Waschen, Nähen, Spinnen oder Weben nach, die in der Antike als typisch weibliche Beschäftigungen galten. Die Möglichkeiten der aktiven Beteiligung am Kult waren begrenzt.

In der Umgebung von Jerusalem wurden diese antiken Kosmetikbehälter gefunden. Bronze, 1. Jahrhundert n. Chr.

Zum Priesteramt waren Frauen nicht zugelassen, während es in anderen Ländern des Vorderen Orients durchaus Priesterinnen gab. Im Tempel standen ihnen der Vorhof der Völker und der Frauenhof offen, nicht aber der Hof Israels. Aufgrund der Reinheitsbestimmungen der Thora waren Frauen im gebärfähigen Alter in ihrer Kultfähigkeit eingeschränkt, da jede Menstruation und Geburt sie zeitweilig unrein machte und vom Besuch des Heiligtums ausschloss.

Eine Ehescheidung konnte in der Regel nur vom Mann betrieben werden. Voraussetzung für die Ausstellung des Scheidebriefs war, dass der Mann etwas Schändliches an seiner Frau fand (Dtn 24,1). Über die Frage, wie diese Regelung der Thora auszulegen ist, gab es unter den Gesetzeslehrern in Jerusalem unterschiedliche Auffassungen. Die Schule Schammais trat für eine strenge Interpretation ein und sah nur in unzüchtigem Verhalten der Frau einen rechtmäßigen Grund für die Ehescheidung. Die Schule Hillels vertrat dagegen die Auffassung, dass es bereits etwas Schändliches und damit ein Scheidungsgrund sei, wenn die Frau das Essen anbrennen ließ. Der vom Ehemann auszustellende Scheidebrief ist ein für antike Verhältnisse fortschrittliches Rechtsinstrument, das die Rückgabe der Mitgift festschrieb und der entlassenen Frau damit eine standesgemäße neue Heirat ermöglichte. Wenn der Mann einen mit ekelerregendem Geruch verbundenen Beruf wie Hundekotsammler, Kupferschmelzer oder Gerber ausübte, konnte die Frau ihn zur Ausstellung des Scheidebriefs zwingen. Aus der herodianischen Königsfamilie, die sich an der griechisch-römischen Rechtspraxis orientierte, sind mehrere Fälle bekannt, in denen Frauen einseitig die Ehe mit ihren Männern lösten. Grundsätzlich war in der Jerusalemer Oberschicht, wo viele den Anschluss an die hellenistische Kultur und Lebensart suchten, die Emanzipation der Frau deutlich stärker ausgeprägt als in Milieus, die sich streng an der jüdischen Tradition orientierten.

Bestattungssitten und Gräber

Der Tod war für den antiken Menschen angesichts einer geringen durchschnittlichen Lebenserwartung und einer hohen Kindersterblichkeit allgegenwärtig. Die Bestattung fand wegen der klimatischen Bedingungen im Vorderen Orient noch am Sterbetag statt. Nachdem der Leichnam gewaschen, gesalbt und in ein Leinentuch eingehüllt worden war, legte man ihn auf eine Bahre oder in einen offenen Kastensarg, um ihn im Kreis der Verwandten, Freunde und Nachbarn zu Grabe zu tragen. Die Anwesenheit eines Priesters war nicht notwendig, da die Bestattung keine mit der Tempelfrömmigkeit verbundene kultische Handlung darstellte. Innerhalb der Stadt waren Gräber untersagt, da Tote nach Auffassung der Thora eine Quelle kultischer Unreinheit darstellen. Die Grabstellen wurden gewöhnlich auf Privatbesitz in Gärten oder auf Feldern angelegt. Bei den Gräbern in Jerusalem handelte es sich überwiegend um begehbare Kammergräber, in denen mehrere Generationen einer Großfamilie beigesetzt wurden. An den Seitenwänden der Grabkammer befanden sich Steinbänke, Nischen oder in den

Dieses mit einem Lebensbaum und zwei tief eingeschnittenen Sonnen verzierte Ossuarium wurde in Jerusalem gefunden. Kalkstein, 1. Jahrhundert v. Chr. – 1. Jahrhundert n. Chr.

Fels geschlagene Stollen, die den verhüllten Leichnam aufnahmen. Neben persönlichen Gegenständen der verstorbenen Person wurden zuweilen auch Töpfe und Schüsseln mit Essen in die Grabkammern gestellt, das den Toten als Nahrung in der jenseitigen Welt dienen sollte. Die Fassade des Kammergrabes war oftmals dekorativ gestaltet. Der Eingang wurde mit einem Rollstein oder einem lose in das Mauerwerk eingeschobenen Quaderstein verschlossen. Zu den bekanntesten Grabanlagen, die in Jerusalem entdeckt wurden, zählen das aus der Hasmonäerzeit stammende Grab des Jason, das Grabmal der Königin Helena von Adiabene, deren Sarkophag allerdings im Louvre steht, und die nur für Mitglieder des Hohen Rats bestimmten Sanhedria-Gräber.

Mitte des 1. Jahrhunderts v. Chr. bildete sich in Jerusalem der Ritus heraus, verstorbene Personen ein zweites Mal zu bestatten. Nach ungefähr einem Jahr, wenn der Verwesungsprozess zum Abschluss gekommen war, stieg man in die Grabkammer hinab, sammelte die Knochen ein und legte sie in einen kleinen Kalksteinsarg, ein Ossuarium, in dem sie ihre ewige Ruhe fanden. Danach war eine rituelle Waschung notwendig, da der Kontakt mit Toten nach jüdischem Verständnis kultisch unrein macht. Rund 2000 jüdische Ossuarien, von denen die meisten aus Jerusalem stammen, sind bislang wissenschaftlich erfasst und ausgewertet worden. Die gezielte archäologische Suche nach Grabstätten oder Ossuarien ist in Israel aus religiösen Gründen gesetzlich untersagt, da sie die Totenruhe stört. Kammergräber mit Ossuarien kommen in der Regel zufällig im Gefolge von Tiefbauarbeiten an das Tageslicht. Die Totengebeine werden dann sogleich einem orthodoxen Rabbiner zur Wiederbestattung übergeben, während die Steinsärge von der Altertumsbehörde katalogisiert und eingelagert werden. Das Kammergrab selbst wird von Archäologen untersucht und dann wieder versiegelt. Daneben tauchen immer wieder Ossuarien auf dem Schwarzmarkt auf, die aus Grabplünderungen stammen. Mehr als 600 der bekannten Ossuarien tragen Inschriften. Diese sind teils auf Aramäisch, teils auf Griechisch, zuweilen auch in beiden Sprachen in den Kalkstein eingeritzt und geben Auskunft über die Person, deren Gebeine das Ossuarium beherbergt. Neben dem Namen ist dabei oft das Verwandtschaftsverhältnis zu anderen Personen angegeben. Beispielsweise begegnen Inschriften wie »Schalom, Ehefrau von Jehuda« oder »Eleazar, Sohn von Seth«. Bei Diasporajuden findet sich zuweilen auch die Information, aus welchem Land sie stammen. Die Frontseiten der steinernen Miniatursärge sind oftmals mit Rosetten oder anderen Motiven verziert. Als Verschluss diente ein flacher, gewölbter oder spitzdachförmiger Deckel. Nicht wenige der gefundenen Ossuarien bargen die sterblichen Überreste von mehr als nur einer Person in sich. Mit dem Hohepriester Kajafas und Simon von Kyrene sind zwei in den Evangelien erwähnte Personen auf Ossuarien wahrscheinlich inschriftlich bezeugt. Bei dem umstrittenen Ossuarium des Jakobus streiten die Experten darüber, ob es sich tatsächlich um den Sarg des Herrenbruders und späteren Leiters der Jerusalemer Christengemeinde handeln könnte oder die entscheidenden Worte »... Bruder des Jesus« nachträglich eingraviert wurden. Wahrscheinlich handelt es sich um eine Fälschung.

Religion zur Zeit Jesu

Rabbi Schammai hat unerwarteten Besuch in seinem Lehrhaus in Jerusalem. Ein Mann ist fest entschlossen, zum Judentum überzutreten. Allerdings nur unter der Bedingung, dass er die 613 Gebote und Verbote umfassende Thora des Mose erlernen kann, solange er auf einem Bein zu stehen vermag. Schammai verweist ihn empört des Hauses. Bei Rabbi Hillel hat der Mann mehr Glück. Dieser lehrt ihn die Thora im Schnellverfahren: »Was dir verhasst ist, das tue deinem Nächsten nicht. Das ist die ganze Thora; das andere ist ihre Auslegung. Geh und lerne.« Diese Episode ist eine von drei Geschichten aus dem Talmud, mit denen die rabbinischen Gelehrten am Beispiel des Umgangs mit umkehrwilligen Personen aus der Völkerwelt die völlig gegensätzlichen Charakterzüge Schammais und Hillels beleuchteten. Schammai wird als ungeduldige, kleinliche und humorlose Person porträtiert, während Hillel das absolute Gegenteil dessen darstellt. Am Ende steht als Fazit: »Die Reizbarkeit Schammais wollte uns aus der Welt verstoßen, die Sanftmut Hillels aber hat uns unter die Fittiche der Göttlichkeit geführt.« Die beiden großen Gelehrten gehörten den Pharisäern an. Die Gesetzesauslegung der Schammaiten war in aller Regel strenger als die der Hilleliten. Die religiöse Landschaft des Judentums im Zeitalter Jesu ist durch eine bunte Vielfalt an Gruppierungen, Überzeugungen und Lehrmeinungen gekennzeichnet. Ob als Sadduzäer, Pharisäer, Essener, Zelot oder außerhalb dieser Gemeinschaften – es gab ganz unterschiedliche Wege, den jüdischen Glauben zu leben. Der auf einem Bein stehende Mann, der von Hillel in die Goldene Regel als Quintessenz der Thora eingewiesen wird, gehört

In der jüdischen Religion symbolisiert die Menora, der siebenarmige kultische Leuchter, die sieben Schöpfungstage. Fußbodendetail aus der Synagoge in Maon, Israel

zu den Motiven, die der in Dortmund geborene und 1934 nach London emigrierte Künstler Benno Elkan (1877–1960) auf den Bronzereliefs seiner berühmten »Großen Menora« verewigt hat. Das Kunstwerk steht in Jerusalem gegenüber der Knesset und hält wichtige Etappen der Geschichte des jüdischen Volkes von der Antike bis in die Moderne fest.

Zadokiden und Sadduzäer

Bei den Sadduzäern handelt es sich um die priesterliche Oberschicht und deren Parteigänger. Der Name leitet sich von Zadok ab, den einst David in Jerusalem zum Hohepriester eingesetzt hatte und dessen Geschlecht der Zadokiden bis in das 2. Jahrhundert v. Chr. die Herrschaft über den Tempelkult ausübte. Als der aus einer einfachen Priesterfamilie stammende Makkabäer Jonathan das Hohepriesteramt an sich riss, wandten sich hochrangige Zadokiden wie Onias IV. und der »Lehrer der Gerechtigkeit« vom Jerusalemer Tempel ab. Onias IV. erbaute im ägyptischen Leontopolis einen Jahwetempel, der bis zum Ende des Jüdischen Krieges Bestand hatte und die Linie der zadokidischen Hohepriester weiterführte. Der vermutlich von Jonathan aus dem Hohepriesteramt verdrängte »Lehrer der Gerechtigkeit« wanderte mit seinen Anhängern nach Syrien aus, bevor sich die von ihm begründete Gemeinschaft in Qumran am Toten Meer niederließ. Allerdings blieb eine solche Distanzierung vom Jerusalemer Tempel die Ausnahme. Die Mehrheit der Zadokiden gab die Bindung an das Heiligtum und die Heilige Stadt nicht auf.

Aus dem Kreis der in Jerusalem verbliebenen Zadokiden und ihrer Sympathisanten konstituierten sich Mitte des 2. Jahrhunderts v. Chr. die Sadduzäer als eine Religionspartei, der die führenden Priesterfamilien, das gehobene Bürgertum und der judäische Landadel zugehörten. Die bevorzugte Wohngegend der Sadduzäer war die Jerusalemer Oberstadt mit ihren prächtigen Villen, wo sie ein Leben in Luxus führten. Um auf das politische Geschehen Einfluss nehmen zu können, arrangierten sich die Sadduzäer mit den hasmonäischen Herrschern, obwohl diese ihnen das Hohepriesteramt genommen hatten und nun selbst besetzten. Unter Johannes Hyrkan und Alexander Jannai, die sich massiven Anfeindungen vonseiten der Pharisäer ausgesetzt sahen, wurden die Sadduzäer zur staatstragenden Religionspartei. Dass sie diese Bedeutung unter Königin Alexandra Salome wieder einbüßten, blieb ein Zwischenspiel. Ein realpolitischer Opportunismus und eine nüchterne Einschätzung der Machtverhältnisse ermöglichten es den Sadduzäern, auch unter Herodes dem Großen und Archelaus nachhaltigen Einfluss auf das politische Geschehen zu nehmen und hohe Ämter zu besetzen. Zudem gewannen die Sadduzäer mit dem endgültigen Untergang des Hasmonäerreichs das Hohepriesteramt zurück. Mit der Einrichtung der römischen Provinz Judäa war ein weiterer Machtzuwachs der Sadduzäer verbunden. Das von ihnen dominierte Synhedrion gestaltete nun unter römischer Aufsicht die Innenpolitik.

Als autoritative Schrift und göttliche Offenbarung erkannten die Sadduzäer allein die fünf Bücher Mose an. Mit der ausschließlichen Fixierung auf die Thora waren die Sadduzäer rein innerweltlich ausgerichtet. Sie sahen die Königsherrschaft Gottes im Tempelkult und im Gesetz uneingeschränkt verwirklicht. Da die Römer die Religionsfreiheit nicht antasteten, konnten die Sadduzäer sich bestens mit ihnen arrangieren und waren bestrebt, den von den Zeloten angefachten Widerstand gegen die Fremdherrschaft einzudämmen. Apokalyptische Hoffnungen auf die Überwindung der bestehenden Verhältnisse, das Kommen eines Messias und den Anbruch einer neuen Welt Gottes waren den Sadduzäern fremd und mehr als suspekt. Sie vertraten die Auffassung, dass es kein Schicksal gebe und der Mensch selbst für sein Ergehen verantwortlich sei. Die Auferstehung der Toten konnte für die Sadduzäer kein Glaubensgegenstand sein, da sie in der Thora noch nicht belegt ist. In diesem Punkt kam es sowohl mit Jesus (Mk 12,18–27) als auch mit den Pharisäern zu Kontroversen. Von den Kirchenvätern werden die Sadduzäer wegen ihrer Diesseitsbezogenheit als jüdische Epikureer charakterisiert. Ihrem nüchternen Denken gemäß lehnten sie auch jede Form von Engel- und Dämonenglauben ab.

Die Machtposition der Sadduzäer basierte auf dem Tempel und dem von ihnen dominierten Synhedrion. Durch die Entwicklungen im Jüdischen Krieg, welche die Zerstörung des Tempels und die Auflösung des Synhedrions nach sich zogen, wurden die Sadduzäer entscheidend geschwächt. Als sich nach dem gescheiterten Bar-Kochba-Aufstand alle Hoffnungen auf ei-

König Salomo wird vom Hohepriester Zadok zum König gesalbt. Kupferstich aus dem Jahr 1700

nen Wiederaufbau des Heiligtums zerschlugen und Jerusalem in eine römische Kolonie umgewandelt wurde, waren die Sadduzäer unwiderruflich zur Bedeutungslosigkeit verurteilt.

Die Pharisäer als Partei des Volkes

In vielen Gegenden Norddeutschlands wird gerne ein Pharisäer getrunken. Bei dem in Nordfriesland erfundenen Getränk handelt es sich um Kaffee mit einem kräftigen Schuss Rum. Ein Sahnehäubchen verhindert, dass der Rum im heißen Kaffee verdunstet und es nach Alkohol riecht. Auf diese Weise täuschte man früher in Gegenwart des Pastors vor, normalen Kaffee mit Sahne zu trinken, während man sich in Wirklichkeit Hochprozentiges einverleibte. Dieses Getränk symbolisiert besonders anschaulich das weitverbreitete Zerrbild von den Pharisäern. Wenn in unserem Sprachgebrauch »Pharisäer« geradezu zu einem Synonym für einen scheinheiligen Heuchler geworden ist, verdankt sich dies vor allem der Polemik des Matthäusevangeliums, das der tatsächlichen Bedeutung der Pharisäer nicht gerecht wird. Die Pharisäer erwuchsen aus der »Versammlung der Frommen«, die sich gegen die Hellenisierungsbestrebungen unter Antiochus IV. formiert hatte. Ihr Name geht auf das hebräische Wort peruschim zurück und bedeutet

Dieses Mosaik aus Ravenna stellt das Bibelgleichnis vom Pharisäer (rechts) und dem Zöllner dar (Lk 18,9–14).

»die Abgesonderten«. Diese Fremdbezeichnung entstand vermutlich deshalb, weil die Pharisäer sich von ihrer Umwelt separierten, um als heilige Gemeinde Gottes nicht mit Unreinheit in Berührung zu kommen. Die Pharisäer selbst sprachen von sich vermutlich als Genossen. Ihre Gemeinschaften waren über ganz Judäa und Galiläa verstreut. Jerusalem mit seinen Lehrhäusern stellte aber in den Tagen Jesu das Zentrum der pharisäischen Bewegung dar und zog auch viele Lernwillige aus der Diaspora an. Das bekannteste Beispiel dafür ist Saulus von Tarsus. Auch der in Jerusalem geborene und aus einer vornehmen Priesterfamilie stammende Geschichtsschreiber Flavius Josephus schloss sich in jungen Jahren den Pharisäern an.

Im Gegensatz zu den Sadduzäern waren die Pharisäer eine breit im Volk verankerte und sich wohl überwiegend aus der Mittelschicht rekrutierende Religionspartei. An der hasmonäischen Vermischung von weltlicher und geistlicher Macht übten sie heftige Kritik. Sie forderten Johannes Hyrkan zum Verzicht auf das Hohepriesteramt auf und standen an der Spitze des Widerstands gegen Alexander Jannai. Unter Alexandra Salome, die einen Kurswechsel vollzog und eine Politik des Ausgleichs betrieb, erreichten sie den Höhepunkt ihrer Macht. Unter Herodes dem Großen und Archelaus gerieten die Pharisäer erneut in Konflikt mit der Obrigkeit. Sie zählten zu den Verweigerern des Loyalitätseids auf Herodes, standen im Verdacht, am gescheiterten Mordkomplott des Antipater gegen seinen Vater Herodes beteiligt zu sein, und waren maßgeblich für die Unruhen in Jerusalem unmittelbar nach dem Tod des Königs verantwortlich. Während der Zeit der römischen Herrschaft, der sie mit großer innerlicher Distanz begegneten, bestimmten die Pharisäer im sadduzäisch dominierten Synhedrion die Innenpolitik mit. Im Jüdischen Krieg gehören die Pharisäer mehrheitlich zur Friedenspartei, die eine Eskalation des Konfliktes zu verhindern suchte. Namhafte Pharisäer waren allerdings zeitweilig in den Aufstand verstrickt.

Die Pharisäer standen im Ruf, das mosaische Gesetz um der Ehre Gottes willen besonders akribisch zu befolgen. Auch Paulus rühmt im Rückblick auf seine pharisäische Vergangenheit die Treue gegenüber der Thora (Phil 3,5). Die Pharisäer schlossen sich als Laienbewegung in festen Gemeinschaften zusammen, um vor allem die kultischen Reinheitsvorschriften und die Verzehntungsgebote der Thora mit größter Sorgfalt zu beachten. Oberstes Ziel war die rituelle Heiligung des täglichen Lebens nach den Richtlinien, wie sie im Tempel für die Priester galten. Das ganze Land sollte zum Heiligtum Gottes werden. Im Gegensatz zu den Essenern waren die Pharisäer nicht hierarchisch organisiert und hoben innerhalb ihrer Bewegung den traditionellen Vorrang der Priester auf. Der Thora stellten sie Ausführungsbestimmungen aus dem Erbe der väterlichen Überlieferungen als gleichberechtigtes Offenbarungszeugnis zur Seite. Viele der von pharisäischen Schriftgelehrten entwickelten Auslegungstraditionen dürften sich in den Gesetzeskorpora des rabbinischen Schrifttums (Mischna, Tosefta, Talmudim) niedergeschlagen haben. In Verschärfung der Thora forderten die Pharisäer vor jeder Mahlzeit ein rituelles Waschen der Hände und des Geschirrs (Mk 7,3–4), in dem sich das Bemühen um kultische Reinheit im Alltag anschaulich widerspiegelt. Die in der Thora auf Korn, Wein und Öl bezogene Pflicht der Verzehntung wurde auf alle Agrarprodukte ausgeweitet (Mt 23,23). In anderen Bereichen wie etwa dem Sabbatgebot bemühten sich die Pharisäer, die Thora durch erleichternde Bestimmungen wirklichkeitsnah zu gestalten und für breitere Bevölkerungskreise lebbar zu machen. Die Frömmigkeitspraxis der Pharisäer schloss freiwillige Fastenübungen und umfangreiche Gebetsriten ein. Das Endzeitdenken der Pharisäer war von apokalyptischer Zukunftserwartung unter Einschluss einer Auferstehung der Toten geprägt. Das wichtigste Zeugnis für die Messiaserwartung sind die vermutlich aus pharisäischen Kreisen stammenden Psalmen Salomos, die auf das Kommen eines kriegerischen Gesalbten Gottes hoffen.

Schammai und Hillel begründeten Ende des 1. Jahrhunderts v. Chr. die beiden bedeutsamsten Lehrhäuser in Jerusalem. In den Tagen Jesu und der Frühzeit der Kirche war Gamaliel der Große, ein Enkel Hillels, einer der einflussreichsten Pharisäer. Er war Mitglied des Synhedrions (Apg 5,34–39) und Lehrer des Saulus (Apg 22,6). Von der Reputation Gamaliels zeugt auch die in der Mischna überlieferte Aussage, nach seinem Tod habe in Israel die Ehrfurcht vor dem Gesetz aufgehört. Wer wie der junge Saulus nach Jerusalem kam und in ein Lehrhaus eintrat, musste zur Sicherung des Lebensunterhalts neben dem Thorastudium einem Handwerk nachgehen. Saulus hat wohl schon als Pharisäerschüler den Beruf des Zeltmachers ausgeübt, der ihn später auf seinen Missionsreisen unabhängig machte (Apg 18,3). Die Lehrhäuser befanden sich meist in Synagogen.

Das Essenertor in Jerusalem

Auch die Anfänge der Essener reichen in die Makkabäerzeit zurück. Der Name leitet sich wahrscheinlich von dem aramäischen Wort chassaja, »die Frommen«, ab. Wie die Pharisäer sind sie aus der Versammlung der Chassidim entstanden, die sich am Kampf um Religionsfreiheit beteiligte und später enttäuscht von den Makkabäern abwandte, als diese nach der politischen Herrschaft strebten und gleichzeitig das Hohepriesteramt an sich rissen. Im Neuen Testament werden die Essener nicht erwähnt. Unser Wissen über sie stützt sich im Wesentlichen auf Philo von Alexandrien und Flavius Josephus, die mit Blick auf ihre hellenistische Leserschaft die Essener in den Farben einer pythagoreischen Philosophenschule zeichnen.

Die Essener lebten überwiegend in ländlichen Gebieten Judäas, waren aber auch in Städten anzutreffen. Zur Bewahrung der kultischen Reinheit sonderten sie sich streng von ihrer Umwelt ab und schlossen sich in klosterähnlichen Gemeinschaften zusammen. Sie entrichteten zwar Abgaben an den Jerusalemer Tempel, standen aber dem dort praktizierten Opferkult in kritischer Distanz gegenüber und beteiligten sich nicht daran. Die Mehrzahl der Essener lebte ehelos, um Askese zu üben und sich nicht durch den Umgang mit menstruierenden Frauen kultisch zu verunreinigen. Daneben gab es aber auch Gruppen von verheirateten Essenern, die im Interesse von Fortpflanzung und Nachkommenschaft eine positive Haltung gegenüber der Ehe einnahmen. Aller Wahrscheinlichkeit nach handelte es sich auch bei den Bewohnern von Qumran am Toten Meer um eine Essenergemeinschaft. An der Spitze der hierarchisch strukturierten Gemeinden stand ein priesterlicher Vorsteher. Dem Eintritt in die Gemeinschaft war eine einjährige Probezeit vorgeschaltet. Erst nach weiteren zwei Jahren wurden die Vollmitgliedschaft und die Berechtigung zur Teilnahme an den Mahlzeiten erworben, die den Mittelpunkt des Gemeindelebens ausmachten. Dem ging ein Eid voraus, in dem die aufnahmewilligen Personen sich zur Ehrfurcht vor Gott, zur Gerechtigkeit gegenüber den Menschen, zur Wahrheitsliebe und zur Einhaltung der Gemeinschaftsregeln verpflichteten. Die Essener verachteten den Reichtum und lebten in Gütergemeinschaft. Mit dem Eintritt in die Gemeinde ging aller Privatbesitz in Gemeinschaftseigentum über. In sämtlichen Dingen, die das Zusammenleben, die Satzungen und die Schriften der Gemeinde betrafen, waren die Mitglieder gegenüber Außenstehenden zur Geheimhaltung verpflichtet. Bei Fehlverhalten griff ein mehrstufiges Verfahren der Gemeindedisziplin. Schwere Verstöße gegen die Satzungen zogen den Ausschluss aus der Gemeinschaft nach sich.

Der Tagesablauf der Essenergemeinden war streng geregelt. Nach dem Morgengebet vor Sonnenaufgang gingen sie einer bäuerlichen oder handwerklichen Tätigkeit nach. Zur Mittagszeit traf man sich zu einer gemeinsamen Mahlzeit. Am Nachmittag setzte sich die Arbeit fort, bevor man abends erneut zum Mahl zusammenkam. Die Essener verstanden sich selbst als das wahre Israel und grenzten sich schroff nach außen ab. Sie maßen den rituellen Vorschriften der Thora besonders hohe Bedeutung bei und betonten das priesterliche Element. Oberstes Ziel war es, die kultische Reinheit der Gemeinde und ihrer Glieder zu wahren. Dazu erfolgte eine Radikalisierung und Verallgemeinerung der priesterlichen Reinheitsgesetze, indem die in der Thora nur für die Priester geltenden Vorschriften auf alle Gemeinschaftsmitglieder ausgeweitet wurden. Im Zentrum stand der Gedanke, dass die Forderungen des Gesetzes nur durch eine konsequente Heiligung des ganzen Lebens zu erfüllen seien. Auch das Sabbatgebot legten sie besonders streng aus. Den gemeinsamen Mahlzeiten gingen kultische Waschungen voraus, die Mahlgebete wurden von einem Priester gesprochen. Das Mahl nahmen die Essener in weißen Leinengewändern ein, wie sie auch die Priester im Tempel trugen. Die Essener glaubten fest an ein Fortleben der Seele nach dem Tod. In den Qumrantexten ist auch von apokalyptischen und messianischen Erwartungen die Rede.

Eindeutige Beweise für eine Essenersiedlung im antiken Jerusalem gibt es nicht, doch lässt sie sich indirekt durch die Existenz eines Essenertors erschließen. Das von Flavius Josephus erwähnte Tor wurde in herodianischer

Der Apostel Paulus gehörte vor seinem Berufungserlebnis zu den Pharisäern. Mosaik aus dem 12. Jahrhundert aus der Admiralskirche in Palermo

Das Judentum war und ist eine Buchreligion. Französische Buchmalerei mit dem Motiv einer Thoraschule aus dem 14. Jahrhundert

Zeit an der Südwestecke der alten hasmonäischen Stadtmauer nachträglich eingefügt. Die bei Ausgrabungen entdeckte Schwelle zeigt, dass das Tor eine Breite von knapp zwei Metern aufwies und damit wohl nur für Fußgänger gedacht war. Der Name des Tors legt die Annahme nahe, dass es zu einem von Essenern bewohnten Stadtviertel führte. Während die Essener zu den hasmonäischen Priesterkönigen in kritischer Distanz standen, verband sie

mit Herodes dem Großen ein gutes Verhältnis. Der mit der Gabe der Prophetie ausgestattete Essener Menachem hatte Herodes im Jugendalter die Thronbesteigung vorhergesagt. Als Herodes auf dem Gipfel seiner Macht stand, ließ er Menachem an den Hof rufen und empfing von ihm als weitere Prophezeiung, dass seine Herrschaft sicher noch 20 oder 30 weitere Jahre währen würde. Aufgrund dieser Heilsprophetie hielt Herodes die Essener in besonderen Ehren und nahm sie von dem Treueid aus, den er seinen Untertanen abverlangte. Insgesamt ist es gut vorstellbar, dass sich unter Herodes die von ihm hochgeschätzten Essener in größerer Zahl in der Südwestecke Jerusalems niederließen. Der König hätte ihnen dann durch ein nachträglich in die Stadtmauer eingefügtes und nach ihnen benanntes Tor direkten Zugang zu ihrem Wohnviertel verschafft, damit sie keine längeren Wege durch andere, aus essenischer Perspektive möglicherweise unreine Stadtbezirke zurücklegen mussten. Weitergehende Erwägungen über die konkrete Gestalt der Essenersiedlung und eventuelle Beziehungen zur Jerusalemer Christengemeinde entbehren allerdings einer gesicherten Grundlage und erweisen sich als Konstrukt.

Konflikte zwischen Juden und Samaritanern

Bei einem der ersten Passahfeste nach Einrichtung der römischen Provinz Judäa kam es zu einem unglaublichen Eklat am Jerusalemer Tempel. Als nachts die Tempeltore geöffnet wurden, um den unzähligen Festpilgern Einlass zu gewähren, schlich sich eine Handvoll Samaritaner ein und verstreute überall im inneren Tempelbezirk Leichenteile. Damit sprengten die Samaritaner eines der bedeutsamsten jüdischen Feste. Da nach der Thora der Kontakt mit Toten für sieben Tage unrein macht (Num 19,16), musste den Festbesuchern der Zutritt zum Tempel verweigert werden.

Juden und Samaritaner haben gemeinsame Wurzeln, von denen aus sie sich in unterschiedliche Richtungen entwickelten, bis ihre Beziehung in offene Feindschaft umschlug. Die Samaritaner sind Repräsentanten der alten israelitischen Volksreligion. Nach dem Tod Salomos war das von David geschaffene Großreich in das Nordreich Israel und das Südreich Juda als eigenständige Königtümer zerfallen. Samarien stellt als Territorium der Stämme Ephraim und Manasse das Kerngebiet des alten Nordreiches dar. Im Jahr 722 v. Chr. fiel das Nordreich den assyrischen Expansionsbestrebungen zum Opfer. Nachdem die Assyrer das Land erobert hatten, veranlassten sie die Deportation der israelitischen Oberschicht und den Zuzug von Siedlern aus dem Zweistromland. In der Folgezeit hatte Samarien unter allen Fremdmächten den Status einer eigenständigen Provinz. Im 2. Jahrhundert v. Chr. wurde das Land dann von Johannes Hyrkan erobert und in das Hasmonäerreich eingegliedert. In den Tagen Jesu gehörte Samarien zur römischen Provinz Judäa und besaß wie Jerusalem ein eigenes Synhedrion.

Die nach der assyrischen Invasion im Land verbliebene israelitische Bevölkerung Samariens beteiligte sich zunächst weiterhin am Jerusalemer Tempelkult. Zwischen der Aristokratie Jerusalems und Samariens bestanden enge verwandtschaftliche Bindungen. Als in der Perserzeit die aus Babylon nach Jerusalem zurückgekehrten Exilanten den exklusiven Anspruch erhoben, das wahre und geläuterte Israel zu sein, begann die Ausgrenzung und Diffamierung der Samaritaner. Infolge der strengen Ehegesetze Esras und Nehemias mussten die in Ehen mit samaritanischen Frauen lebenden Priester Jerusalem verlassen. Unter Alexander dem Großen kam es in Samarien zum Bau eines eigenen Jahwetempels, der auf dem heiligen Berg Garizim nahe dem heutigen Nablus entstand und in Jerusalem als unzulässige Konkurrenz zum Tempel auf dem Zion betrachtet wurde. Als Johannes Hyrkan um 130 v. Chr. Samarien eroberte, machte er den Tempel auf dem Garizim dem Erdboden gleich. Infolge dieser Ereignisse war das Tischtuch zwischen Samaritanern und Juden endgültig zerschnitten, wie es sich auch in der Erzählung von der Begegnung Jesu mit einer samaritanischen Frau am Jakobsbrunnen von Sychar widerspiegelt (Joh 4,9). Während die Samaritaner von jüdischer Seite des Abfalls vom wahren Glauben bezichtigt und aus dem Judentum ausgegrenzt wurden, betrachteten sie selbst sich als legitime Erben der alten Traditionen Israels und konnten die Zerstörung ihres Tempels auf dem Garizim nicht verwinden. Vor diesem Hintergrund entbrannten immer wieder Konflikte zwischen Juden und Samaritanern. Neben dem geschilderten Vorfall im Tempel kam es auch zu Übergriffen auf jüdische Festpilger, die auf dem Weg nach Jerusalem durch Samarien zogen.

Die Religion der Samaritaner gründete sich, genau wie die jüdische Religion, auf den Glauben an den einen Gott der Väter. Als autoritative Schrift akzeptierten sie allein die auch als Pentateuch bezeichneten fünf Bücher Mose. Die übrigen Bücher unseres Alten Testaments lehnten sie ab. Der samaritanische Pentateuch weist einige Eigenheiten auf. Konkret geht es um textliche Abweichungen vom jüdischen Pentateuch, die vor allem auf eine Betonung der Heiligkeit von Sichem und dem Garizim abzielen. Im Zentrum der samaritanischen Zukunftserwartung stand das im Buch Deuteronomium (18,15–18) angekündigte Kommen eines Endzeitpropheten, der die Züge des Mose tragen sollte. Die Erscheinung des Propheten nach Art des Mose wurde auf dem heiligen Berg Garizim erwartet. Während der Amtszeit von Pontius Pilatus führte ein samaritanischer Zeichenprophet, der sich offensichtlich als der wiedergekommene Mose ausgab, eine große Volksmenge auf den Garizim und verkündete den Anbruch der Heilszeit. Dass Pontius Pilatus aus Furcht vor Unruhen die Menschenmenge niedermetzeln ließ, führte zu seiner Amtsenthebung. Da die Samaritaner den Pentateuch als einzige autoritative Offenbarungsquelle betrachteten, haben sie in Analogie zu den Sadduzäern den Glauben an die Auferstehung der Toten nicht geteilt.

Synagogen in der Heiligen Stadt

Über viele Jahrhunderte hinweg spielte sich die jüdische Frömmigkeitspraxis am Tempel und im häuslichen Bereich ab. In den Tagen Jesu hatte sich in Ergänzung dazu die Synagoge als weiterer bedeutsamer Ort des religiösen und sozialen Lebens etabliert. Das griechische Wort Synagoge bezeichnet sowohl eine versammelte Menschenmenge als auch das zur Versammlung dienende Gebäude. In neutestamentlicher Zeit waren sowohl in der Diaspora als auch im jüdischen Mutterland Synagogen in nahezu allen größeren Orten anzutreffen. Die Evangelien erwähnen die Synagogen von Nazaret und Kafarnaum. Die Apostelgeschichte schildert, wie Paulus auf seinen Missionsreisen bei der Ankunft in einer neuen Stadt immer zunächst den Kontakt zur örtlichen Synagoge sucht. Auf der Festung Masada konnte eine der ältesten Synagogen überhaupt ausgegraben werden.

Im antiken Jerusalem gab es angesichts der religiösen Bedeutung der Stadt eine Vielzahl von Synagogen. Eine rabbinische Tradition nennt sogar die Zahl von 480 Synagogen mit angeschlossenen Lehrhäusern, die aber sicherlich zu hoch gegriffen ist. Die wesentliche Funktion der Synagoge war die gottesdienstliche Versammlung am Sabbat mit Verlesung der Thora und Unterweisung in den Geboten. In vielen der Jerusalemer Synagogen geschah dies auf Griechisch. In die Heilige Stadt zurückgekehrte Diasporajuden, deren Muttersprache das Griechische war, schlossen sich zu eigenständigen Synagogengemeinden zusammen und pflegten dort ihren Gruppenzusammenhalt. Diese Synagogengemeinden waren landsmannschaftlich organisiert. Die Apostelgeschichte nennt unterschiedliche Gruppen von Diasporajuden, die sich in Jerusalem in der Synagoge versammelten (Apg 6,9). An erster Stelle stehen die Libertiner. Dabei handelt es sich um frei gelassene jüdische Sklaven und deren Nachkommen, die aus Rom nach

Überreste des samaritanischen Tempels auf dem Berg Garizim

Auf der Festung Masada befand sich eine der ältesten Synagogen überhaupt.

Jerusalem zurückgekehrt waren. Sowohl bei der Eroberung Palästinas durch Pompeius als auch bei der Niederschlagung der Aufstände nach dem Tod des Herodes waren zahlreiche Juden als Sklaven nach Rom verkauft worden. Als weitere Gruppen nennt Lukas Diasporajuden aus der Cyrenaika in Nordafrika, aus dem ägyptischen Alexandria sowie aus den Provinzen Kilikien und Asia in der heutigen Türkei. Während die Apostelgeschichte den Eindruck erweckt, als habe es nur eine einzige Synagoge für diese Diasporajuden aus aller Herren Länder gegeben, wird in Wirklichkeit schon aufgrund der hohen Zahl der Rückkehrer jede dieser Gruppen über eine eigene Synagoge in Jerusalem verfügt haben.

Die berühmte Theodotus-Inschrift vermittelt einen anschaulichen Einblick in das Jerusalemer Synagogenleben der Tage Jesu. Sie findet sich auf einer Kalksteinplatte aus dem 1. Jahrhundert n. Chr., die 1913 bei Ausgrabungen südlich des Tempelbergs in einer Zisterne gefunden wurde und heute im Rockefeller Museum aufbewahrt wird. Die Steinplatte mit Bauinschrift zierte ursprünglich die Mauer einer vermutlich im Jüdischen Krieg zerstörten Synagoge. Der auf Griechisch abgefasste Text lautet: »Theodotos, des Vettenus Sohn, Priester und Synagogenvorsteher, Sohn eines Synagogenvorstehers, Enkel eines Synagogenvorstehers, erbaute die Synagoge zur Verlesung des Gesetzes und zur Unterweisung in den Geboten, ebenso auch das Fremdenhaus und die Kammern und die Wasseranlagen für die aus der Fremde, die eine Herberge brauchen, wozu seine Väter und die Ältesten und Simonides den Grundstein gelegt hatten«. Die griechische Abfassung der Inschrift deutet auf eine von Diasporajuden gegründete Synagoge hin. Theodotus übte das mit hohem öffentlichem Ansehen verbundene Amt des Synagogenvorstehers bereits in der dritten Generation aus. Sein Priesterstatus zeigt, dass Tempel und Synagoge nicht in Konkurrenz zueinander standen, sondern sich gegenseitig ergänzten. Mit dem angeschlossenen Gästehaus bot die Synagoge Festpilgern aus der Diaspora Unterkunft. Die Wasseranlagen dienten sowohl hygienischen Zwecken als auch der rituellen Reinigung für den Tempelbesuch.

Radikalisierung der Religion durch die Zeloten

Im Zusammenhang mit der Steuerschätzung des Quirinius formierte sich im Jahr 6 n. Chr. die Religionspartei der Zeloten (Eiferer), deren Ursprünge in Galiläa liegen und die zur treibenden Kraft des bewaffneten Widerstands gegen Rom wurden. Ihr Name bringt zum Ausdruck, dass sie den seit der Makkabäerzeit zentralen Gedanken des Eifers für Gott und das Gesetz angesichts der römischen Fremdherrschaft neu entfachten. Im Denken der Zeloten vereinten sich ein sozialrevolutionäres Bewusstsein und eine radikalisierte pharisäische Theologie. Die Begründer der Bewegung waren Judas der Galiläer und der Pharisäer Zadok. Judas ist wohl mit jenem gleichnamigen Aufrührer identisch, der zehn Jahre zuvor in Sepphoris schwere Unruhen hervorgerufen hatte und ein Sohn des von Herodes hingerichteten Bandenführers Hiskia war. Hiskia hatte als eine Art antiker Robin Hood im galiläisch-syrischen Grenzgebiet die Reichen ausgeraubt und das Geld den Kleinbauern gegeben, die seit Beginn der Römerherrschaft über Palästina unter steigenden Steuerlasten litten und von der Schuldsklaverei bedroht waren. Judas der Galiläer hat dann den Schritt vom revolutionären Banditentum zur Religionspartei vollzogen, indem er unter Mitwirkung von Zadok der Bewegung ein klares Profil mit tragfähigem ideologischem Unterbau und festen Organisationsstrukturen gab.

Im Zentrum der zelotischen Ideologie stand ein vom ersten Gebot abgeleitetes Programm der Alleinherrschaft Gottes, das eine Anerkennung des Kaisers als Herrscher über das jüdische Volk ausschloss. Nach der römischen Rechtsauffassung der Kaiserzeit, welche die Grundlage der Provinzialsteuern bildete, gingen Grund und Boden der besiegten Völker in den Besitz Roms über. Die Steuerschätzung des Quirinius und der damit verbundene Anspruch des Augustus auf das Heilige Land stellten sowohl aus sozialen als auch aus religiösen Gründen das Startsignal zum bewaffneten Befreiungskampf gegen die Römer dar. Nie zuvor war im Judentum die Unterwerfung unter fremde Herrscher derart kategorisch abgelehnt worden, wie dies nun unter Judas und Zadok erfolgte. Die Ziele der Aufstandsbewegung waren die Befreiung des erwählten Gottesvolkes vom römischen Joch, die Reinigung des Heiligen Landes von Gesetzesübertretern und die Herstellung einer gerechten Gesellschaftsordnung.

Der Apostel Simon gehörte ursprünglich der zelotischen Bewegung an. Glasmalerei aus dem Kölner Dom, um 1320

Die Zeloten hatten in der jüdischen Landbevölkerung, die in besonderem Maße unter den wirtschaftlichen Verhältnissen litt, ihren stärksten Rückhalt. Der Hass der Zeloten richtete sich gleichermaßen gegen die Römer wie gegen deren Sympathisanten im eigenen Volk. Eine besonders militante Untergruppe, die Sikarier, erdolchte in Jerusalem den Hohepriester Jonathan wegen seiner Romtreue.

Der Kampf der Zeloten erschöpfte sich allerdings nicht in der politischen Befreiung von der Fremdherrschaft und der Durchsetzung sozialer Gerechtigkeit, sondern hatte die Erlösung Israels und den Anbruch der neuen Welt Gottes zum Ziel. Die Zeloten waren der Überzeugung, dass man Gottes endzeitliches Heilshandeln herbeiführen und aktiv bei der Durchsetzung der Alleinherrschaft Gottes mitwirken könne. Schon Judas hatte die Pflicht zur Steuerverweigerung in diesem Sinne begründet. Anschauliche Beispiele liefern zudem die zelotischen Zeichenpropheten, die auch im Neuen Testament erwähnt werden (Apg 5,36; 21,38). Sie mobilisierten mit der Ankündigung von Wundern, wie sie beim Exodus oder der Landnahme geschehen waren, große Volksmengen und verbanden damit die Hoffnung, das endzeitliche Eingreifen Gottes, die Befreiung von römischer Fremdherrschaft und den Anbruch der ewigen Heilszeit herbeizwingen zu können. Mit Simon dem Zeloten (Lk 6,15) befand sich ein früherer Anhänger der Aufstandsbewegung unter den Jüngern Jesu.

Judas der Galiläer starb eines gewaltsamen Todes (Apg 5,37). Mit seinen revolutionären Thesen drückte er der gesamten jüdischen Freiheitsbewegung seinen Stempel auf und begründete eine Dynastie, deren Mitglieder über mehrere Generationen hinweg eine führende Rolle im Kampf gegen die Römer spielten. Sein Sohn Menachem zog zu Beginn des Jüdischen Krieges als messianischer König in Jerusalem ein und hatte die Stadt zeitweise unter Kontrolle, bevor er von priesterlichen Aufständischen ermordet wurde. Bei Eleazar ben Jair, der gegen Ende des Jüdischen Krieges die Befehlsgewalt über Masada ausübte und die Festung erbittert gegen die römischen Belagerer verteidigte, handelte es sich um einen Enkel des Judas. Flavius Josephus führt die Katastrophe des Jahres 70 unmittelbar auf die Lehren des Judas zurück. Die verfeindeten Rebellenführer Johannes von Gischala, Eleazar ben Simon und Simon bar Giora, die letztlich den Untergang Jerusalems und die Zerstörung des Tempels heraufbeschworen, teilten die religiös-politischen Grundanschauungen der von Judas begründeten Bewegung, indem auch sie dem Ideal der radikalen Theokratie und dem Eifer für das Gesetz verpflichtet waren. Nach dem Jüdischen Krieg lebte das zelotische Gedankengut in der Diaspora weiter und entfachte die große Judenrevolte unter Kaiser Trajan. Auch der im Jahr 135 n. Chr. gescheiterte Bar-Kochba-Aufstand im Mutterland stand in der Tradition des zelotischen Befreiungskampfes.

Pagane Kulte in Jerusalem

Die Hellenisierung des Heiligen Landes infolge der von Alexander dem Großen in Gang gesetzten Umwälzungen führte dazu, dass neben dem Jahwekult auch die griechischen und orientalischen Religionen in Palästina Fuß fassen konnten. In hellenistisch geprägten Städten rund um Jerusalem war der für die Antike typische Polytheismus mit seinen Tempeln, Altären, Götterbildern und religiösen Festen anzutreffen. Für Samaria, wo nach den Feldzügen Alexanders eine makedonische Militärsiedlung entstand, ist in Inschriften aus dem 3. Jahrhundert v. Chr. die kultische Verehrung des Serapis und der Isis bezeugt. In Tyros, Sidon und Skythopolis hatte sich in neutestamentlicher Zeit der Dionysoskult etabliert. Die Thermalquellen von Tiberias wurden mit dem Wirken des Heilgottes Asklepios in Verbindung gebracht. Herodes der Große förderte im Rahmen seiner Baupolitik die nichtjüdischen Religionen und den Kaiserkult. Bei der Neugründung von Cäsarea und Sebaste konnte er ungehindert seinen Vorstellungen von hellenistischer Kultur Ausdruck verschaffen, ohne in Konflikt mit den gesetzestreuen Kreisen im Land zu kommen. In Cäsarea entstanden mehrere heidnische Tempel. Das dem Kaiserkult dienende Roma-Augustus-Heiligtum erhob sich majestätisch über die Hafenanlagen und beherrschte das gesamte Stadtbild. Auch Sebaste, das ehemalige Samaria, wurde mit einem Tempel für Roma und Augustus versehen. Diesen ließ Herodes symbolträchtig auf den Ruinen des alten israelitischen Königspalastes errichten.

In Jerusalem allerdings konnten sich bis zur Tempelzerstörung keine hellenistischen Kulte etablieren. Dem Unterfangen des Seleukidenkönigs Antiochus IV., mithilfe einer fortschrittlich gesinnten jüdischen Oberschicht den Zeus- und Dionysoskult im Jerusalemer Tempel zu installieren, war nur vorübergehend Erfolg beschieden. Im Zuge des Makkabäeraufstands kam es bald zur Rückeroberung des Tempels und Wiederherstellung des Jahwekults, woran bis heute das Chanukkafest erinnert. Herodes ließ in Jerusalem bezeichnenderweise keinen Augustustempel errichten. Diese Entscheidung war sicher der sensiblen politischen und religiösen Lage in der Heiligen Stadt geschuldet. Dort hatte bereits die Einrichtung von Festspielen zu Ehren des Augustus für Unruhen gesorgt und ein in letzter Minute verhindertes Mordkomplett gegen den König nach sich gezogen. Auch der Versuch Caligulas, sein Standbild im Tempel aufstellen zu lassen und auf diese Weise den Herrscherkult in Jerusalem zu etablieren, war zum Scheitern verurteilt. Der syrische Statthalter Petronius verschleppte das Unternehmen aus Furcht vor schweren Unruhen, bis sich die Angelegenheit durch den überraschenden Tod des Kaisers von selbst erledigte.

Erst nach der Tempelzerstörung, als Jerusalem kaum mehr als ein römisches Feldlager war, und vollends mit der 135 n. Chr. vollzogenen Neugründung Jerusalems als römische Kolonie Aelia Capitolina wendete sich das Blatt. Nun hielt der Polytheismus Einzug in die Stadt. Auf den Trümmern der Teich- und Badeanlage Betesda (Joh 5,1–9) entstand ein Heiligtum für die Heilgottheiten Serapis und Asklepios. Das in der Nähe der heutigen Grabeskirche gelegene religiöse Zentrum von Aelia Capitolina wurde von einem Tripelheiligtum für die römischen Gottheiten Jupiter, Juno und Minerva dominiert. Den nicht weit entfernten Felsen Golgota zierte eine Aphroditesäule. Der Tempelberg wurde mit einer Jupitersäule oder einem Jupiterheiligtum und mit einem Reiterstandbild des göttlich verehrten Hadrian versehen.

Überreste der antiken Badeanlage Betesda, wo die Römer nach der Zerstörung Jerusalems die Heilgottheiten Serapis und Asklepios verehrten.

Jesus in Jerusalem

Das Passahfest des Jahres 30 n. Chr. steht vor der Tür. Jerusalem rüstet sich für den Ansturm der Besucher. Vom Ölberg her nähert sich eine seltsame Pilgergruppe den Toren der Heiligen Stadt. Angeführt wird sie von dem Rabbi und Propheten aus Nazaret, der auf einem Eselsfüllen sitzt. Ihm folgen zu Fuß seine Anhänger. Menschen entlang des Weges umringen Jesus und feiern ihn mit Hosanna-Rufen. Das Eselsfüllen ist beim Propheten Sacharja das Reittier des Messias. Manche haben ihre Kleider auf dem Weg ausgebreitet oder jubeln Jesus mit Laubbüscheln zu, die sie in den Olivenhainen von den Bäumen abgerissen haben. Nur wenige Tage später stirbt der beim Einzug nach Jerusalem frenetisch Gefeierte den qualvollen Tod am Kreuz. Von Judas verraten, von Petrus verleugnet und von all seinen Jüngern verlassen, haucht er auf Golgota das Leben aus. Doch dies ist noch nicht das Ende. Zwei Tage später verbreitet sich die sensationelle Nachricht wie ein Lauffeuer in Jerusalem: Der am Kreuz gestorbene Jesus von Nazaret ist von den Toten auferstanden und hat sich seinen engsten Vertrauten gezeigt. Die Ereignisse, die mit dem letzten Aufenthalt Jesu in Jerusalem verbunden sind, stürzten seine Anhänger in ein Wechselbad der Gefühle, wie es größer nicht hätte sein können. Aber auch früher besuchte Jesus bereits die Heilige Stadt und erregte Aufmerksamkeit.

Der zwölfjährige Jesus im Tempel

Das Evangelium des Lukas ist die einzige biblische Schrift, die bereits von einem Jerusalemaufenthalt Jesu im Kindheitsalter berichtet. Die Geschichte vom zwölfjährigen Jesus im Tempel

»Einzug Christi in Jerusalem«: Der italienische Maler Duccio di Buoninsegna schuf 1308 dieses Bild (Detail) in der Serie der Passionsszenen auf der Rückseite der Maestá des Hochaltars im Dom zu Siena.

(Lk 2,41–52) charakterisiert Maria und Josef als fromme Juden, die mit ihrem Kind alljährlich zum Passahfest nach Jerusalem pilgern. Ein Knabe von zwölf Jahren war noch nicht religionsmündig. Die Geschichte spiegelt also nicht, wie oft vermutet wird, die Bar-Mizwa-Feier Jesu wider, die erst mit 13 Jahren erfolgte. Auf dem Heimweg nach Nazaret bleibt das Fehlen Jesu zunächst unbemerkt. Die Festpilger reisten in größeren Gruppen, um sich besser gegen Überfälle von Räubern schützen zu können. Maria und Josef wähnen ihr Kind bei Bekannten oder Verwandten in der Reisegruppe. Als sich dies als Irrtum herausstellt, kehren sie nach Jerusalem zurück und setzen dort ihre verzweifelte Suche fort. Nach drei Tagen entdecken sie Jesus schließlich im Tempel. Dort sitzt er inmitten der Schriftgelehrten und beeindruckt alle mit seiner Weisheit. Als Ort des Geschehens ist wahrscheinlich an die Säulenhalle Salomos auf dem Vorhof der Völker gedacht, in der theologische Debatten geführt wurden. Es handelt sich bei der Erzählung um eine Anekdote, die vom beliebten Motiv des mit besonderen intellektuellen Gaben ausgestatteten Wunderkindes geprägt ist. Obwohl Jesus noch nicht religionsmündig ist, diskutiert er mit den Schriftgelehrten auf Augenhöhe und versetzt die Zeugen des Geschehens durch die gedankliche Tiefe seiner Redebeiträge in Erstaunen.

Heilungen in Betesda und am Teich Schiloach

Nach den Evangelien des Matthäus, Markus und Lukas hielt sich Jesus im Rahmen seines öffentlichen Wirkens nur ein einziges Mal in Jerusalem auf, indem er anlässlich des Passahfestes in die Heilige Stadt pilgerte und dort den Tod fand. Das Evangelium des Johannes weiß dagegen von mehreren Jerusalemreisen Jesu zu berichten, die nicht zuletzt durch Wundertaten geprägt sind. Das erste in Jerusalem spielende Wunder ist die Heilung eines Gelähmten an der Teichanlage Betesda mit ihren Säulenhallen (Joh 5). Dort wartet eine Reihe Gebrechlicher darauf, beim Sprudeln einer von Zeit zu Zeit aufwallenden Quelle in das Wasser zu steigen und Heilung zu finden. Darunter befindet sich ein seit 38 Jahren gelähmter Mann, den Jesus durch ein charismatisches Wort von seinem Leiden befreit. Danach nimmt die Erzählung eine unerwartete Wendung. Am Sabbat durften nach zeitgenössischer Auslegung der Thora nur lebensbedrohliche Krankheiten geheilt werden, worunter eine seit Jahrzehnten bestehende Lähmung natürlich nicht fiel. Indem das Wunder Jesu als eine verbotene Sabbatheilung gekennzeichnet wird, gibt es Anlass zu einer scharfen Kontroverse. Der Evangelist Johannes macht sich dies als Ausgangspunkt einer ersten großen Offenbarungsrede Jesu an die Juden zunutze, in der er Grundgedanken seiner Theologie darlegt.

Die nördlich des Tempels gelegene Wasseranlage Betesda umfasste auf der westlichen Seite den Schafteich, der aus zwei durch einen Damm getrennten Speicherbecken bestand. Das obere Bassin existierte schon in der Königszeit, das untere Bassin ließ der Hohepriester Simon der Gerechte um 200 v. Chr. anlegen. Der Schafteich diente viele Jahrhunderte als Wasserreservoir des Tempels, bis der im Zuge des Tempelumbaus unter Herodes dem Großen entstandene »Teich der Söhne Israels« diese Funktion übernahm. Den östlichen Teil von Betesda bildete eine Badeanlage aus der Hasmonäerzeit, die neben einer größeren Zisterne mehrere verputzte Grotten mit kleinen, über eine Treppe zugänglichen Badebecken umfasste. Dort spielt das Wunder Jesu. Betesda konnte bei Ausgrabungen freigelegt wurden. Die Wasseranlage befindet sich in unmittelbarer Nachbarschaft der aus der Kreuzfahrerzeit stammenden Anna-Kirche. Von den im Johannesevangelium erwähnten fünf Säulenhallen fanden sich allerdings keine archäologischen Spuren. Für die Bewohner Jerusalems und die Festpilger stellte das in unmittelbarer Nähe des Tempels gelegene Terrain von Betesda, das auch in der Kupferrolle aus Qumran erwähnt wird, ein ideales Naherholungsgebiet dar.

Bei der Heilung eines von Geburt an Blinden (Joh 9) spielt der in der Südostecke der Unterstadt gelegene Teich Schiloach eine zentrale Rolle. Erneut handelt es sich um eine verbotene Heilung am Sabbat. Indem Jesus dem blind Geborenen ein Gemisch aus Speichel und Lehm auf die Augen auftrug, bediente er sich volksmedizinischer Heiltechniken der Antike. Die Heilung trat ein, als der Erblindete sich auf Befehl Jesu zum Teich Schiloach begab und dort die Heilerde aus den Augen auswusch. Das

Dieses Mosaik aus Ravenna aus dem 6. Jahrhundert zeigt die Heilung des Gelähmten in Betesda.

Jesus und die Ehebrecherin: Detail eines Kapitells im Kreuzgang des Benediktinerklosters San Juan de la Peña, Aragonien, aus der zweiten Hälfte des 12. Jahrhunderts

Wasser des aus der Quelle des Gichon gespeisten Teichs Schiloach spielte im jüdischen Kult der Tage Jesu eine zentrale Rolle, weil es als besonders rein galt und ihm außergewöhnliche Kräfte zugeschrieben wurden. Am Laubhüttenfest wurde für die große Wasserzeremonie, die vermutlich Regen und Fruchtbarkeit gewährleisten sollte, in einer feierlichen Prozession ein goldener Krug mit Wasser aus dem Teich Schiloach in den Tempel gebracht. Im Fließen oder Versiegen des Schiloach-Wassers sah man Gott persönlich am Werk. Flavius Josephus berichtet, dass der Teich vor der Eroberung Jerusalems durch Nebukadnezzar, Pompeius und Titus versiegte, und deutet dies als unheilvolles Wunderzeichen dafür, dass Gott sich vom Tempel abgewandt hatte. Die altkirchliche Tradition lokalisierte die Heilung des blind Geborenen am oberen Schiloach-Becken, wo das Wasser der Gichon-Quelle aus dem von König Hiskija erbauten Tunnel austrat. Dieser Ort wurde in byzantinischer Zeit mit einer Basilika zur Erinnerung an das Heilungswunder überbaut. Heute befindet sich dort eine Moschee. In den Tagen Jesu verstand man unter dem Teich Schiloach allerdings das untere Becken, das im Jahr 2004 von den israelischen Archäologen Ronny Reich und Eli Shukron freigelegt wurde.

Jesus und die Ehebrecherin

Im Zusammenhang mit einem Jerusalembesuch Jesu, der in die Zeit des Laubhüttenfestes fällt, überliefert das Johannesevangelium die am Tempel spielende Geschichte von der Ehebrecherin (Joh 7,53–8,11). Die Episode fehlt allerdings in den alten Bibelhandschriften und war ursprünglich kein Bestandteil des Neuen Testaments. Es handelt sich um eine apokryphe Jesusgeschichte, die ein späterer Abschreiber an passend erscheinender Stelle in das Johannesevangelium einfügte und so vor dem Vergessen bewahrte. Wahrscheinlich trug sich die geschilderte Begebenheit in Wirklichkeit im Rahmen der theologischen Debatten zu, die Jesus in den Tagen vor seinem Tod im Tempel führte.

Schriftgelehrte und Pharisäer bringen eine des Ehebruchs überführte Frau zu Jesus, der im Tempel lehrt. Sie verweisen darauf, dass das Vergehen der Frau nach den Bestimmungen des alttestamentlichen Gesetzes mit Steinigung zu ahnden ist. Indem sie Jesus zu einer Stellungnahme auffordern, bringen sie ihn in eine Zwickmühle: Entweder muss er seine Lehre von Barmherzigkeit und Vergebungsbereitschaft aufgeben oder in aller Öffentlichkeit dem klaren Wortlaut der Thora widersprechen, die eindeutig die Todesstrafe vorsieht. Jesus vermeidet zunächst eine direkte Antwort und vollzieht stattdessen eine rätselhafte Zeichenhandlung, indem er etwas mit dem Finger in den Sand schreibt. Wahrscheinlich wollte Jesus damit den Schriftgelehrten und Pharisäern die Aussage aus dem Prophetenbuch Jeremia vor Augen halten, dass die Namen der dem Gericht anheimfallenden Abtrünnigen auf die Erde geschrieben werden (Jer 17,13). Während die Ankläger die Frau mit aller Schärfe des Gesetzes verurteilen wollten, machte Jesus ihnen bewusst, dass alle Menschen zu Sündern werden können und auf die Gnade Gottes hoffen müssen. Der Satz »Wer unter euch ohne Sünde ist, der werfe den ersten Stein« untermauert dies anschaulich.

Die Tempelreinigung

Nachdem Jesus auf einem Eselsfüllen in Jerusalem eingezogen war, hielt er sich am Tempel auf. Abends kehrte er mit seinen Jüngern zum Ölberg zurück, wo sich in Betanien ihr Nachtquartier befand. Als er am nächsten Tag erneut das Heiligtum besuchte, kam es zur provokativen Aktion der Tempelreinigung (Mk 11,15–19), die der Evangelist Johannes vermutlich aus Unkenntnis mit einem früheren Jerusalemaufenthalt Jesu in Verbindung bringt (Joh 2,13–17).

Die Tempelreinigung Jesu trug sich auf dem Vorhof der Völker zu. In diesem äußeren Tempelbezirk, der die Funktion eines Marktplatzes erfüllte, fand ein von der Tempelbehörde konzessionierter Handel mit Opfertieren statt. Zudem bot sich bei Geldwechslern die Möglichkeit, die mitgebrachten Münzen gegen eine festgelegte Gebühr in den Schekel, die tyrische Tetradrachme, umzutauschen. Sie war wegen ihrer für antike Verhältnisse außergewöhnlichen Wertbeständigkeit die einzige am Tempel akzeptierte Währung. Die von Jesus auf dem Vorhof der Völker durchgeführte Aktion sollte man sich nicht zu spektakulär vorstellen. An eine Säuberung des riesigen Vorhofs der Völker durch eine einzelne Person ist schon aus praktischen Erwägungen nicht zu denken. Zudem hätte dies sofort die römische Kohorte auf den Plan gerufen, die von der Burg Antonia aus das Geschehen auf dem Tempelplatz argwöhnisch kontrollierte und bei Unruhen sofort eingriff. Jesus hat wahrscheinlich in Form einer prophetischen Zeichenhandlung einzelne Tische von Geldwechslern und Taubenverkäufern umgestürzt. Ergänzend versperrte er Personen, die Güter über den Tempelplatz trugen, den Weg. Offensichtlich wurde der Vorhof der Völker von Lastträgern als Abkürzungsweg verwendet. Jesus versah seine provokative Handlung mit einem Kommentar, der die Intention erschließt. Es ging nicht um Kritik am Opferkult im inneren Tempelbezirk, vielmehr forderte Jesus unter Berufung auf ein Wort aus dem Buch Jesaja (Jes 56,7), den gesamten Tempel und damit auch dessen Vorhof zu einem Ort des Gebetes und der Gottesverehrung für die Völker zu machen. Vermutlich implizierte das Umstoßen der Geldwechslertische auch Kritik daran, dass eine heidnische Münze mit dem Bild des Stadtgottes von Tyros als Tempelwährung diente. Darüber hinaus hat Jesus damit gerechnet, dass Gott den bestehenden Tempel zerstören und auf wunderbare Weise einen neuen Tempel an dessen Stelle setzen könnte (Mk 14,58), wie es im Judentum im Rahmen apokalyptischer Sehnsüchte vereinzelt erwartet wurde. Mit dieser Tempelkritik zog Jesus den Unmut der sadduzäischen Priesteraristokratie auf sich, deren Existenz vom reibungslosen Funktionieren des Tempelbetriebs abhing und die den Beschluss fasste, sich mithilfe der Römer des missliebigen Propheten aus Galiläa zu entledigen.

Betanien als Rückzugsort Jesu

Betanien am Südosthang des Ölbergs diente Jesus während seines letzten Aufenthaltes in Jerusalem als Wohn- und Rückzugsort. Betanien war in biblischer Zeit ein kleines Dorf mit vielleicht 20 Häusern, von dem aus man nach Osten und Süden den Blick in die Wüste Juda schweifen lassen konnte. Jerusalem mit seinem geschäftigen Treiben lag vom Ölberg verdeckt außer Sichtweite und konnte mit einem Fußmarsch von etwa 40 Minuten erreicht werden. Jesus wohnte in Betanien bei Lazarus und dessen Schwestern (Joh 12). Es war nicht sein erster Aufenthalt in diesem Haus. Die Geschichte von Maria und Martha, die mit dem Hören auf das Wort und dem Dienen unterschiedliche Rollenmuster repräsentieren (Lk 10,38–42), verbürgt einen früheren Aufenthalt Jesu in Betanien. Auch die irgendwann in der Zeit zwischen Chanukka und Passah spielende Erweckung des Lazarus, die für den Evangelisten Johannes als Vorabbildung der Auferstehung Jesu und Demonstration der uneingeschränkten Herrschaft Jesu über die Macht des Todes hervorgehobene Bedeutung gewinnt, ist in Betanien angesiedelt (Joh 11). In der Dramaturgie des Johannesevangeliums zieht dieses Wunder als letztes und größtes Zeichen Jesu den Todesbeschluss durch das Synhedrion nach sich.

Im Verlauf der Passionswoche kam es in Betanien während eines Gastmahls zu einer Salbung Jesu, an der sich Konflikte im Jüngerkreis entzündeten. Über die Details machen die Evangelien widersprüchliche Angaben. Nach dem Markusevangelium vollzog sich die Salbung zwei Tage vor der Hinrichtung Jesu im Haus von Simon dem Aussätzigen. Den Namen der Frau, die Jesus salbt, teilt der Evangelist nicht mit (Mk 14,3–9). Johannes berichtet dagegen, dass die Salbung noch vor dem Einzug nach Jerusalem im Haus des Lazarus und seiner Schwestern erfolgte. Dort soll Maria zu einer mit Öl gefüllten Alabasterflasche gegriffen und den gesamten Inhalt über die Füße Jesu gegossen haben (Joh 12,1–7). In der Lebenswelt Jesu war es eine verbreitete Sitte, dem Gast vor dem Mahl Öl zur Salbung darzureichen oder ihm durch einen

Diener die Füße salben zu lassen. Die Salbung Jesu durch Maria erfolgte mit einer großen Menge besonders kostbaren Öls, was von einigen der Anwesenden nicht gutgeheißen wurde. Nach dem Johannesevangelium war es speziell Judas, der den verschwenderischen Umgang mit teurem Salböl kritisierte und das Geld lieber für die Armenfürsorge aufgewendet hätte. Jesus hingegen nahm die Frau ausdrücklich in Schutz.

Streitgespräche im Tempel

Während Jesus das Haus des Lazarus und seiner Schwestern in Betanien als Nachtquartier in Anspruch nahm, hielt er sich tagsüber in Jerusalem am Tempel auf. Die Evangelien zeigen, dass er dort in den Tagen vor seinem Tod in theologische Kontroversen über unterschiedlichste Themen verstrickt war.

Eine dieser Debatten entzündete sich an der von Pharisäern und Herodianern aufgeworfenen Frage, ob dem Kaiser Steuern entrichtet werden sollten (Mk 12,13–17). Diese Thematik barg erhebliche Brisanz in sich. Mit einer vorbehaltlosen Bejahung der gegnerischen Frage hätte sich Jesus als vermeintlicher Freund der römischen Besatzungsmacht angreifbar gemacht, während eine strikte Verneinung den Verdacht nach sich ziehen musste, dass er mit der radikalen Ideologie der Zeloten sympathisierte. Jesus befreite sich geschickt aus dieser Zwickmühle, indem er sich eine Münze zeigen ließ und nach dem darauf abgebildeten Motiv fragte. Aus der Antwort seiner Gegner geht her-

Blick auf Betanien, wo sich in biblischer Zeit das Haus von Lazarus und seinen Schwestern befunden haben soll

In der Thora sind die Gebote der jüdischen Religion festgehalten. Sie war auch für die jüdischen Gelehrten zur Zeit Jesu der Maßstab.

vor, dass es sich bei dem Geldstück offenkundig um einen von Tiberius emittierten Silberdenar handelte. Zahlreiche dieser Münzen, die auch im Osten des Römischen Reiches ein verbreitetes Zahlungsmittel darstellten, sind erhalten. Sie zeigen auf der Vorderseite das mit der Umschrift »Kaiser Tiberius, des göttlichen Augustus anbetungswürdiger Sohn« gerahmte Porträt des Kaisers. Mit dem Ausspruch, dem Kaiser und Gott das ihnen jeweils Zustehende zu geben, erkennt Jesus die Römerherrschaft über Judäa grundsätzlich an, zeigt ihr aber gleichzeitig die Grenzen auf. Es gibt einen vom Anspruch Gottes geprägten Bereich, welcher der Macht des Kaisers entzogen ist.

Mit den Sadduzäern, die allein die fünf Bücher Mose als heilige Schrift anerkannten und daher ein Leben nach dem Tod in Abrede stellten, stritt Jesus über die Auferstehung (Mk 12,18–27). Seine Gegner konstruierten das übertrieben zugespitzte Beispiel einer Frau, der ein Ehemann nach dem anderen wegstirbt, sodass sie in ihrem Erdenleben letztlich siebenmal verheiratet war. Mit der Frage, wessen Ehefrau sie in der zukünftigen Welt sein wird, wollen die Sadduzäer den Auferstehungsglauben ad absurdum führen. Da es im Himmel wie auf Erden undenkbar ist, dass eine Frau gleichzeitig mit sieben Männern verheiratet ist, kann es nach Logik der Sadduzäer kein Leben nach dem Tod geben. Jesus hält dagegen, dass sich in der zukünftigen Welt nicht einfach das irdische Leben fortsetzt und der Auferstehungsleib nicht durch Geschlechtlichkeit gekennzeichnet ist. Gleichzeitig versucht er aus der Thora (Ex 3,6) zumindest indirekt die Auferstehung der Toten zu beweisen.

Das mit Schriftgelehrten geführte Streitgespräch über das höchste Gebot (Mk 12,28–34) kreist um die im antiken Judentum intensiv erörterte Frage, ob es so etwas wie eine Quintessenz der 613 Weisungen der Thora gibt. Wenn Jesus das Doppelgebot der Gottesliebe und Nächstenliebe als Summe des Gesetzes betrachtet, steht dies in Einklang damit, was auch andere jüdische Stimmen zu dieser Frage sagen. Die Zusammenfassung des Gesetzes im Liebesgebot ändert aber nichts daran, dass die Thora in ihrer Gesamtheit Gültigkeit beansprucht und befolgt werden will.

Abgeschlossen werden die neutestamentlichen Erzählungen über den Aufenthalt Jesu am Tempel durch eine Episode, die im Frauenhof des Heiligtums spielt (Mk 12,41–44). Dort befanden sich 13 posaunenförmige Behälter, die für Geldgaben oder die Bezahlung von Opfern dienten. Während die Reichen hohe Geldbeträge spendeten, warf eine arme Witwe zwei Lepta in den Opferstock. Das Lepton war die kleinste im Umlauf befindliche Kupfermünze. Jesus hielt den Jüngern die Frau als leuchtendes

Vorbild vor Augen: Trotz ihrer Armut hatte sie alles, was sie besaß, gegeben und damit die Reichen bei Weitem übertroffen.

Die apokalyptische Rede auf dem Ölberg

Der Ölberg erhebt sich östlich des Tempelareals. Er ist der südlichste Ausläufer eines Höhenzugs, der Jerusalem als Querriegel Schutz vor der Wüste Juda bietet. In den Tagen Jesu war er, wie sein Name zum Ausdruck bringt, mit Olivenhainen bedeckt. Auf der Ostseite des Ölbergs erstreckten sich kleine Dörfer wie Betfage oder Betanien. Während des Passahfestes, an dem Jerusalem von Menschenmassen übervölkert war, schlugen viele Festpilger am Ölberg unter den Olivenbäumen ihr Nachtlager auf. In den Evangelien ist eine große Endzeitrede Jesu überliefert, die er im Kreis der engsten Vertrauten auf dem Ölberg hält (Mk 13). Diese Rede beinhaltet zwar einzelne auf Jesus zurückgehende Traditionen, stellt aber in der vorliegenden Form ein Produkt der urchristlichen Gemeindetheologie dar. Der Ölberg spielt bereits in der Apokalyptik des alttestamentlichen Sachariabuchs eine gewichtige Rolle (Sach 14).

Als Ausgangspunkt der großen Endzeitrede in Mk 13 dient ein prophetisches Gerichtswort Jesu, das er beim Verlassen des Tempels von sich gibt. Einer der Jünger rühmt die Pracht und Schönheit des Tempels, woraufhin Jesus den Untergang des Heiligtums ankündigt, von dem nicht ein Stein auf dem anderen bleiben werde. Als Jesus dann später mit vier seiner Jünger auf dem Ölberg sitzt, fragen diese nach dem Ablauf des Endzeitgeschehens und den Zeichen der Vollendung. Die als Antwort darauf entworfene Zukunftsschau Jesu beinhaltet das Eintreffen von Kriegen, Naturkatastrophen und Verfolgung, um dann auf die letzte große Drangsal und die von kosmischen Katastrophen begleitete Wiederkunft des Menschensohns zuzulaufen. Am Ende steht der Ruf zur Wachsamkeit angesichts des unvermittelt kommenden Weltendes. Bei der Konzeption dieser Endzeitrede konnte Markus vermutlich auf eine apokalyptische Tradition aus der Zeit des Jüdischen Krieges zurückgreifen, die er einer aktualisierenden Neuinterpretation unterzog. Matthäus bereicherte die von Markus übernommene Endzeitrede auf dem Ölberg dann um weitere apokalyptische Traditionen (Mt 24–25).

Auf dem Ölberg bestatten die Juden seit 3000 Jahren ihre Toten.

Der Verrat des Judas

Im Verlauf des letzten Jerusalemaufenthalts reifte in Judas Iskariot der Entschluss, der sadduzäischen Priesteraristokratie Hilfe bei der Gefangennahme Jesu zu leisten. Die Beweggründe des Verräters, der sich innerlich wahrscheinlich seit Längerem von Jesus abgewandt hatte, bleiben im Dunkel. Während Markus als ältester Evangelist keine Erklärung für die Tat des Judas liefert, rückt Matthäus das Motiv der Geldgier in den Vordergrund und bietet damit bereits ein verzerrtes Judasbild. Am ehesten waren enttäuschte messianische Erwartungen für das Vorgehen des Judas verantwortlich. Vermutlich hatte Judas sich von Jesus versprochen, dass dieser nach Art eines königlichen Messias die Römerherrschaft beseitigen und eine gerechte Sozialordnung herstellen würde. Mit dem Verrat mag sich die Hoffnung verbunden haben, dass Gott beim Anblick seines am Kreuze hängenden Sohnes in die Geschichte eingreifen und sein ewiges Friedensreich verwirklichen würde, wie es Gegenstand apokalyptischer Sehnsüchte war.

In den Evangelien wird die Tat des Judas als schändlicher Akt gebrandmarkt und die Person des Verräters in dunkelsten Farben gemalt. Bei Lukas und Johannes gilt Judas als Werkzeug oder Verkörperung des Satans. Aufgrund der biblischen Berichte und ihrer Wirkungsgeschichte steht Judas bis heute allgemein für Hinterhältigkeit und gemeinsten Verrat. Zudem wurde er mit mehr als verhängnisvollen Folgen vielfach zum typischen Vertreter des Judentums stilisiert. In der Fachwelt erfährt die Person des Judas dagegen seit Jahrzehnten einen kontinuierlichen Imagewandel. Neben historischer Bibelkritik trug dazu die angemessene Wahrnehmung und Würdigung der Tatsache bei, dass es nach einhelliger Überzeugung der neutestamentlichen Schriften des Todes Jesu als heilsgeschichtlicher Notwendigkeit bedurfte. Der Verräter Judas ist damit fest in den Heilsplan Gottes eingebunden. Wenn Jesus für die Erlösung der Welt am Kreuz sterben sollte, dann setzte Judas mit seiner von den Motiven her letztlich im Dunkel bleibenden Handlung dieses Geschehen in Gang und beging so etwas wie heilvollen Verrat.

Das letzte Abendmahl

Am Vorabend seines Todes feierte Jesus gemeinsam mit seinen Jüngern ein Abschiedsmahl in Jerusalem. Die Details lassen sich kaum noch erhellen, zumal die Autoren der neutestamentlichen Schriften widersprüchliche Angaben zur Chronologie machen, das Mahlgeschehen unterschiedlich schildern und die jeweilige liturgische Praxis ihrer Gemeinden in die Darstellung einfließen lassen.

Bei den chronologischen Fragen ist zu berücksichtigen, dass nach jüdischer Tradition der Tag mit Sonnenuntergang anbricht und das Passah ein bewegliches Fest ist, das auf jeden beliebigen Wochentag fallen kann. Alle Evangelien bezeugen, dass das Abschiedsmahl Jesu nach unserer Zeiteinteilung an einem Donnerstagabend stattfand. Nach jüdischer Zeiteinteilung hatte zu jenem Zeitpunkt bereits der neue Tag begonnen, an dem dann auch die Verurteilung und Hinrichtung Jesu erfolgten. In den Evangelien des Markus, Matthäus und Lukas ist das Abschiedsmahl Jesu als Passahmahl gekennzeichnet. Nach dem Zeugnis des Johannesevangeliums war der Tag des letzten Mahls und der Kreuzigung Jesu dagegen der Rüsttag für das Passahfest (Joh 19,31). Es spricht viel dafür, dass Johannes die zuverlässigere Chronologie bewahrt hat, da Gerichtsverfahren vor dem Synhedrion an Feiertagen im jüdischen Recht untersagt waren und die Vorstellung, dass die Römer am Passahfest Kreuzigungen durchführten, zumindest Schwierigkeiten bereitet. Zudem macht die Amnestie, von der Barabbas profitierte, mehr Sinn, wenn der Freigelassene auch am Passahmahl teilnehmen konnte. Es wird aber auch die Auffassung vertreten, dass Johannes aus theologischen Gründen die Kreuzigung Jesu auf den Rüsttag verlegte, um sie mit der Schlachtung der Passahlämmer zeitlich zusammenfallen zu lassen. Paulus geht bei seiner Schilderung des Abschiedsmahls Jesu nicht auf das Passah ein (1 Kor 11,23–25) und scheint mit der Betrachtung Christi als wahrem Passahopferlamm (1 Kor 5,7) wie Johannes davon auszugehen, dass die Kreuzigung am Rüsttag des Passah erfolgte.

Auch darüber, was sich beim Abschiedsmahl Jesu konkret zutrug, gibt es unterschiedliche Informationen. Markus und Paulus als älteste Zeugen berichten von einer feierlichen Kulthandlung Jesu. Dieser deutete das Brot auf seinen Leib und den Wein auf sein Blut bzw. den durch sein Blut bewirkten neuen Bund, den der Prophet Jeremia verheißen hatte. Dies kann entweder als gleichnishafter Vorverweis auf den bevorstehenden Kreuzestod oder als eine Art sakramentale Geste interpretiert werden. Während die römisch-katholische und die lutherische Tradition die Abendmahlsworte im Sinne einer Realpräsenz Jesu in den Mahlelementen verstehen, dominiert in der reformierten Tradi-

Diesen Saal auf dem Zionsberg verehren die Christen als Ort des letzten Abendmahls. Der Abendmahlssaal befindet sich im ersten Stock eines Gebäudes, das heute von einer Moschee umschlossen ist und das im Untergeschoss das vermeintliche Davidsgrab beherbergt.

tion ein bildhaftes Verständnis von Brot- und Kelchwort. Matthäus folgt weitgehend dem Bericht des Markus, betont aber mit der Einfügung der Sündenvergebung in das Kelchwort, dass die Gemeinde im Abendmahl Anteil an der Sünden vergebenden Heilskraft des Todes Jesu gewinnt. Lukas verfügt für das Abschiedsmahl Jesu über eine Sonderüberlieferung, die er mit dem Bericht des Markus zu einer Einheit verschmilzt, um dabei den Passahcharakter des Geschehens schärfer zu profilieren (Lk 22,7–38). Anders als in den Parallelberichten wird das Brotwort von zwei Kelchworten gerahmt. Mit dem ersten Becher ist eine Verzichtserklärung Jesu verbunden, die einen Ausblick auf das Heilsmahl in der zukünftigen Welt beinhaltet. Das Brot wird nicht, wie beim Passah üblich, zu dem Exodusgeschehen in Beziehung gesetzt, sondern auf den am Kreuz dahingegebenen Leib Jesu gedeutet. Der zweite Becher ist auf den vom Propheten Jeremia verheißenen neuen Bund bezogen, der durch das für die Menschen vergossene Blut Jesu in Kraft gesetzt wird. Der Wiederholungsbefehl mit Gedächtnismotiv ordnet wie bei Paulus den regelmäßigen Nachvollzug des Abschiedsmahls Jesu im Gottesdienst der Gemeinde an. Johannes kennt wie die anderen Evangelisten ein Abschiedsmahl Jesu, weicht aber ansonsten völlig ab. Er bietet keine Einsetzungsworte zum Abendmahl, sondern erzählt von einer Fußwaschung, die Jesus an den Jüngern vollzieht. Diese Handlung, eigentlich ein Sklavendienst, hat zeichenhafte Bedeutung. Sie versinnbildlicht in einer Vorwegschau auf das Kreuz die dienende Selbsthingabe Jesu und erhebt solche Liebe vorbildhaft zur verpflichtenden Norm in der Gemeinde.

In der ältesten Tradition, wie sie von Markus und Matthäus widergespiegelt wird, schloss sich an das Abschiedsmahl direkt der Gang nach Getsemani an. Lukas dagegen integriert in die Mahlszene eine Reihe von Jesusworten, die sich auf die Zukunft der Jüngerschaft beziehen. Jesus verpflichtet seine Nachfolger auf ein Modell demütigen Dienens und verknüpft dies mit der Verheißung einer endzeitlichen Richtervollmacht über die zwölf Stämme Israels. Zudem wird Petrus die Aufgabe anvertraut, die Gemeinde im Glauben zu stärken (Lk 22,24–38). Bei Johannes hält Jesus nach dem Mahl eine lange Abschiedsrede, die sich über mehrere Kapitel erstreckt und Anordnungen für die Zeit nach seinem Tod hinaus gibt (Joh 13–17). Die Jünger repräsentieren dabei die Gemeinde. Es geht um die Zukunftssicherung der Kirche für die Zeit nach dem Weggang Jesu. Die Abschiedsrede ist ein Stilmittel aus jüdischer Tradition, das Johannes aufgreift. Durch die Situation des Abschieds gewinnen die Worte Jesu besonderes Gewicht, da sie das letzte Vermächtnis des ans Kreuz gehenden Gottessohnes darstellen.

Die neutestamentlichen Berichte machen keine Angaben zur geografischen Lage des Hauses, in dem das Abschiedsmahl Jesu stattfand. Da ein Mann mit einem Wasserkrug in das Haus hineinging (Mk 14,12–16), könnte es sich in der Nähe des Teiches Schiloach befunden haben. Seit dem 5. Jahrhundert wird der Abendmahlssaal mit jenem Obergemach identifiziert, in dem sich das Pfingstwunder ereignete. Das Haus, in dem sich der Raum befand, soll Maria, der Mutter des Markus, gehört haben. Es wurde früh mit der in der Kreuzfahrerzeit zerstörten Zionskirche überbaut. Seit dem 15. Jahrhundert erhebt sich dort die Moschee

Nebi Daud mit einem Minarett und mehreren kleinen Kuppeln. Sie umschließt jenes aus dem 12. Jahrhundert stammende Gebäude, in dem den Besuchern im Erdgeschoss das Davidsgrab und im Obergeschoss der Abendmahlssaal gezeigt werden. Es handelt sich um einen schlichten Raum mit zwei Säulen in der Mitte, die das gotische Gewölbe tragen.

Verhaftung in Getsemani und Prozess

Die Evangelien berichten, dass Jesus mit seinen Jüngern im Anschluss an das Abendmahl durch das nächtliche Jerusalem zum Garten Getsemani wanderte. Bei Getsemani handelte es sich um ein Landgut im Osten der Stadt, das sich jenseits des Kidronbachs am Fuße des Ölbergs erstreckte. Der Name Getsemani bedeutet Ölkelter und geht darauf zurück, dass sich dort in den Tagen Jesu ein Gehöft befand, auf dem mithilfe einer großen steinernen Presse Olivenöl produziert wurde. Jesus scheint sich auch vorher schon in Getsemani aufgehalten und den Ort wegen seiner Ruhe geschätzt zu haben (Joh 18,2). Vermutlich war der Besitzer des Landgutes ein Sympathisant der Jesusbewegung. In Getsemani zog Jesus sich mit Petrus, Jakobus und Johannes als engstem Kern des Jüngerkreises zurück, um in aller Stille zu beten. Die Gebetsszene zeigt einen zutiefst menschlichen Jesus, der sich in der Sprache der alttestamentlichen Klagepsalmen an Gott wendet. Er bittet darum, die Stunde

Im Garten von Getsemani am Hang des Ölbergs stehen uralte Olivenbäume.

des Todes an ihm vorübergehen zu lassen. In der Zwiesprache mit Gott gewinnt er Klarheit und bekundet die Bereitschaft, sich gehorsam in sein Schicksal zu fügen. Die im antiken Judentum nur ganz selten bezeugte Anrede Gottes als Abba, ein Kosename für Vater, ist Ausdruck eines besonders innigen Gottesverhältnisses.

In Getsemani erschien unvermittelt ein vom Hohepriester ausgesandtes Kommando der Tempelwache, um Jesus zu verhaften. Judas

Diese Strecke, die vom Ölberg zum Kidrontal führt, legte der biblischen Überlieferung nach der verhaftete Jesus zurück. Im Hintergrund erheben sich die Mauern der Altstadt auf dem Tempelberg.

hatte der Priesteraristokratie den Aufenthaltsort Jesu in der von Festpilgern überfüllten Stadt preisgegeben und einen geeigneten Zeitpunkt für die Festnahme genannt. In Getsemani ermöglichte er der Tempelwache durch den Judaskuss die sofortige Identifikation der gesuchten Person. Seit dem 4. Jahrhundert wird den christlichen Pilgern in Getsemani eine Grotte des Verrats gezeigt. Es handelt sich um eine in den Fels geschlagene Höhle von knapp 20 Metern Länge und zehn Metern Breite, in der ursprünglich Öl gepresst wurde. Vielleicht wollte Jesus mit den Jüngern in dieser Grotte die Nacht verbringen. Stattdessen wurde er als Gefangener durch das Kidrontal zurück in die Stadt geführt, während seine Anhänger nach einem Handgemenge mit dem Verhaftungskommando die Flucht ergriffen.

Über den weiteren Verlauf der Ereignisse machen die Quellen unterschiedliche Angaben. Nach dem Johannesevangelium kam es zu einem Verhör Jesu durch Hannas, den Schwiegervater des amtierenden Hohepriesters Kajafas. Anschließend lässt Hannas den Gefangenen zu Kajafas bringen, der ihn direkt an Pontius Pilatus überstellt. Nach Auskunft der anderen Evangelien wurde Jesus dagegen von Getsemani in den Palast des Kajafas geführt, dort von einem Kollegium aus Hohepriester, Ältesten und Schriftgelehrten einem nächtlichen Verhör unterzogen und zum Tode verurteilt. In den frühen Morgenstunden schloss sich eine formelle Verhandlung vor dem Synhedrion an, das die gegen Jesus vorgebrachten Beschuldigungen bestätigte und die Auslieferung an Pontius Pilatus veranlasste (Mk 15,1).

Petrus war von Getsemani aus dem Verhaftungskommando heimlich gefolgt und hatte sich Zutritt zum Innenhof des hohepriesterlichen Palastes verschafft, wo sich Soldaten und Dienstpersonal am Lagerfeuer wärmten. Nachdem er wegen seines galiläischen Dialekts in Verdacht geraten war, ein Anhänger des festgenommenen Propheten aus Nazaret zu sein, verleugnete er seinen Meister. Der hohepriesterliche Palast befand sich in der Oberstadt, ohne dass sich die Lage exakt bestimmen ließe. Heute wetteifern die Kirche »St. Petrus in Gallicantu« und das Kajafashaus innerhalb des armenischen Klosters um die Ehre, die Erinnerung an den Ort des nächtlichen Prozesses Jesu bewahrt zu haben. Als Sitz des Synhedrions nennt die Mischna eine innerhalb des Tempelbezirks liegende Quaderhalle. Nach dem Zeugnis des Flavius Josephus tagte das Synhedrion dagegen in einem Rathaus in der Oberstadt, das nahe der westlichen Säulenhalle unterhalb des Tempelplatzes lag.

Der zunächst im Palast des Hohepriesters und dann im Synhedrion geführte Prozess Jesu weist, so wie er in der Bibel dargestellt wird, eine Reihe von Widersprüchen zum jüdischen Prozessrecht der Mischna auf. Die um 200 n. Chr. entstandene Mischna ist eine Art Kommentar zur Thora und bildet die Grundlage des Talmuds. Nach der Chronologie der ersten drei Evangelien fand die Verhandlung Jesu am Passahfest statt, das mit Sonnenuntergang begonnen hatte, während die Mischna Gerichtsverhandlungen an Festtagen verbietet. Nächtliche Verhandlungen, bei denen eine Übermüdung der Beteiligten drohte, waren ohnehin nicht erlaubt. Das Gerichtsverfahren gegen Jesus beginnt mit der Anklage und zieht das sofortige Todesurteil nach sich, während gemäß der Mischna Kapitalprozesse zum Schutz des

Angeklagten mit der Verteidigung einzusetzen haben und ein Todesurteil erst einen Tag nach der Verhandlung verkündet werden darf, um keine voreiligen Beschlüsse zu fassen. Auch der eigentliche Verurteilungsgrund, Jesus habe sich als Messias ausgegeben und damit Blasphemie betrieben, wirft Fragezeichen auf. Das Erheben messianischer Ansprüche galt im antiken Judentum nicht als Gotteslästerung und stellte kein todeswürdiges Verbrechen dar. Nimmt man die Bestimmungen der Mischna als Maßstab, dann wurde im Fall Jesu entweder von der Priesteraristokratie gegen geltendes Recht verstoßen oder der Prozess hat sich nicht in allen Punkten in der von den Evangelien geschilderten Form abgespielt. Kein Zweifel kann daran bestehen, dass das Synhedrion in der Zeit der Römerherrschaft keine Befugnis zur Vollstreckung von Todesurteilen hatte (Joh 18,13). Deshalb wurde Jesus nach übereinstimmendem Zeugnis aller Evangelien an Pontius Pilatus überstellt, in dessen Händen sein weiteres Schicksal lag.

Jesus vor Pontius Pilatus und Herodes Antipas

Der offizielle Amtssitz des römischen Statthalters von Judäa befand sich in Cäsarea am Meer. In Jerusalem hielt sich Pontius Pilatus nur an hohen Feiertagen auf. Als Residenz und Gericht diente ihm dort das Prätorium, das Schauplatz des Prozesses Jesu war (Mk 15,16). Nicht selten wird die Vermutung geäußert, mit dem Prätorium sei die Burg Antonia an der Nordostecke des Tempelplatzes gemeint, wo die römische Garnison stationiert war. Ungleich wahrscheinlicher ist die Annahme, dass Pontius Pilatus bei seinen Jerusalemaufenthalten standesgemäß im einstigen Herodespalast nahe dem heutigen Jaffator residierte.

Bereits die biblische Tradition zeichnet ein verzerrtes Bild von Pontius Pilatus als gütigem Statthalter, der die Kreuzigung Jesu nur widerwillig vollzieht. Matthäus erweitert die ältere Darstellung des Markus nachträglich um die Motive, dass Pilatus von seiner Frau eindringlich vor der Hinrichtung Jesu gewarnt wird und selber seine Hände in Unschuld wäscht. Diese Hinzufügungen sind von dem Ansinnen geleitet, die Römer von der Schuld am Tod Jesu zu entlasten und die Juden mit verheerenden Folgen zu den allein Verantwortlichen zu erheben. In den neutestamentlichen Apokryphen setzt sich diese Entschuldungsstrategie fort. Nach Darstellung der apokryphen Pilatusakten, bei denen es sich über weite Strecken um fiktive Protokolle zum Prozess Jesu handelt, versucht der Statthalter mit allen Mitteln, sich dem Vollzug der Kreuzigung zu verweigern. Pilatus vermag immer wieder nur die Unschuld Jesu festzustellen. Schließlich verweisen die jüdischen Ankläger auf königlich-messianische Ansprüche Jesu und drohen Pilatus mit dem Kaiser. In anderen altkirchlichen Legenden beantragt Pontius Pilatus sogar, dass der Senat in Rom den gekreuzigten Jesus zum Gott erklärt. Bei kritischer Analyse des Passionsberichtes der Evangelien und Heranziehung der jüdischen Quellen stellt sich seine Person ganz anders dar. Pontius Pilatus beschwor während seiner gesamten Amtszeit immer wieder durch provokative Demonstrationen kaiserlicher Macht schwerwiegende Konflikte herauf und neigte zu unverhältnismäßiger Gewaltanwendung.

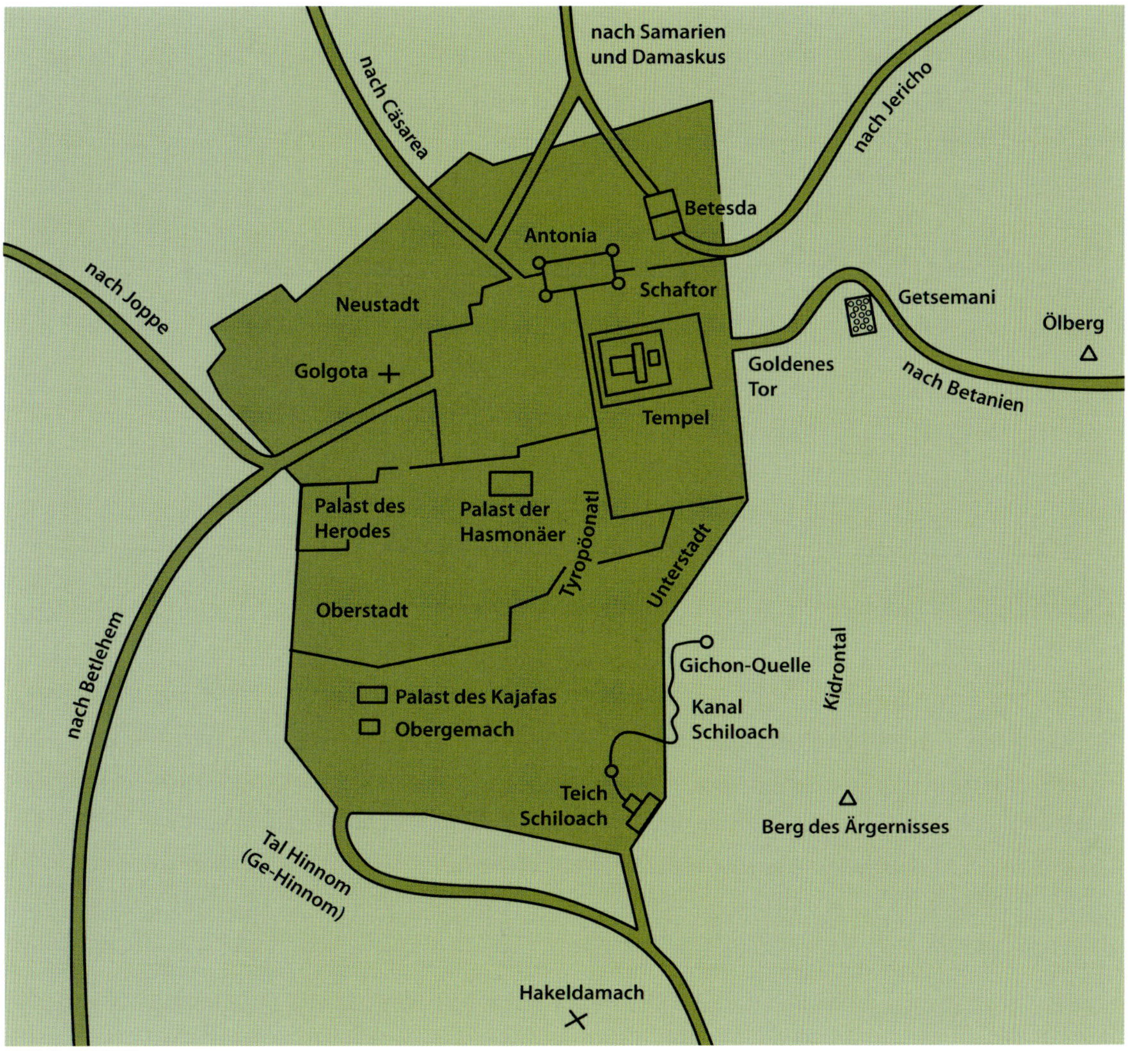

Jerusalem im
1. Jahrhundert n. Chr.

Dass Pontius juristisch die Verantwortung für die Hinrichtung Jesu trug, steht außer Zweifel. Neben den biblischen Schriften bezeugt dies auch der römische Geschichtsschreiber Tacitus in seinen Annalen. Allein der römische Statthalter verfügte in der Provinz Judäa über die Schwertgewalt. Jesus wurde von einem Wachkommando des Synhedrions in Fesseln an Pontius Pilatus überstellt. Vor dem Prätorium erstreckte sich eine als Gabbatha (Anhöhe) bezeichnete ebene Fläche, die mit Steinplatten gepflastert war (Joh 19,13). Dort stand der Richterstuhl, auf dem Pontius Pilatus am Vormittag des Karfreitags das Todesurteil über Jesus von Nazaret und drei weitere Aufrührer fällte. Nach übereinstimmendem Zeugnis der Evangelien führte Pontius Pilatus anschließend eine Volksbefragung durch, die auf die Begnadigung von einem der zum Tode verurteilten Unruhestifter abzielte. Zur Wahl standen Barabbas und Jesus. Pontius Pilatus könnte sich an der Praxis der Festtagsamnestie orientiert haben, wie sie allerdings erst im Recht der späten Kaiserzeit belegt ist. Wenn Barabbas, bei

Fünfte Station des Kreuzesweges in Jerusalem, wo Simon aus Kyrene das Kreuz von Jesus nahm und es nach Golgota trug

dem es sich wahrscheinlich um einen Zeloten handelte, aus dem Volksentscheid als Sieger hervorging, ist dies nicht überraschend. Vermutlich wohnten der öffentlichen Gerichtsverhandlung vor dem Prätorium viele Sympathisanten der zelotischen Bewegung bei, während die Anhänger Jesu längst das Weite gesucht hatten. Zudem hatte Jesus mit seiner Tempelkritik sicher auch die Stadtbevölkerung Jerusalems, deren wirtschaftliche Existenz eng mit dem Florieren des Heiligtums verknüpft war, gegen sich aufgebracht.

Das Lukasevangelium bietet eine in ihrem geschichtlichen Wert umstrittene Zusatzinformation. Als Pontius Pilatus erfährt, dass Jesus aus Galiläa stammt, überstellt er ihn an seinem Landesherrn Herodes Antipas, der anlässlich des Passahfestes in Jerusalem weilt. Herodes Antipas stellt eine Reihe von Fragen an Jesus, doch dieser schweigt hartnäckig. Aus Enttäuschung darüber verspottet der Herrscher den Gefangenen und sendet ihn zu Pontius Pilatus zurück (Lk 23,6–12). Wenn die Szene historisch sein sollte, müsste sie sich im einstigen Hasmonäerpalast abgespielt haben, der in der Zeit der römischen Provinz Judäa den Mitgliedern des herodianischen Königshauses als Jerusalemer Residenz diente. Flavius Josephus verbürgt, dass Herodes Antipas zu hohen Festen nach Jerusalem kam. Ein Interesse von Herodes Antipas, Jesus persönlich in Augenschein zu nehmen, wäre nicht verwunderlich. Er hatte Johannes den Täufer, den Lehrer Jesu, hinrichten lassen und auch Jesus selbst in Galiläa nach dem Leben getrachtet (Lk 13,31). Andererseits trägt die gesamte Szene deutlich die Handschrift des Lukas und könnte erst auf ihn zurückgehen.

Nach Zeugnis der Evangelien wurde Jesus als vermeintlicher König der Juden zum Tode verurteilt und dies wurde mit einer Holztafel am Kreuz für alle sichtbar gemacht. Die Praxis, am Kreuz eine Schuldtafel anzubringen, ist ausschließlich im Zusammenhang mit dem Tod Jesu belegt. Einzelne Bibelwissenschaftler und Historiker halten die Kreuzesinschrift daher für ein Produkt erzählerischer Fantasie. Allerdings gibt es in der antiken Literatur Belege dafür, dass Delinquenten auf dem Weg zur Hinrichtung eine den Grund des Todesurteils benennende Holztafel vorangetragen oder umgehängt wurde, um ihr Vergehen öffentlich zu machen. Die INRI-Inschrift am Kreuz wie die gesamte Darstellung des Prozesses Jesu deuten darauf hin, dass Pontius Pilatus das Todesurteil über Jesus verhängte, weil er ihn für einen Aufrührer und Unruhestifter mit politisch-messianischen Ansprüchen hielt. Jesus selbst hat sich vor Pontius Pilatus nicht klar von diesen Vorwürfen distanziert.

Kreuzesweg und Hinrichtung auf Golgota

Die Kreuzigung Jesu vollzog sich auf Golgota. Dabei handelte es sich um einen weithin sichtbaren Felsen im Westen Jerusalems, der zu einem alten Steinbruch gehörte und den Römern als Hinrichtungsstätte diente. Der nur aus der christlichen Traditionsliteratur bekannte Name Golgota bedeutet Schädel (Lk 23,33) und verdankt sich wahrscheinlich der schädelförmigen Gestalt des Felsplateaus. Unter dem Einfluss des lateinischen Wortes für Schädel (calvaria) hat sich für den Golgotahügel auch der Begriff Kalvarienberg eingebürgert. In den Tagen Jesu lag Golgota noch außerhalb der Stadtmauern. Bald darauf entstand dort im Zuge der Erweiterung Jerusalems durch Agrippa I. ein neues Wohnviertel, das mit der Dritten Mauer eingefasst wurde. Nach der Neugründung Jerusalems als Aelia Capitolina unter Kaiser Hadrian wurde das Gelände von Golgota aufgeschüttet und auf der neu entstandenen Ebene ein Aphroditeheiligtum errichtet. Als im Jahr 325 n. Chr. im Anschluss an das Konzil von Nizäa die Suche nach den heiligen Stätten des Wirkens Jesu in Jerusalem einsetzte, kam es in unmittelbarer Nähe des Grabes Jesu auch zur vermeintlichen Wiederentdeckung des Felsens von Golgota, der beim Bau der konstantinischen Grabeskirche in diese integriert wurde. Nach den Evangelienberichten bot das Plateau von Golgota Platz für drei Kreuze und war leicht zugänglich. Auf die kleine und nach den Seiten hin steil abfallende Kuppe, die mit der Golgotakapelle der Grabeskirche überbaut wurde, trifft beides nicht zu. Sofern der Fels nicht beim Bau der Grabeskirche seitlich massiv behauen wurde, kommt er als Ort der Kreuzigung nicht in Betracht. Wahrscheinlich befand sich der Golgotahügel, auf dem Jesus hingerichtet wurde, an einer nahe gelegenen anderen Stelle des Steinbruchgeländes.

Golgota lag nur wenige 100 Meter Luftlinie vom Prätorium im ehemaligen Herodespalast entfernt. Gemeinsam mit Jesus wurden zwei weitere Aufrührer hingerichtet, die nach den apokryphen Pilatusakten die Namen Gestas und Dysmas trugen. Da die römische Staatsgewalt auf die abschreckende Wirkung von Hinrichtungen setzte, um in den unterworfenen Provinzen jeden Gedanken an Rebellion im Keim zu ersticken, wird der Gang nach Golgota nicht auf direktem Weg erfolgt sein. Vermutlich ließ Pontius Pilatus die drei von der Geißelung schwer gezeichneten Delinquenten auf Umwegen durch die von Festpilgern überfüllten Straßen Jerusalems nach Golgota führen, um eine möglichst große Öffentlichkeitswirkung zu erreichen. Während die Längsbalken der Kreuze fest im Boden von Golgota verankert waren, mussten die Delinquenten die Querbalken selbst dorthin tragen. Offenbar in der Nähe des nordwestlichen Stadttores, durch das man Jerusalem in Richtung Golgota verließ, brach Jesus unter dem Gewicht des Kreuzesbalkens zusammen. Die römischen Soldaten zwangen kurzerhand den zufällig vorbeikommenden Diasporajuden Simon aus Kyrene, der zwei Söhne namens Alexander und Rufus hatte, zum Tragen des Balkens. Im Kidrontal wurde 1942 ein Gebeinkasten aus Kalkstein gefunden, der seitlich die Aufschrift »Alexander (Sohn) des Simon« und auf dem Deckel die Worte »Alexander (der) Kyrenäer« trägt. Dabei dürfte es sich um den Sarg des in Mk 15,21 erwähnten Sohnes des Simon von Kyrene handeln.

Die Kreuzigung, der in der Regel eine Geißelung vorausging, war im römischen Recht die mit Abstand grausamste und unehrenhafteste Form der Hinrichtung. Mit dem Tod am Kreuz ahndete die römische Gerichtsbarkeit Kapitaldelikte wie Mord, Tempelraub, Hochverrat oder Aufruhr. An zum Tode verurteilten Personen, die das römische Bürgerrecht besaßen, wurde die Kreuzigung in der frühen Kaiserzeit normalerweise nicht vollzogen, sondern das Urteil durch die vergleichsweise humanere Enthauptung vollstreckt. Bei der Kreuzigung nagelte oder band man den Verurteilten an den ausgestreckten Armen an einen Querbalken, der an einem bereits im Boden befindlichen Holzpfahl befestigt wurde. Meist stützte ein am Pfahl angebrachter Holzklotz als eine Art Sitzbrett den Körper ab. Dies diente zur Erleichterung, verlängerte aber den Todeskampf. Der Tod trat erst nach langen Qualen durch Ersticken oder Kreislaufzusammenbruch ein. Der römische Rhetoriker Quintilian preist die Kreuzigung als gutes Werk und fordert, dass die Kreuze zur Abschreckung an den verkehrsreichsten Straßen stehen sollten. Dieses Kriterium wurde von Golgota erfüllt, das nahe einer stark frequentierten Ausfallstraße aus Jerusalem lag. Nicht selten verweigerten die Behörden den Hinterbliebenen die Bestattung der Hingerichteten, sodass die am Kreuz hängenden Leichname zum Fraß der Vögel wurden und einen verheerenden Anblick boten. Cicero hält schon die Erwähnung des Kreuzes für eine Sache, die eines römischen Bürgers und freien Mannes unwürdig sei.

Im Jahr 1968 wurde in einem Grab im Nordosten Jerusalems der Steinsarg eines im Alter von etwa 30 Jahren verstorbenen Mannes namens Jochanan entdeckt, dessen Knochenreste die Spuren der Kreuzigung tragen. Dieser Fund aus dem 1. Jahrhundert n. Chr. liefert erstmals konkrete Hinweise darüber, wie die Römer in den Tagen Jesu in Judäa Gefangene an das Kreuz nagelten. Die von einem knapp zwölf Zentimeter langen Eisennagel durchbohrten Knochen des Mannes wurden als sein rechtes und linkes Fersenbein bestimmt. Dabei zeigte sich, dass die beiden Fersen beim Annageln mit der Innenseite aufeinander lagen, was auf eine seitliche Befestigung der Füße am Längspfahl schließen lässt. Am Nagel befanden sich noch Holzreste vom Kreuz. Spuren an der unteren Speiche des rechten Armes legen die Vermutung nahe, dass Jochanan am Unterarm an den Querbalken angenagelt war. Anders als bei Jesus (Joh 19,33) waren ihm zur Verkürzung des Todeskampfes gewaltsam die Knochen gebrochen worden. Dadurch vermochten sich die Delinquenten nicht mehr hochzuziehen und erstickten nach einiger Zeit.

Nachdem das römische Kreuzigungskommando seine grausame Aufgabe erledigt hatte, verteilten die Soldaten per Los die wenigen Habseligkeiten der Hingerichteten unter sich. Nach dem Zeugnis der drei ersten Evangelien starb Jesus mit dem verzweifelten Gebetsruf »Mein Gott, mein Gott, warum hast du mich verlassen« aus Psalm 22 auf den Lippen. Während die Mehrzahl der Jünger schon in Getsemani das Weite gesucht hatte und sich die Spur des Petrus mit der Verleugnungsszene verliert, wohnte die Frauengruppe um Maria Magdalena, die Jesus von Galiläa nach Jerusalem gefolgt war, aus der Ferne der Kreuzigung bei (Mk 15,40). Die Frauen brachten damit einen Mut auf, den man bei den Jüngern vergeblich sucht. Noch näher konnten sie sich kaum an das Kreuz heranwagen, da das Trauern über Gekreuzigte ein gefährlicher Akt der Solidarisierung war, der die betreffenden Personen schnell selbst in das Fadenkreuz der römischen Justiz geraten ließ. Skepsis ist gegenüber der nur vom Johannesevangelium überlieferten Nachricht angebracht, dass die Mutter Jesu und der sogenannte Lieblingsjünger unter dem Kreuz ausharrten.

Die Grablegung Jesu

Nachdem Jesus am Kreuz gestorben war, erbat Josef von Arimatäa von Pontius Pilatus den Leichnam zur Bestattung. Die Ausrichtung eines Begräbnisses für verstorbene Personen, deren Familienangehörige dazu nicht in der Lage waren, zählte im antiken Judentum zu den allgemein vorgeschriebenen Liebeswerken. Josef von Arimatäa, der als Mitglied des Synhedrions eine einflussreiche Persönlichkeit war, besaß in der Nähe von Golgota eine Grabstätte. Dabei handelte es sich um ein in den Felsen geschlagenes Kammergrab, das man betreten konnte und dessen Eingang zum Schutz gegen Tiere mit einem Rollstein verschlossen war.

Dass Pontius Pilatus den Leichnam Jesu freigab, ist keineswegs selbstverständlich. Es entsprach römischer Praxis, Gekreuzigte zur Abschreckung auch nach Eintritt des Todes noch am Kreuz hängen lassen. Soldaten wachten darüber, dass niemand unbefugt den Leichnam zum Zweck der Bestattung abnahm. In der Provinz Judäa dürften die Römer allerdings mit Blick auf die jüdischen Religionsgesetze weit-

Dieser durchnagelte Fußknochen eines ungefähr 30-jährigen Mannes wurde in einem Grab aus der Zeit des Herodes nordöstlich von Jerusalem gefunden.

Das 1876 entdeckte Gartengrab in Jerusalem nördlich des Damaskustores vermittelt einen Eindruck über die Gestalt von Gräbern zur Zeit Jesu.

reichende Zugeständnisse gemacht haben. Flavius Josephus zufolge wurden die Leichen der zum Kreuzestod Verurteilten im Allgemeinen vor Sonnenuntergang vom Kreuz abgenommen und beigesetzt. Im Hintergrund stand die Vorschrift aus dem Buch Deuteronomium, dass hingerichtete und dann am Holz hängende Personen dort nicht über Nacht verbleiben, sondern noch am selben Tage begraben werden sollen, damit das Land nicht unrein gemacht wird (Dtn 21,22–23). Diese Aussage bezog sich ursprünglich auf gesteinigte Personen, die man am Holze hängend zur Schau stellte. In der Zeit der römischen Herrschaft wurde sie auch auf Gekreuzigte angewendet.

Jesus wurde nach übereinstimmendem Zeugnis aller Evangelien an einem Freitag ans Kreuz geschlagen und hauchte in den Nachmittagsstunden desselben Tages nach qualvollem Todeskampf sein Leben aus. Mit Sonnenuntergang begann der Sabbat, an dem Bestattungen nicht erlaubt sind. Angesichts dieser Rahmenbedingungen war klar, dass die Grablegung Jesu in aller Eile erfolgen musste. Nach Darstellung des Markusevangeliums kaufte Josef von Arimatäa ein Leinen und hüllte den Leichnam Jesu ohne vorherige Totensalbung darin ein. Nackt beigesetzt zu werden, hätte eine Schande dargestellt. Im Jahr 2000 wurde in einem Grab in Hakeldamach ein Leichentuch aus den Tagen Jesu entdeckt. Es handelt sich um den bislang einzigen Fund dieser Art in Jerusalem. Der Bericht des Johannesevangeliums über die Bestattung Jesu fällt in entscheidenden Punkten anders aus. Neben Josef von Arimatäa ist dort der ebenfalls dem Synhedrion angehörende Pharisäer Nikodemus an der Grablegung beteiligt. Er bringt eine ungewöhnlich große Menge von Myrrhe und Aloe mit. Diese aromatischen Substanzen wurden in pulverisierter Form auf die Grabtücher aufgebracht, um den Leichengeruch zu überdecken. Myrrhe ist ein wohlriechendes Harz, bei Aloe handelt es sich um eine intensiv duftende Holzart. Außerdem spricht Johannes von mehreren Tüchern, mit denen der Körper des Toten umhüllt wurde, und gibt in der Geschichte vom leeren Grab zu erkennen, dass Jesus vor der Bestattung auch ein Schweißtuch um den Kopf gewickelt wurde.

Das Grab Jesu befand sich in unmittelbarer Nähe von Golgota (Joh 19,41). Drei unterschiedliche Grabstätten in Jerusalem werden in Erwägung gezogen. Aller Wahrscheinlichkeit nach wurde Jesus in jener Gruft beigesetzt, die seit ältester Zeit als seine Grabstätte verehrt und unter Kaiser Konstantin mit der Grabeskirche überbaut wurde. Das 1867 nördlich des Damaskustores entdeckte, in einer gepflegten Parkanlage gelegene Gartengrab hingegen vermittelt zwar einen anschaulichen Eindruck von einem Felsengrab aus neutestamentlicher Zeit, kommt aber schon wegen der relativ großen Entfernung zu Golgota nicht ernsthaft als Begräbnisstätte Jesu in Betracht. Als Fantasiegebilde erwies sich die von Simcha Jakobovici und James Cameron in dem Dokumentarfilm »The Burial Cave of Jesus« (2007) medienwirksam verbreitete These, ein 1980 im Jerusalemer Vorort Talpiot entdecktes Familiengrab habe Jesus, Maria Magdalena und einem gemeinsamen Sohn namens Jehuda als letzte Ruhestätte gedient.

Sagenumwobene Passionsreliquien

Umstritten ist die Frage, ob sich unter den unzähligen Passionsreliquien, die in Umlauf sind, auch authentische Relikte des Leidens Jesu finden. Besondere Berühmtheit erlangten das Schweißtuch der Veronika, die Kreuzestafel aus Rom, das Grabtuch von Turin, das Bluttuch von Oviedo und das Muschelseidentuch von Manoppello.

Das im 13. Jahrhundert von Papst Innozenz III. für echt erklärte Tuch der Veronika war die meistverehrte Reliquie im Mittelalter und zog Millionen von Rompilgern in seinen Bann. Bis heute wird die im Veronikapfeiler des Petersdoms verwahrte Reliquie den Gläubigen alljährlich zur Fastenzeit gezeigt, doch lassen sich auf dem ergrauten Tuch allenfalls noch verschwommene Konturen des Gesichtes Jesu ausmachen. Veronika, die im Neuen Testament noch namenlos bleibende blutflüssige Frau, wurde allerdings erst spät mit einem Christusbild in Verbindung gebracht. Eine Legende aus dem 6. Jahrhundert erzählt, wie der schwer erkrankte Kaiser Tiberius beim Anblick eines Gemäldes mit dem Porträt Jesu, das Veronika zur Erinnerung an ihre Heilung hatte anfertigen lassen, sofort gesund wird. In der Folgezeit wurde die Geschichte weitergesponnen und aus dem Gemälde eine Passionsreliquie gemacht.

Man wusste sich nun zu erzählen, dass Veronika sich mit der Leinwand gerade zum Maler begeben wollte, als ihr Jesus auf seinem Kreuzesweg entgegen kam. Da habe sie dem Herrn die Leinwand gereicht, damit der sich Schweiß und Blut aus dem Gesicht wischen konnte, und später festgestellt, dass sich das Antlitz Jesu sichtbar in das Tuch eingeprägt hatte. Schon die Tatsache, dass in der älteren Tradition noch von einem Gemälde die Rede war, weist das Tuch der Veronika als frühmittelalterliche Fälschung aus. Bei der Veronikaerzählung handelt es sich um eine fromme Legende ohne geschichtlichen Wert, die allerdings als sechste Station der Via Dolorosa in Jerusalem zu Bedeutung gelangte.

In Rom wurde 1492 bei Bauarbeiten in der Basilica »Santa Croce in Gerusalemme« das Teilstück einer Kreuzestafel entdeckt, das Papst Alexander VI. wenige Jahre später in den Rang einer authentischen Passionsreliquie erhob. Das Fragment besteht aus Walnussholz, das in hebräischer, griechischer und lateinischer Sprache Teile der Inschrift »Jesus der Nazarener, König der Juden« bietet. Dass der Titulus am Kreuz dreisprachig abgefasst war, überliefert im Neuen Testament nur das Johannesevangelium (Joh 19,20). Auffällig ist, dass der auf dem Holzbrett in Rom befindliche Text nicht nur im Hebräischen, sondern fälschlicherweise auch im Griechischen und Lateinischen von rechts nach links geschrieben ist. Das Alter der Kreuzestafel lässt sich nicht bestimmen. Für einen Radiokarbontest zur Altersbestimmung steht sie nicht zur Verfügung. Befürworter der Echtheit versuchen den Eindruck zu vermitteln, in den alten Berichten von der Kreuzauffindung in den Tagen Konstantins des Großen werde bezeugt, dass Konstantins Mutter Helena die Kreuzestafel teilte und die eine Hälfte mit in ihre Residenz nach Rom nahm. Wenn dem so wäre, dann führte in der Tat eine direkte Verbindungslinie von den in Jerusalem angeblich aufgefundenen Kreuzesreliquien zu der Kreuzestafel in Rom, zumal die Basilica »Santa Croce in Gerusalemme« auf Helenas ehemaligem Anwesen errichtet wurde. In Wirklichkeit sprechen die Quellen nur davon, dass Helena einen Teil des Kreuzes und die Nägel an Konstantin sandte, während sie über den Verbleib der Kreuzestafel nichts verlauten lassen. Auch die in allen drei Sprachen von rechts nach links erfolgende Schreibweise auf der Kreuzesinschrift aus Rom stellt kaum ein Indiz für deren Echtheit dar. Dieses Kuriosum soll wohl nur den Eindruck erwecken, dass die als mittelalterliche Fälschung einzustufende Tafel von einem des Griechischen wie Lateinischen nicht kundigen Bewohner Jerusalems erstellt wurde.

Das Grabtuch von Turin ist die mit Abstand berühmteste Reliquie der Christenheit. Millionen von Menschen machen sich bei jeder Ausstellung auf den Weg nach Turin, um sie in Augenschein zu nehmen und sich von ihrer Ausstrahlungskraft ergreifen zu lassen. Auf dem Grabtuch zeichnen sich in unscharfen Umrissen der Körper und das Gesicht eines gekreuzigten Mannes ab. Zum Mythos wurde das Grabtuch, als sich 1898 bei ersten Fotoaufnahmen herausstellte, dass auf dem Fotonegativ mit Umkehrung der Helligkeitswerte ein gestochen scharfes Bild des einst in das Leinen gehüllten Mannes sichtbar wird. Dieses Phänomen bleibt bis heute rätselhaft. Ein Radiokarbontest, dessen Seriosität allerdings auch von Wissenschaftlern in Zweifel gezogen wird, kam 1988 zu dem Ergebnis, dass das Grabtuch aus dem Zeitraum zwischen 1260 und 1390 stammt. Lässt man ihn außen vor,

»Das Schweißtuch der Veronika«: Kupferstich von Charles Simonneau aus dem Jahr 1729 nach einem Gemälde von Domenico Fetti

dann deutet die Summe der Indizien darauf hin, dass in das heute als Grabtuch von Turin verehrte Leinen der Leichnam eines Mannes eingehüllt war, der in der Antike in Palästina gekreuzigt wurde. Damit besteht durchaus die theoretische Chance, dass es sich um das Grabtuch Jesu handelt. Sichere Beweise dafür gibt es angesichts der Vielzahl von Kreuzigungen, die während der römischen Herrschaft vorgenommen wurden, nicht. Allerdings weisen die offensichtlichen Spuren einer Dornenkrönung und die wohl aus einer Seitenwunde resultierende Blutmenge im Leinen auf Jesus von Nazaret hin. Auf die Frage, wie das Abbild des Gekreuzigten auf das Leinen gelangte, gibt es bislang keine überzeugende wissenschaftliche Erklärung. Im Falle seiner Echt-

Das Fotonegativ des Turiner Grabtuches lässt das Gesicht eines Mannes erkennen, das von Gläubigen als Antlitz Jesu verehrt wird.

heit würde das Grabtuch von Turin aber keinen Beweis für die Auferstehung Jesu darstellen. Die von einzelnen Grabtuchforschern vertretene Theorie, das Bild im Grabtuch sei das Ergebnis der vom Auferstehungsleib Jesu am Ostermorgen freigesetzten Strahlungsenergie, bleibt reine Spekulation. Genaueren Aufschluss über das tatsächliche Alter der Reliquie könnte nur eine Wiederholung des Radiokarbontests unter verbesserten Rahmenbedingungen und fachkundiger Aufsicht geben. Ob es dazu jemals kommen wird, steht allerdings in den Sternen.

In der spanischen Stadt Oviedo wird seit dem frühen Mittelalter ein Bluttuch verehrt, bei dem es sich um das im Johannesevangelium erwähnte Schweißtuch aus dem Grab Jesu handeln soll. Das stark verschmutzte Leinentuch scheint den aufgrund von Verletzungen blutbedeckten Kopf eines männlichen Erwachsenen umgeben zu haben. Gerichtsmedizinische Untersuchungen zeigten, dass die Blutflecken in Analogie zu denen im Grabtuch von Turin der Blutgruppe AB zuzuordnen sind. Darüber hinaus gibt es zahlreiche weitere Übereinstimmungen zwischen beiden Reliquien. Allerdings führte ein Radiokarbontest zu dem Ergebnis, dass das Bluttuch von Oviedo aus dem 7. Jahrhundert stammt. Auch hier wird das Testergebnis infrage gestellt und die Vermutung geäußert, dass eine Kontamination des Gewebes zu einer falschen Datierung geführt haben könnte. Anders als beim Grabtuch von Turin deutet allerdings nichts darauf hin, dass bei dem Radiokarbontest unsachgemäß vorgegangen wurde.

Alternativ zum Bluttuch von Oviedo wird seit einiger Zeit das Muschelseidentuch von Manoppello als das Schweißtuch aus dem Grab Jesu ins Gespräch gebracht. Das auch als Volto Santo (Heiliges Antlitz) bekannte Objekt zeigt das geschundene und blutbefleckte Gesicht eines Mannes mit langen Haaren und Bart, dessen Nase gebrochen zu sein scheint. Daran, dass eine Abbildung Jesu vorliegt, können kaum Zweifel bestehen. Bei dem Material handelt es sich um kostbare Muschelseide, die aus den hauchdünnen und doch äußerst widerstandsfähigen Ankerfäden der im Mittelmeer anzutreffenden Steckmuschel gewonnen wird. Der Stoff des Tuches schimmert und changiert in unterschiedlichen Rot- und Brauntönen. Bei Gegenlicht verschwindet das Antlitz völlig und das Material wird durchsichtig wie klares Glas. Das Bild wird seit dem 17. Jahrhundert in der schlichten Kirche des kleinen Abruzzendorfes Manoppello aufbewahrt, die zu einem angrenzenden Kapuzinerkloster gehört. Wie es dorthin kam, ist unklar. Versuche, die Geschichte des Tuches lückenlos bis in das Grab Jesu zurückzuverfolgen und plausibel zu machen, dass es bei der Bestattung Jesu in Höhe des Gesichtes über das heute in Turin aufbewahrte Grabtuch gelegt worden sei, erweisen sich als fantasiereiche Spekulation. Vermutlich ist das Muschelseidentuch von Manoppello das Werk eines mittelalterlichen Künstlers, der das Bildnis mit einer bislang allerdings noch nicht ergründeten Technik hergestellt hat.

Auferstehung und Himmelfahrt Jesu

Alle Evangelien stimmen darin überein, dass sich Maria Magdalena entweder allein oder in Begleitung weiterer Frauen am Tag nach dem Sabbat zum Grab Jesu begab. Dort stellte sie fest, dass der Stein vor der Grabkammer weggewälzt worden war, und empfing von einem Engel die Botschaft von der Auferstehung Jesu. Von den Jüngern, die wahrscheinlich nach Galiläa geflohen waren, ist in der ältesten Überlieferung keine Rede. Erst im Johannesevangelium werden Petrus und der Lieblingsjünger in die Geschichte vom leeren Grab integriert, um auch die männlichen Autoritäten als Zeugen der ersten Stunde am Ostergeschehen teilhaben zu lassen. An den Geschichten vom leeren Grab scheiden sich die Geister. Die einen sehen in ihnen das älteste Fundament des Osterglaubens, die anderen halten sie für späte Legenden, zumal sie im Erzählablauf einige Ungereimtheiten aufweisen. Die Beweiskraft der Erzählungen hält sich zumindest in Grenzen. Bereits die Geschichte von der Bestechung der Grabwache durch die jüdischen Autoritäten (Mt 28,11–15) spiegelt den weitverbreiteten Vorwurf wider, die Anhänger Jesu hätten seinen Leichnam gestohlen, um die Auferstehung vorzutäuschen. Das apokryphe Petrusevangelium aus dem späten 2. Jahrhundert beschreibt dann mit viel Fantasie erstmals konkret den Vorgang der Auferstehung Jesu, um solchen Verdächtigungen den Wind aus den Segeln zu nehmen. Die Grabwache wird dort von dem Hauptmann Petronius als besonders glaubwürdiger Autoritätsperson angeführt und ist um jüdische Würdenträger bereichert. Übereinstimmend berichten diese unverfänglichen Zeugen dem Statthalter Pontius Pilatus, wie sie mit eigenen Augen den Auferstandenen, gestützt von zwei Engeln, aus der Grabhöhle herauskommen sahen.

Ein festeres Fundament für den Osterglauben bieten die Berichte von Erscheinungen des Auferstandenen, die sich in Jerusalem, auf dem Weg nach Emmaus und auch in Galiläa zugetragen haben sollen. Nach den Evangelien des Matthäus und Johannes entdeckte Maria Magdalena am Ostermorgen nicht nur das leere Grab, sondern begegnete dort auch dem Auferstandenen. Lukas und Johannes berichten zudem von einer Erscheinung des Herrn vor dem Jüngerkreis, der sich in Jerusalem in einem geschlossenen Raum versammelt hatte. Bei Johannes schließt sich noch die Episode vom ungläubigen Thomas an. Seit dem 4. Jahrhundert n. Chr. wird der in der Oberstadt gelegene Raum, in dem Jesus mit den Jüngern das letzte Abendmahl gefeiert haben soll, als Ort dieses Geschehens vermutet. Der Apostel Paulus zitiert in seiner Korrespondenz mit den Korinthern eine alte Bekenntnistradition (1 Kor 15,5–8), die von unterschiedlichen Erscheinungen des auferstandenen Herrn vor seinen Anhängern spricht, allerdings die zentrale Rolle von Maria Magdalena verschweigt und keine Angaben zum jeweiligen Ort des Geschehens macht. In vielerlei Hinsicht rätselhaft bleibt die von Paulus erwähnte Erscheinung des auferstandenen Jesus vor 500 Anhängern, die sich in Jerusalem zugetragen haben dürfte und zuweilen mit dem Pfingstereignis in Verbindung gebracht wird. Schon in der Antike wurden die Berichte über Erscheinungen des Auferstandenen von den Gegnern des Christentums als Produkte übersteigerter Fantasie betrachtet. Wie bei vielen Gerichtsverhandlungen lässt sich das tatsächliche Geschehen nicht beweisen, sondern man ist auf Zeugenaussagen verwiesen und steht vor der Frage, inwieweit diesen Glauben geschenkt werden kann. Immerhin basiert die alte Bekenntnistradition aus dem 1. Korintherbrief auf dem Zeugnis von

»Der ungläubige Thomas«: Gemälde von Giovanni di Francesco Toscani, um 1420

von mehreren Hundert Personen, die beteuern, den auferstandenen Herrn gesehen zu haben.

Für das frühe Christentum bestand kein Zweifel daran, dass Jesus nach seiner Auferstehung zur Rechten Gottes erhöht wurde. Eines der ältesten Zeugnisse dafür ist der Christushymnus, den Paulus im Philipperbrief rezitiert (Phil 2,9). Diesen Erhöhungsvorgang scheint man sich als unsichtbare Aufnahme Jesu in den Himmel vorgestellt zu haben. Von einer allgemein sichtbaren Himmelfahrt Jesu, bei der dieser 40 Tage nach der Auferstehung vor den Augen seiner Getreuen auf einer Wolke entrückt wird, weiß im Neuen Testament allein Lukas zu berichten. Vermutlich ließ er sich dabei von antiken Entrückungslegenden aus dem Umfeld des Neuen Testaments inspirieren. Indem Lukas die Geschichte von der Himmelfahrt sowohl am Ende des Evangeliums (Lk 24,50–51) als auch zu Beginn der Apostelgeschichte (Apg 1,9–11) erzählt, verwendet er sie zur kunstvollen Verschränkung beider Teile seines Doppelwerks. Ort des Geschehens ist Betanien am Ölberg. Nachdem der Herr dort auf einer Wolke in die himmlische Herrlichkeit entschwunden ist, begeben sich die Jünger im Vertrauen auf seine endzeitliche Wiederkehr nach Jerusalem zurück, um Gott im Tempel zu preisen.

Herodes Agrippa I. Der letzte König von Judäa

Bei Nacht und Nebel muss Marcus Julius Agrippa Rom verlassen. Dort hat er in den besten Kreisen verkehrt und ein ausschweifendes Leben geführt, das seine finanziellen Möglichkeiten bei Weitem überstieg. An eine Rückzahlung der angehäuften Schulden ist nicht im Traum zu denken. Die Gläubiger hatten in den letzten Wochen jeden seiner Schritte argwöhnisch beobachtet, um ihn nicht entkommen zu lassen. Lange Zeit schützte ihn die enge Freundschaft mit dem Sohn des Kaisers Tiberius vor dem Zugriff der Geldeintreiber, doch nach dem überraschenden Tod von Drusus war alle Protektion dahin. Der überstürzte Aufbruch aus Rom führt ihn nach Idumäa in den letzten Winkel der östlichen Welt. Dort findet er Zuflucht auf der Burg Malatha südlich von Hebron. Es ist das Land der Ahnen, aus dem sein Urgroßvater Antipater einst ausgezogen war, um das Fundament für die herodianische Dynastie zu legen. Die Erleichterung hält nicht lange an. Ob er seine Verfolger wirklich abschütteln konnte, weiß er nicht. Die Einöde fernab der römischen Zivilisation schlägt ihm aufs Gemüt. In immer dunkleren Farben brennt sich das Bild einer Zukunft ohne Geld und gesellschaftliche Anerkennung in sein Denken ein. Als er seinem Leben gerade ein Ende setzen will, bringt eine Depesche aus Tiberias die nicht mehr für möglich gehaltene Wende: Herodes Antipas hat sich zur Hilfe durchgerungen und bietet ihm eine gut dotierte Stelle in seinem Verwaltungsapparat an. 15 Jahre später sitzt der um Haaresbreite dem Selbstmord entronnene Lebemann als Herodes Agrippa I. auf dem Königsthron in

»Der heilige Jakobus vor Herodes Agrippa«: Nach der Apostelgeschichte 12,1–2 ließ der letzte jüdische König Herodes Agrippa den Apostel Jakobus mit dem Schwert enthaupten. Jakobus wurde zu einem der ersten christlichen Märtyrer. Das in Silberblech getriebene Relief von Leonardo di Ser Giovanni aus dem Jahr 1371 schmückt den Silberaltar des heiligen Jakobus im Dom von Pistoia, Toskana.

Jerusalem und wird vom Volk umjubelt. Er regiert ein Reich, das von den Ausmaßen her fast dem Herrschaftsgebiet von Herodes dem Großen entspricht. Seinen einstigen Retter in höchster Not, Herodes Antipas, hat er längst beim Kaiser verleumdet, um ihn zu beerben. Nur drei Jahre sind ihm als letztem König von Judäa vergönnt, danach wird er völlig unvermittelt aus dem Leben gerissen. Die Geschichte von Herodes Agrippa I. bietet mit Geld, Intrigen, Macht und Tragik die Zutaten zum Stoff, aus dem die Mythen sind.

Jugendjahre in Rom und Flucht vor Gläubigern

Herodes Agrippa I. war ein Enkel von Herodes dem Großen. Sein Vater Aristobul stammte aus der Ehe des Königs mit der Hasmonäerprinzessin Mariamme. Nachdem Aristobul gemeinsam mit seinem Bruder Alexander von Herodes dem Großen wegen Hochverrats zum Tode verurteilt und hingerichtet worden war, ließ sich seine Witwe Berenike mit ihren Kindern dauerhaft in Rom nieder. Dort pflegte sie intensive Kontakte zum kaiserlichen Hof. Zu ihren engsten Freundinnen zählte Antonia, die Frau des älteren Bruders von Kaiser Tiberius, die eine Tochter von Marcus Antonius und eine Nichte von Kaiser Augustus war. Agrippa I. wuchs damit in den höchsten Gesellschaftskreisen Roms auf. Er wurde gemeinsam mit Antonias Sohn, dem späteren Kaiser Claudius, erzogen. Zudem verband ihn mit Drusus, dem 23 n. Chr. verstorbenen Sohn des Tiberius, seit Kindheitstagen eine innige Freundschaft. Nach dem Tod seiner Mutter kultivierte Agrippa I. einen verschwenderischen Lebensstil, der seine Vermögensverhältnisse bei Weitem überstieg. Auf der Flucht vor seinen Gläubigern war er in Idumäa kurz davor, seinem Leben ein Ende zu setzen. Rettung brachte sein Schwager Herodes Antipas, der ihm finanziell unter die Arme griff und ihn als Marktaufseher in der Residenzstadt Tiberias einsetzte. Dort kam es allerdings bald zum Zerwürfnis, was die Geldsorgen Agrippas weiter ansteigen ließ. Nach einem Intermezzo am Hof des Statthalters in Antiochia, das ebenfalls im Streit endete, stand er erneut mittellos da und entschloss sich zur Rückkehr nach Rom. In Ptolemais, dem heutigen Akko, musste er sich von einem freigelassenen Sklaven seiner Mutter Geld für die Weiterreise leihen. Als er in Gaza ein Schiff gen Westen bestieg, nahm ihn der römische Kommandant Capito wegen unbeglichener Schulden gegenüber der Staatskasse in Beugehaft. Agrippa I. gelang auf dem Seeweg die Flucht nach Alexandria, wo ihm der Bruder des berühmten Religionsphilosophen Philo mit einer größeren Geldsumme die Schiffspassage nach Rom ermöglichte. Dort konnte er durch einen von Antonia gewährten Kredit die größten Verbindlichkeiten begleichen. Er verkehrte am Hof von Kaiser Tiberius und gewann das Vertrauen von dessen Enkel Caligula, den er mit seiner durch Aufnahme neuer Schulden finanzierten Freigiebigkeit beeindruckte. Als sich nun sein Geschick endlich zum Guten zu wenden schien, kam der nächste Tiefschlag. Bei einer Ausfahrt mit Caligula durch Rom wünschte Agrippa diesem die baldige Thronbesteigung, wurde vom Kutscher bei Kaiser Tiberius denunziert und landete wegen Hochverrats hinter Gittern.

Vom Lebemann zum König in Jerusalem

Der rasante Aufstieg von Herodes Agrippa I. begann 37 n. Chr. mit dem Tod des Tiberius und der Inthronisation Caligulas. Nun kamen dem jüdischen Lebemann seine vorzüglichen Kontakte zum römischen Kaiserhaus endlich zugute. Er wurde von Caligula sofort aus der Haft entlassen und zur Erinnerung daran, dass Tiberius ihn in Ketten gelegt hatte, mit einer aus purem Gold gefertigten Kette beschenkt. Gleichzeitig setzte Caligula ihn zum König über das Herrschaftsgebiet des Philippus ein, das die nordöstlich des Sees Gennesaret gelegenen Teile des alten Herodesreichs umfasste. Dieses Territorium stand, nachdem Philippus kinderlos gestorben war, unter Verwaltung des Statthalters von Syrien. Zwei Jahre später wurde dem Königreich Agrippas auch das Herrschaftsgebiet seines Schwagers Herodes Antipas zugeschlagen, den er bei Caligula der Konspiration mit den Parthern bezichtigt hatte. Herodes Antipas hatte zuvor eine vernichtende Niederlage gegen die Nabatäer erlitten und war in den Augen Roms seiner Aufgabe, die Ostgrenze des Reichs zu sichern, nicht mehr gewachsen. Dennoch bemühte er sich auf Drängen seiner Ehefrau Herodias beim Kaiser um die Verleihung des Königstitels, der ihm während seiner mehr als 40-jährigen Regierungszeit von den Römern vorenthalten worden war. Die Verleumdung durch Agrippa I. war das endgültige Ende seiner Herrschaft. Herodes Antipas musste abdanken und wurde vom Kaiser nach Gallien verbannt.

Den Herrschaftswechsel von Caligula zu Claudius vermochte Agrippa I. zum weiteren Ausbau seiner Macht zu nutzen. Claudius litt seit seiner Kindheit an einem Sprachfehler und einer Gehbehinderung, sodass die kaiserliche Familie seit jeher mit Geringschätzung auf ihn herabblickte, obwohl er über eine hervorragende Ausbildung und ausgeprägte geistige Fähigkeiten verfügte. Augustus und Tiberius hatten ihm systematisch den Zutritt zu allen bedeutsamen Ämtern verwehrt. Sie fürchteten, er könne das Kaiserhaus in der Öffentlichkeit zum Gespött der Leute machen. Erst unter seinem Neffen Caligula war Claudius in das langersehnte Amt des Konsuls aufgestiegen und Mitglied des Senats geworden. Nach dem Attentat auf Caligula fürchtete Claudius um sein Leben und verbarg sich im Palast hinter einem Vorhang. Ehe er wusste, wie ihm geschah, zerrten ihn Soldaten der Prätorianergarde aus seinem Versteck hervor und riefen ihn zum Kaiser aus. Nach den Erfahrungen mit Caligula gab es im Senat allerdings eine starke Strömung, die sich für eine Beseitigung des Kaisertums und eine Wiederherstellung der Republik

Der römische Kaiser Claudius setzte den in Rom aufgewachsenen Herodes Agrippa als König über die Provinz Jüdäa ein. Zeitgenössische Porträtbüste des Claudius aus Marmor

In der Stadt Tiberias begann Herodes Agrippa seine Karriere als Marktaufseher. Mit Mosaiken verzierte Thermenböden erzählen bis heute von der bewegten Vergangenheit der Stadt am See Gennesaret, die nach der Zerstörung Jerusalems zu einem wichtigen Zentrum wurde.

einsetzte. In dieser kritischen Situation erwies sich Agrippa I., der zu jenem Zeitpunkt zufällig in Rom weilte, als wichtiger Ratgeber und Unterstützer seines Freundes aus Kindheitstagen. Er ermutigte Claudius, die Gunst der Stunde zu nutzen, und hielt den Senatoren eindringlich vor Augen, dass der überraschend zum Kaiser Ausgerufene die geballte Macht des Militärs hinter sich hatte. Auf diese Weise wirkte Agrippa entscheidend daran mit, dass Claudius am nächsten Tag vom Senat tatsächlich als neuer Kaiser anerkannt wurde. Agrippa verhalf damit einer Person auf den Thron, die sich im Rückblick als einer der fähigsten Regenten in der langen Geschichte des römischen Kaiserreichs erwies.

Im Gegenzug übertrug ihm Claudius zusätzlich auch die Herrschaft über das ehemalige Reich des Archelaus, das seit 6 n. Chr. als Provinz Judäa unter der Verwaltung römischer Statthalter gestanden hatte. Für diesen Vorgang waren nicht nur Jugendfreundschaft und Dankbarkeit, sondern auch politische Erwägungen verantwortlich. Claudius hegte die berechtigte Erwartung, dass ein in Rom aufgewachsener hasmonäisch-herodianischer König am ehesten in der Lage sein werde, die römischen Herrschaftsinteressen in Judäa durchzusetzen und gleichzeitig die durch die Caligulakrise zum Brandherd gewordene jüdische Diaspora zu beschwichtigen. Bis zu seinem plötzlichen Tod im Jahr 44 regierte Agrippa I. somit von Jerusalem aus über ein Gebiet, das nahezu deckungsgleich mit dem Reich von Herodes dem Großen war.

Religionspolitik und Haltung zum Tempel

Mit der Einsetzung zum König über Judäa war automatisch die Kontrollfunktion über den Tempel verbunden. Herodes Agrippa I. vollzog mit großem Geschick den Spagat zwischen Judentum und hellenistisch-römischer Kultur. Außerhalb des jüdischen Kernlandes trat er als weltoffener Hellenist auf, stiftete Theater oder Amphitheater, nahm bei Münzprägungen keine Rücksicht auf das Bilderverbot und war auch für eine sakrale Überhöhung seiner Herrschaft empfänglich. In Jerusalem hingegen gab er sich als energischer Förderer von Gesetzesfrömmigkeit und Tempelkult. Bereits während der Caligulakrise hatte er sich als Fürsprecher für die jüdische Religion einen Namen gemacht, indem er mäßigend auf den Kaiser einwirkte und diesen dazu zu bewegen versuchte, von den Plänen zum Aufstellen seines Standbildes im Jerusalemer Tempel Abstand zu nehmen. Bei seiner Rückkehr aus Rom brachte Agrippa als neuer König von Judäa Dankopfer im Tempel dar und ermöglichte einer großen Zahl von Nasiräern (Num 6) den Abschluss ihrer frommen Gelübde, indem er das Geld für die dazu notwendigen Opfergaben bereitstellte. Zudem ließ er dem Tempel jene goldene Kette als Weihegeschenk zukommen, die ihm Caligula zur Erinnerung an den Gefängnisaufenthalt unter Tiberius geschenkt hatte. Die Kette wurde über der Schatzkammer aufgehängt und sollte den Tempelbesuchern ins Bewusstsein rufen, dass die größte Macht nicht vor dem Fall schützt und umgekehrt Gott den am Boden liegenden Menschen zu noch höherer Würde wieder aufzurichten vermag.

Bei der Neuordnung des Hohepriesteramtes versuchte der neue Regent sich gezielt in die Tradition seines Großvaters zu stellen. Er entzog das Amt der Familie des Hannas, aus deren Reihen nahezu alle Hohepriester seit Einrichtung der römischen Provinz Judäa stammten, und setzte mit Simon Cantheras einen Hohepriester aus der in den Tagen von Herodes dem Großen führenden Priesterfamilie des Boethus ein. Mit diesem Akt brachte Agrippa I. symbolträchtig zum Ausdruck, dass er sich nicht als Nachfolger der römischen Statthalter, sondern als Erbe des herodianischen Königtums verstand. Offenkundig hatte er dabei den Einfluss der Familie des Hannas unterschätzt, die bald darauf das Hohepriesteramt zurückeroberte.

Mit seiner Religionspolitik erwarb sich der König bei Sadduzäern wie Pharisäern höchstes Ansehen. Auch die Verfolgung der Christusgläubigen in Jerusalem, die mit ihren neuen Lehren eine Bedrohung für das traditionelle Judentum darstellten, stieß auf allgemeine Akzeptanz (Apg 12,1–3). Zudem verstand sich Agrippa I. als Anwalt aller Juden im Römischen Reich. Als der Synagoge von Dora eine Bildsäule des Kaisers Claudius aufgezwungen wurde, intervenierte er beim Statthalter von Syrien und erwirkte eine Rücknahme der Maßnahme. Die außerordentliche Beliebtheit des Königs, der sich als erster und einziger Herrscher aus der herodianischen Dynastie auf einen breiten Rückhalt im Volk stützen konnte, spiegelt sich in einer Geschichte aus der Mischna wider. Als Agrippa I. am letzten Tag des Laubhüttenfestes im Tempel öffentlich aus der Thora las und zu der Textstelle »Du darfst über dich keinen fremden Mann einsetzen, der nicht dein Bruder ist« (Dtn 17,15) kam, flossen bei ihm die Tränen. Er bezog diese Weisung aus dem Buch Deuteronomium auf sich selbst und schämte sich, wegen seiner idumäischen Wurzeln des Königtums über das jüdische Volk unwürdig zu sein. Daraufhin riefen ihm die Anwesenden zu: »Fürchte dich nicht, Agrippa, du bist unser Bruder, du bist unser Bruder!«

Befestigung Jerusalems und Aussenpolitik

Unter Agrippa I. wurde Jerusalem wieder zum unumschränkten Zentrum des jüdischen Staatswesens und knüpfte an die Glanzzeit der herodianischen Epoche an. Während die römischen Statthalter ihren Amtssitz in Cäsarea hatten und sich nur sporadisch in Jerusalem aufhielten, machte er die Stadt zu seiner bevorzugten Residenz. Die städtebaulichen Maßnahmen und außenpolitischen Aktivitäten Agrippas zeigen, dass er im Rahmen seiner Möglichkeiten auf Eigenständigkeit bedacht war. Dabei wird allerdings auch der begrenzte

Handlungsspielraum des vollständig von Rom abhängigen jüdischen Königs deutlich.

In Jerusalem strebte Agrippa I. eine Verbesserung der Stadtbefestigung an. Unter der Herrschaft römischer Statthalter hatte Jerusalem seine dynamische Entwicklung fortsetzen können. Seit dem Tod von Herodes dem Großen waren weit mehr als 10 000 neue Einwohner hinzugekommen. Viele Menschen strömten in die Stadt, weil sie sich dort ein besseres Leben als auf dem Lande erhofften. Da der Tempelneubau immer noch nicht vollständig abgeschlossen war, eröffnete sich qualifizierten Handwerkern ein breites Betätigungsfeld. Diasporajuden wie den jungen Saulus aus Tarsus zog es nach Jerusalem, um dort eine theologische Ausbildung zu durchlaufen. Zahlreiche Jüdinnen und Juden, die es fernab des Mutterlandes zu Wohlstand gebracht hatten, siedelten im fortgeschrittenen Alter in die Heilige Stadt über und verbrachten dort ihren Lebensabend. Infolge des Bevölkerungswachstums war mit der Neustadt, die sich nordwestlich um das Tempelareal zog, ein weiteres Stadtviertel hinzugekommen. Dieses umfasste auch Golgota, das in den Tagen Jesu noch vor den Toren Jerusalems gelegen und als Steinbruch wie Hinrichtungsstätte gedient hatte. Agrippa I. bezog dieses neue Wohnviertel durch eine weitere Stadtmauer, die als Dritte Mauer bezeichnet wird, in das geschützte Stadtgebiet Jerusalems ein. Gleichzeitig begann er damit, die der Neustadt zugewandte alte Mauer zu erhöhen und zu verbreitern. Diese Maßnahmen zur militärischen Befestigung Jerusalems waren den Römern suspekt. Als Kaiser Claudius Kenntnis davon erhielt, verfügte er einen sofortigen Baustopp.

Auch die engen diplomatischen Verbindungen Agrippas zu anderen orientalischen Herrschern, die wie er von Rom als Vasallenkönige eingesetzt waren, erregten Misstrauen und wurden energisch unterbunden. Agrippa I. berief in Tiberias eine Konferenz ein, an der die Regenten der benachbarten Königreiche von Kommagene, Emesa, Kleinarmenien, Pontus und Chalkis teilnahmen. Das vorrangige Ziel der Zusammenkunft bestand vermutlich darin, im Rahmen der Abhängigkeit von Rom Handlungsspielräume auszuloten und eine gemeinsame Linie abzustimmen. Dies konnte selbstverständlich nicht im Interesse Roms liegen. Bei dem Treffen erschien unvermittelt der Statthalter von Syrien und befahl den auswärtigen Regenten die sofortige Heimreise.

Tod des Königs und römische Herrschaft

Herodes Agrippa I. erlag 44 n. Chr. in Cäsarea völlig unerwartet einer schweren inneren Krankheit, wie die Apostelgeschichte und Flavius Josephus übereinstimmend berichten. In hellenistischen Städten wie Cäsarea und Sebaste, die sich von der projüdischen Politik des Königs offenkundig benachteiligt sahen, löste die Nachricht von seinem Tod Jubelstürme und Krawalle aus. Wegen seines engagierten Eintretens für Thora und Tempel wird Agrippa I. in der jüdischen Tradition äußerst positiv gezeichnet. In das christliche Geschichtsbewusstsein ging er hingegen als Gewaltherrscher ein, der durch qualvollen Würmerfraß von Gott die gerechte Strafe für sein Handeln empfing (Apg 12,18–23). Dieses Urteil mag angesichts der blutigen Verfolgung der Jerusalemer Urgemeinde nachvollziehbar erscheinen, wird aber der historischen Bedeutung und den Verdiensten Agrippas als letztem König von Judäa bei Weitem nicht gerecht. Die Geschichte des Judentums und das Schicksal Jerusalems hätten sicher einen anderen Verlauf genommen, wenn ihm eine längere Regierungszeit beschert gewesen wäre. Nach seinem Tod näherte sich das Land unaufhaltsam der Katastrophe des Jüdischen Krieges und der Tempelzerstörung.

Beim überraschenden Ableben von Herodes Agrippa I. hielt sich sein 17-jähriger Sohn Marcus Julius Agrippa II. zur Vorbereitung auf seine künftigen Aufgaben am kaiserlichen Hof in Rom auf. Claudius stand vor der Alternative, ihn zum Nachfolger seines Vaters zu bestimmen oder das Modell der römischen Provinz Judäa wieder aufleben zu lassen. Unter dem Einfluss seiner politischen Berater entschied er sich für die zweite Option. Verantwortlich dafür war neben dem jugendlichen Alter Agrippas II. ein allgemeines Bestreben des Claudius, Vasallenkönigtümer zu annektieren und in römische Provinzen umzuwandeln. Die Provinz Judäa, die früher lediglich aus dem Herrschaftsgebiet des Archelaus bestanden hatte, umfasste nun das gesamte ehemalige Herodesreich. Damit geriet erstmals auch das rebellische Galiläa, wo die Wurzeln der zelotischen Bewegung lagen, unter direkte römische Herrschaft und Steuerhoheit. Als die Römer sich auch wieder des hohepriesterlichen Gewandes bemächtigen wollten, um es in der Burg Antonia zu verwahren, konnte dies durch die Entsendung einer jüdischen Delegation nach Rom und die Fürsprache Agrippas II. beim Kaiser verhindert werden. Das Verfügungsrecht über den Jerusalemer Tempel und die Vollmacht zur Ernennung des Hohepriesters wurden König Herodes von Chalkis, dem älteren Bruder von Herodes Agrippa I., übertragen. Die Provinzstatthalter Judäas kamen weiterhin aus dem Ritterstand, unterstanden dem ranghöheren Legaten der Provinz Syrien und residierten in Cäsarea.

Erst unter der Herrschaft von Herodes Agrippa I. wurde der Berg Golgota und seine Umgebung dem Jerusalemer Stadtgebiet einverleibt. Im Modell der Heiligen Stadt im Israel-Museum in Jerusalem befindet sich der Berg noch vor den Stadtmauern.

Herodes Agrippa erblickt eine Eule und stirbt bald darauf: Kupferstich von Matthäus Merian dem Älteren aus dem 17. Jahrhundert

Agrippa II. als Herrscher über den Tempel

Beim Tod seines Vaters blieb es Marcus Julius Agrippa II. wegen seines jugendlichen Alters zunächst verwehrt, eine wichtigere Rolle bei der römischen Herrschaftsausübung im Osten zu spielen. Dies änderte sich im Laufe der Zeit, zumal Agrippa II. den Römern uneingeschränkt ergeben war und keinerlei eigenständige politische Aktivitäten entfaltete. Nach dem Tod seines Onkels Herodes von Chalkis erbte er Ende der 40er-Jahre mit Billigung Roms dessen Königreich im südlichen Libanon. Gleichzeitig ging die Oberaufsicht über den Jerusalemer Tempel auf ihn über. Später setzte Claudius dann Agrippa II. im Tausch gegen das kleine Königreich von Chalkis zum Regenten über die ehemaligen Herrschaftsgebiete des Philippus und das Königreich von Abilene ein. Agrippa II. herrschte damit über ein flächenmäßig beachtliches Gebiet, das die Golanhöhen und das südliche Syrien umfasste. Unter Kaiser Nero konnte er seinem Königreich zusätzlich auch Teile von Galiläa und Peräa einverleiben.

Weil die Römer ihn mit der Herrschaft über den Tempel betraut hatten, spielte König Agrippa II. in Jerusalem eine gewichtige Rolle und hielt sich häufig in der Stadt auf. Als Residenz stand ihm der alte Hasmonäerpalast westlich des Tempels zur Verfügung. Wie sein Vater trat Agrippa II. engagiert für Thora und Tempelkult ein. Als er für seine Schwestern Berenike, Drusilla und Mariamme Ehen mit Mitgliedern benachbarter orientalischer Königshäuser arrangierte, machte er es zur Bedingung, dass die zukünftigen Ehemänner sich beschneiden ließen. Drusilla vermählte sich allerdings nach ihrer Scheidung von König Azuzus mit Felix, dem Statthalter von Judäa, ohne dass dieser zum Judentum übertrat. Mit der Genehmigung dieser Ehe festigte Agrippa II. die engen Beziehungen zur römischen Provinzialverwaltung in Judäa. Als Agrippa II. und seine Schwester Berenike dem neuen Statthalter Festus in Cäsarea einen Besuch abstatteten, trafen sie auch mit dem inhaftierten Paulus zusammen (Apg 25,13–26,32). Berenike war später die langjährige Geliebte von Titus, bis dieser die Beziehung auf Druck der römischen Öffentlichkeit beendete.

Einen schweren Konflikt mit der Jerusalemer Tempelaristokratie beschwor Agrippa II. durch eine bauliche Erweiterung des Hasmonäerpalastes herauf. Es entstand ein turmartiger Anbau von solcher Höhe, dass man vom Speisesaal aus den Priestern im Tempel beim Opferdienst zuschauen konnte, was Agrippa II. denn auch mit großer Begeisterung tat und zu seiner bevorzugten Freizeitbeschäftigung erhob. Im Gegenzug ließ der Hohepriester eine massive Mauer im Inneren des Tempelbezirks errichten, um die heiligen Kulthandlungen vor den Blicken unerwünschter Zuschauer zu schützen. Als der römische Statthalter Festus wohl auf Drängen Agrippas II. den Abriss der Mauer anordnete, ging die Angelegenheit bis nach Rom vor den Kaiser. Nero gab der vom Hohepriester und Tempeloberst angeführten jüdischen Delegation Recht und erlaubte, dass die Mauer stehen blieb.

Umstritten waren auch die von Agrippa II. eingeleiteten Reformen am Tempel, die auf eine Besserstellung der Leviten innerhalb der Tempelhierarchie abzielten. Den für den Tempelgesang zuständigen Leviten wurde erlaubt, wie die regulären Priester leinene Gewänder zu tragen. Jenen Leviten, die nicht in die Liturgie eingebunden waren, sondern lediglich niedere Hilfsdienste am Tempel verrichteten, sollte auf Antrag die Möglichkeit offenstehen, in die Kaste der Tempelsänger aufzusteigen. Beide Maßnahmen werden von Flavius Josephus, der selbst priesterlicher Herkunft war, als gravierender Verstoß gegen die althergebrachten Traditionen gebrandmarkt. Unter der Oberaufsicht von Agrippa II. kam es um 60 n. Chr. auch zum endgültigen Abschluss der Bauarbeiten am Tempel, die sein Urgroßvater Herodes der Große in Gang gesetzt hatte. Damit wurden auf einen Schlag viele Tausend Menschen beschäftigungslos. Zur Abfederung der sozialen Folgen ordnete Agrippa II. umfangreiche Straßenpflasterarbeiten in Jerusalem an; die Arbeitsbeschaffungsmaßnahme wurde aus dem Tempelschatz finanziert.

Im Jüdischen Krieg kämpfte König Agrippa II. mit eigenen Truppen auf Seiten der Römer gegen die Aufständischen und war an der Eroberung Jerusalems durch Titus beteiligt. Zur Belohnung für seine unerschütterliche Treue gegenüber Rom wurde sein Reich unter Kaiser Vespasian nochmals erweitert. Thronerben gab es offenbar nicht. Mit dem Tod von Agrippa II. starb Ende des 1. Jahrhunderts die herodianische Dynastie aus. Damit endete eine einzigartige Epoche in der jüdischen Geschichte, in der die Mitglieder der Herodesfamilie in engstem Kontakt zum Kaiserhaus standen, Jerusalem zu einer festen Größe im Römischen Reich machten und in nicht unbeträchtlichem Maße Einfluss auf die Weltpolitik nahmen.

Antike, von Agrippa II. emittierte Münze

Die Anfänge der Kirche

50 Tage sind seit dem Passahfest, an dem Jesus gekreuzigt wurde, ins Land gegangen. Erneut bevölkern Zehntausende von Besuchern aus aller Welt die Straßen Jerusalems. Es ist die Zeit von Shavuot (Pfingsten), das im jüdischen Jahreszyklus das letzte der drei großen Wallfahrtsfeste darstellt. Während die Menschenmengen im Tempel feiern und Opfergaben von der ersten Ernte darbringen, trägt sich in der Oberstadt fernab allen Trubels ein merkwürdiges Geschehen zu. Die Anhänger Jesu haben sich im oberen Stockwerk eines Hauses versammelt, als ein gewaltiger Sturm durch den Raum zu dringen scheint. Die Anwesenden werden unvermittelt vom Geist ergriffen, den sie in ihrer Ekstase wie Feuerflammen herabkommen sehen, und beginnen in Zungen zu reden. Später wird man erzählen, es habe sich um ein Sprachenwunder gehandelt, und das Geschehen als Erfüllung der prophetischen Verheißung Joels interpretieren, dass Gott am Ende der Tage seinen Geist über die Erwählten ausgießen wird. Das Pfingstereignis gilt als Geburtsstunde der christlichen Kirche, deren Wiege in Jerusalem stand. Den entscheidenden Wendepunkt hatten allerdings schon zuvor die Osterereignisse gebracht.

Tod des Judas und Nachwahl des Matthias

Nach der Kreuzigung auf Golgota schien die Sache Jesu ein für alle Mal gescheitert zu sein, doch die Hoffnungslosigkeit seiner Anhänger behielt nicht das letzte Wort. Mit dem Ostergeschehen erfolgte ein Neuanfang, der zur Entste-

Dieser antike Stufenweg befindet sich neben der Kirche St. Peter in Gallicantu in Jerusalem, die an die Verleumdung des Petrus nach der Verhaftung Jesu erinnert.

hung der Kirche führen und die Weltgeschichte nachhaltig verändern sollte. Verantwortlich für diesen Umschwung war der Glaube daran, dass Gott seinen Sohn nicht im Stich gelassen, sondern am dritten Tage von den Toten auferweckt hatte. Dies zog als Erstes die Wiederbelebung des Zwölferkreises nach sich.

Jesus hatte die zwölf Apostel als engste Mitarbeiter berufen und mit dieser Zeichenhandlung seinen Umkehrruf an Israel sinnbildlich zum Ausdruck gebracht. Die symbolträchtige Zahl Zwölf ruft bewusst die Erinnerung an die zwölf Stämme Israels wach. Sie wurde gewählt, um die Bedeutung der Apostel als Repräsentanten des neuen Gottesvolkes hervorzuheben. Nach dem zwangsläufigen Ausscheiden des Judas aus dem Zwölferkreis kam es zur Nachwahl des Matthias, um das Gremium wieder zu vervollständigen. Judas selbst war zu diesem Zeitpunkt nicht mehr am Leben.

Die widersprüchlichen Nachrichten über das Ende des Judas sind bei aller Uneinheitlichkeit vom Motiv der gerechten Strafe für den gottlosen Frevler durchzogen. Im Evangelium des Matthäus (Mt 27,3–10) ist davon die Rede, dass Judas den Verräterlohn an die Hohepriester zurückgab und sich aus Verzweiflung erhängte. Von dem Blutgeld hätten die Hohepriester ein als Töpferacker bekanntes Grundstück in Jerusalem erworben, das als Begräbnisstätte für Fremde dienen sollte und fortan den Namen Blutacker trug. Nach Darstellung der Apostelgeschichte (Apg 1,15–20) starb Judas dagegen durch einen Unfall. Er sei auf dem Grundstück, das er selbst in Jerusalem von dem Verräterlohn kaufte, vornüber gestürzt, sodass sein Leib zerbarst und die Eingeweide herausquollen. Das Grundstück werde daher als Blutacker (Hakeldamach) bezeichnet und sei verödet. Bald darauf brachte der Bischof Papias aus der kleinasiatischen Stadt Hierapolis eine noch unappetitlichere Geschichte in Umlauf. Er wusste zu berichten, dass der Körper des Verräters immens anschwoll, von Eiter wie Würmern befallen war und nach dem Zerbersten einen derart unerträglichen Gestank absonderte, dass der Acker auch Jahrzehnte später noch von allen gemieden werde.

Diese unterschiedlichen Judaslegenden sind unverkennbar von dem in der Antike weitverbreiteten Motiv geprägt, dass der gottlose Missetäter auf möglichst grausame Weise sein Ende finden muss, damit der Gerechtigkeit genüge getan wird. Der gemeinsame Kern aller Berichte besteht darin, dass das Leben des Judas ein unnatürliches Ende nahm und es in Jerusalem einen vom Judaslohn erworbenen Blutacker gab, der verödet war oder als Begräbnisstätte diente. Seit dem 4. Jahrhundert n. Chr. wird der Blutacker südlich der Stadt am unteren Ende des Hinnomtales lokalisiert, das in der Antike verrufen war und als Eingang zur Hölle galt. Im Jahre 1874 wurde in unmittelbarer Nähe des Gräberfeldes Hakeldamach das griechisch-orthodoxe Onuphrios-Kloster errichtet.

Das »Obergemach« auf dem christlichen Zion

Als Ort der Zusammenkunft und des gottesdienstlichen Lebens diente den Christusgläubigen in der Anfangszeit ein »Obergemach« in Jerusalem (Apg 1,13). Es handelte sich um einen Raum im oberen Stockwerk eines Privathauses, in den man über eine Treppe oder Leiter hinaufstieg. Der harte Kern der dort versammelten Gemeinde wird zunächst kaum mehr als die zwölf Apostel, die Frauen um Maria Magdalena und die engsten Familienangehörigen Jesu umfasst haben. Wenn Lukas bereits für die Zeit vor dem Pfingstwunder von 120 Gläubigen spricht (Apg 1,15), dürfte dies zu hoch gegriffen sein, zumal es sich bei 120 um eine symbolträchtige Zahl handelt, die das Zehnfache des Zwölferkreises darstellt. In dem »Obergemach« trugen sich sowohl die Nachwahl des Matthias in den Zwölferkreis als auch das Pfingstwunder zu.

Die exakte Lage des Hauses lässt sich nicht mehr bestimmen, zumal die Apostelgeschichte keinerlei Angaben dazu macht. Es befand sich wahrscheinlich im südlichen Teil der Oberstadt, die von den Christusgläubigen bald als Zion bezeichnet wird, während dieser Begriff ursprünglich am Tempelberg und den damit verbundenen Verheißungen haftete. Nach dem Zeugnis des Kirchenvaters Epiphanius von Salamis (4. Jahrhundert) soll bereits um 130 n. Chr., als Kaiser Hadrian bei seiner Inspektionsreise in den Vorderen Orient auch Jerusalem besuchte, an der Stelle des ursprünglichen Obergemaches eine kleine Kirche gestanden haben. Was die altkirchliche Überlieferung darüber hinaus von dem ältesten Versammlungsort der Christusgläubigen in Jerusalem zu berichten weiß, gehört in den Bereich der Legendenbildung. Das Obergemach aus der Apostelgeschichte zog angesichts seiner zentralen Bedeutung für das frühe Christentum geradezu magnetisch weitere biblische Traditionen an sich. Im Verlauf des 4. Jahrhunderts n. Chr. begann man, dort auch die Erscheinungen des Auferstandenen vor dem Jüngerkreis und dem ungläubigen Thomas zu lokalisieren. Bald darauf wurde eine Identifikation des Versammlungsraums der Urgemeinde mit dem Ort des letzten Abendmahls Jesu vollzogen. In einem weiteren Schritt der Legendenbildung kristallisierte sich schließlich die Überzeugung heraus, dass sich das Obergemach im Haus der Maria befand. Maria war die Mut-

Blick auf den Hakeldamach im Süden Jerusalems, den Judas nach der Apostelgeschichte mit seinem Verräterlohn erwarb

ter von Johannes Markus, dem vermeintlichen Verfasser des Markusevangeliums, und besaß in Jerusalem ein größeres Anwesen, das in der Zeit von Herodes Agrippa I. einer Hausgemeinde als Versammlungsort diente (Apg 12,12). Der kleine Kirchenbau aus den Tagen Hadrians wurde Ende des 4. Jahrhunderts durch die prachtvolle Zionskirche ersetzt, die in den alten Quellen auch als »Mutter aller Kirchen« bezeichnet wird.

Strukturen und Leitung der Urgemeinde

Für die Anfänge der Kirche kann man noch nicht vom Christentum als einer sich vom Judentum abhebenden Religion sprechen. Das Christentum betrat als innerjüdische Erneuerungsbewegung den Boden der Geschichte, ohne bereits die Völkerwelt im Blick zu haben.

Das Jerusalemer Löwentor wird auch Stephanstor genannt, weil der Überlieferung nach Stephanus in der Nähe gesteinigt worden sein soll. Historische Aufnahme, um 1900

Der Begriff »Christen« existierte noch nicht und kam erst um das Jahr 40 n. Chr. im syrischen Antiochia auf, als die Kirche aus dem Schatten der Synagoge herauszutreten begann. Die Christusgläubigen in Jerusalem wurden als Nazarener bezeichnet und verstanden sich als Teil des Judentums. Sie beteiligten sich am Tempelkult, feierten die jüdischen Feste, übten den Ritus der Beschneidung, hielten den Sabbat ein und beachteten die alttestamentlichen Reinheitsvorschriften. Was sie von anderen Juden unterschied, war der Glaube an Jesus als den Sohn Gottes und Messias Israels.

In der Anfangszeit der Kirche gab es zwei Fraktionen innerhalb der Urgemeinde, die über eigenständige Leitungsgremien verfügten und ein unterschiedliches religiöses Profil aufwiesen. Die Apostelgeschichte bezeichnet sie als Hebräer und Hellenisten und lässt durchblicken, dass das Verhältnis zwischen ihnen nicht spannungsfrei war (Apg 6,1–7). Mit den Hebräern sind die Hebräisch sprechenden Mitglieder der Urgemeinde gemeint, wobei Hebräisch allerdings in jenen Tagen nur noch als Gottesdienstsprache diente und im Alltag längst durch Aramäisch verdrängt worden war. Das Leitungsgremium der »Hebräer« war der von Petrus angeführte Zwölferkreis, in dessen Händen alle für die Geschicke der Gemeinde wichtigen Entscheidungen lagen. Unter den Hellenisten in der Urgemeinde versteht die Apostelgeschichte christusgläubige Juden aus der Diaspora, deren Muttersprache das Griechische war. Sie wurden von einem siebenköpfigen Leitungsgremium mit Stephanus an der Spitze repräsentiert. Nach dem Märtyrertod des Stephanus mussten seine Anhänger Jerusalem verlassen. Die Hebräer der Urgemeinde waren von diesen Zwangsmaßnahmen nicht betroffen.

Der Zwölferkreis büßte seine zentrale Bedeutung bald ein. Zur Zeit des Apostelkonzils im Jahr 48 n. Chr. wurden die Geschicke der Urgemeinde von einem Dreiergremium geleitet, an dessen Spitze der Herrenbruder Jakobus stand. Komplettiert wurde es durch die Apostel Petrus und Johannes (Gal 2,9). Als leiblicher Bruder Jesu besaß Jakobus, der nicht mit dem gleichnamigen Apostel aus dem Zwölferkreis zu verwechseln ist, eine besondere Autorität. Schon als Paulus sich drei Jahre nach dem Damaskuserlebnis erstmals wieder in Jerusalem aufhielt, kam er nicht nur mit Petrus zusammen, sondern suchte bewusst auch den Kontakt zu Jakobus (Gal 1,19). Nachdem Jakobus in die Gemeindeleitung eingetreten war, wurde er zur dominanten Figur und ließ Petrus, der sich wegen missionarischer Aktivitäten phasenweise außerhalb Jerusalems aufhielt, ins zweite Glied rücken. Wenn Paulus von dem Dreiergremium als den Säulen spricht, deutet dies auf ein Selbstverständnis der Gemeinde als endzeitlicher Tempel Gottes hin, der auf den Schultern der Funktionsträger ruht.

Auch das Dreiergremium hatte nicht dauerhaft Bestand. Mit dem Schwinden der apokalyptischen Naherwartung gab die Kirche sich festere Organisationsstrukturen. Die Gemeinden mussten darauf bedacht sein, dass ein fest umrissener Kanon grundlegender Aufgaben von dafür bestimmten Funktionsträgern zuverlässig wahrgenommen wurde. Diese Entwicklungen führten dazu, dass sich das Amt des Bischofs herausbildete, das erstmals im Brief des Paulus an die Philipper belegt ist (Phil 1,1). Unter dem Bischof (Episkop) verstand man in der Anfangszeit der Kirche den

Leiter einer Ortsgemeinde. Das Wort Episkop bezeichnet im Griechischen eigentlich den Aufseher oder Kommunalbeamten. In Jerusalem wurde der Herrenbruder Jakobus bald nach dem Apostelkonvent zum ersten Bischof bestimmt und übernahm damit als allein Verantwortlicher die Leitung der Gemeinde.

Als nach dem Märtyrertod des Herrenbruders Jakobus im Jahr 62 n. Chr. mit Simeon erneut ein enger Verwandter Jesu zum Bischof gewählt wurde, stand die Gemeinde vor einer schweren Zerreißprobe. Simeons Vater Klopas (Lk 24,18) war ein Bruder von Josef, seine Mutter Maria soll sich unter den bei der Kreuzigung Jesu anwesenden Frauen befunden haben (Joh 19,25). Aus den Quellen geht hervor, dass das enge Verwandtschaftsverhältnis zum Herrn der ausschlaggebende Grund für die Wahl Simeons in das Bischofsamt war. Der unterlegene und wahrscheinlich besser qualifizierte Gegenkandidat Thebutis fügte sich nicht in seine Niederlage, sondern spaltete sich mit seinen Anhängern von der Gemeinde ab.

Tempel und Hausgemeinden

Die Christusgläubigen in Jerusalem wären nie auf den Gedanken gekommen, dass sie etwas anderes als Juden sein könnten. Mit großer Selbstverständlichkeit hielten sie an der Thora und dem Tempelkult fest. Die Apostelgeschichte berichtet von täglichen Zusammenkünften im Tempel (Apg 2,46). Außerhalb der Gebets- und Opferzeiten konnten sie im inneren Tempelbezirk theologische Debatten führen und den neuen Glauben verkündigen. Im Zusammenhang mit diesen regelmäßigen Tempelbesuchen kam es zu der aufsehenerregenden Heilung eines Gelähmten durch Petrus (Apg 3,1–11). Der von Geburt an lahme Mann ließ sich Tag für Tag von Freunden oder Familienangehörigen an die Schöne Pforte des Tempels tragen, um dort als Bettler seinen Lebensunterhalt zu sichern. Die Schöne Pforte war wahrscheinlich eines der beiden prächtigen Südtore des Tempelareals, durch die man von der Unterstadt aus auf den Vorhof der Völker gelangte. Die Heilung erfolgte durch ein charismatisches Wort. Vermutlich handelte es sich um eine psychogene Lähmung. Durch die Ausstrahlungskraft des Heilers lösten sich die inneren Blockaden des Gelähmten und er konnte erstmals in seinem Leben gehen. Seelisch bedingte Bewegungsstörungen sind in der neurologischen Psychosomatik ein bekanntes Phänomen. Charismatische Heilungen im Namen Jesu waren in den frühen christlichen Gemeinden ein verbreitetes Phänomen.

Neben dem Tempel waren Privathäuser für die Christusgläubigen in Jerusalem ein zentraler Ort des gottesdienstlichen Lebens (Apg 2,46). Über Anzahl und Größe der Hausgemeinden in Jerusalem lässt sich nichts Sicheres sagen. Die gottesdienstlichen Zusammenkünfte in den Hausgemeinden waren durch Gebet und Gemeinschaftsmähler, sicher aber auch durch Auslegung der alttestamentlichen Schriften und Unterweisung im Glauben gekennzeichnet. Die Hellenisten der Urgemeinde haben sich zudem am gottesdienstlichen Leben der von Diasporajuden frequentierten griechischsprachigen Synagogen in Jerusalem beteiligt, in deren Milieu sich die zum Märtyrertod des Stephanus führenden Konflikte entzündeten (Apg 6,8–15).

Besitzverzicht und Armenfürsorge

In der Jerusalemer Urgemeinde wurde eine vorbildliche Sozialfürsorge praktiziert, indem die Bedürftigen durch die Besitzenden mitversorgt wurden. Wohlhabende Gläubige veräußerten Grundbesitz und ermöglichten es damit der Gemeinde, das soziale Gefälle in ihren Reihen auszugleichen. Der aus Zypern stammende Diasporajude Barnabas, der später zum Mentor des Apostels Paulus wurde, stellte der Gemeindekasse den gesamten Erlös aus dem Verkauf seines Ackers zur Verfügung und wurde damit zum leuchtenden Vorbild für großzügigen Besitzverzicht zugunsten der Armen. Die Apostelgeschichte nimmt das selbstlose Beispiel des Barnabas zum Anlass, um ein idealisiertes Bild von den Verhältnissen zu zeichnen und den Eindruck zu erwecken, dass in der Urgemeinde die Sozialutopie des ohne Privateigentum auskommenden Gemeinwesens verwirklicht wurde (Apg 4,32). Der Fall von Hananias und Sapphira zeigt dagegen, dass der Besitzverzicht auf Freiwilligkeit beruhte und niemand beim Eintritt in die Gemeinde zwangsenteignet wurde. Das Ehepaar behielt bei der Veräußerung seines Grundstücks heimlich einen Teil des Kauferlöses für sich selbst zurück, obwohl es der Gemeinde das gesamte Geld versprochen hatte. Daraus entwickelte sich eine der Warnung dienende Strafwundererzählung (Apg 5,1–11). Als beide von Petrus überführt und mit ihrer Tat konfrontiert werden, fallen sie tot um. In diesem Zusammenhang wird betont, dass die Ver-

Grab der Priesterfamilie Bene Hesir aus dem 2. Jahrhundert v. Chr. im Kidrontal, nach christlicher Überlieferung Grabstätte des Herrenbruders Jakobus

fehlung von Hananias und Sapphira allein in der Lüge bestand. Sie hätten problemlos das Grundstück auch behalten oder nur einen Teil des Kauferlöses spenden können.

Weitere wichtige Bestandteile der innergemeindlichen Sozialfürsorge waren die Mahlfeiern im Rahmen der gottesdienstlichen Zusammenkünfte und die Witwenversorgung. Anders als es heute beim Abendmahl bzw. der Eucharistie der Fall ist, wurde im frühen Christentum die sakramentale Handlung in eine reguläre Mahlfeier integriert. Nach dem Zeugnis der Apostelgeschichte kamen die Gläubigen in der Anfangszeit nicht nur sonn-

»Die Steinigung des Hl. Stephanus« (Ausschnitt), Félix Chrétien zugeschrieben

tags, sondern täglich in den Hausgemeinden Jerusalems zum Gottesdienst und Brotbrechen zusammen (Apg 2,46). Dabei werden die wohlhabenden Gemeindemitglieder, allen voran die Hausbesitzer, den Hauptanteil an Speise und Trank zur Verfügung gestellt haben, um so den bedürftigen Brüdern und Schwestern eine sättigende Mahlzeit zu ermöglichen. Witwen zählten in den patriarchal strukturierten Gesellschaften der Antike zu den besonders bedürftigen Personen, da der Mann der Ernährer der Familie war und die Frau mit dessen Tod häufig völlig mittellos dastand. Bei der täglichen Witwenversorgung mit Lebensmitteln kam es allerdings zu Spannungen, weil die Witwen der griechischsprachigen Christusgläubigen sich benachteiligt sahen (Apg 6,1).

Verfolgung und Martyrium

Die Mitglieder der Urgemeinde verbreiteten in Jerusalem die Botschaft vom gekreuzigten und auferstandenen Jesus als Sohn Gottes und Messias Israels. Dadurch gerieten sie immer wieder in Konflikte mit ihrer jüdischen Umwelt und waren der Verfolgung ausgesetzt. Führende Anhänger des neuen Glaubens erlitten dabei den Märtyrertod.

Nicht verwunderlich sind Auseinandersetzungen der Urgemeinde mit den Sadduzäern, die den Tempelkult kontrollierten und das Synhedrion beherrschten. Jesus von Nazaret war wegen seiner Tempelkritik auf Betreiben der sadduzäischen Priesteraristokratie in Getsemani verhaftet und später an Pontius Pilatus überstellt worden, der ihn als potenziellen Unruhestifter hinrichten ließ. Vor diesem Hintergrund lag es nahe, dass die Sadduzäer die Aktivitäten der Jesusanhänger in Jerusalem mit größtem Misstrauen beäugten und zu unterbinden suchten. Besonderes Konfliktpotenzial barg die christliche Auferstehungsbotschaft in sich, da die Sadduzäer mit ihrem rein diesseitsbezogenen Denken nicht an ein Weiterleben nach dem Tod glaubten. Die Apostelgeschichte berichtet für die Anfangszeit der Kirche von Auseinandersetzungen, bei denen die Apostel von der Tempelpolizei in Haft genommen wurden, sich vor dem Synhedrion verantworten mussten und Geißelhiebe erhielten. Wahrscheinlich kam die Disziplinarstrafe der 39 Schläge zur Anwendung, die der Ahndung von Vergehen gegen die jüdische Religion diente. Dabei wurden die Delinquenten an eine Säule gebunden und erhielten mit einem handbreiten Lederriemen 39 Geißelhiebe, ein Drittel davon auf den Rücken, ein Drittel auf den Bauch und ein weiteres Drittel wieder auf den Rücken. In Ausnahmefällen konnte die Anzahl der Schläge auf eine geringere Zahl reduziert werden, die ebenfalls durch drei teilbar sein musste.

Das Verhältnis der Urgemeinde zu den Pharisäern gestaltete sich weitgehend spannungsfrei, solange die Thora nicht infrage gestellt wurde. Der renommierte pharisäische Gelehrte Gamaliel soll im Synhedrion bei den Auseinandersetzungen mit den Sadduzäern sogar Partei zugunsten der Apostel bezogen haben (Apg 5,34–39). Gedanklich standen sich Pharisäer und Christusgläubige durchaus nahe. Sie teilten apokalyptische Erwartungen, messianische Hoffnungen und den Glauben an die Auferstehung der Toten. Inakzeptabel war für die Pharisäer die christliche Vorstellung, dass der am Kreuz gestorbene Jesus von Nazaret der Sohn Gottes und Messias Israels sein sollte. Nach der Thora galt ein am Holz hängender Delinquent als verflucht und die Pharisäer hofften auf einen machtvollen Messias aus dem Stamm Davids, der sein Volk befreien würde. Allerdings scheint dieser Dissens das Verhältnis zwischen Pharisäern und Urgemeinde nicht nachhaltig belastet zu haben. Zu schweren Konflikten kam es allerdings, als Stephanus und seine Anhänger Kritik am Tempel und einzelnen Vorschriften der Thora übten. Wahrscheinlich hat der Stephanuskreis in Anknüpfung an die Gesetzeskritik Jesu Teilen des jüdischen Ritualgesetzes eine untergeordnete Bedeutung beigemessen und vor dem Hintergrund des heilvollen Sühnetodes Jesu die Bedeutung des Tempels als Ort der Sühne infrage gestellt.

Die Steinigung des Stephanus, die nicht durch das Synhedrion erfolgte, sondern einen Akt von Lynchjustiz darstellte, und die Verfolgung seiner Anhänger wurden maßgeblich von Pharisäern betrieben. Der Pharisäer Paulus aus Tarsus spielte bis zu seinem Damaskuserlebnis eine führende Rolle bei der Zerschlagung des Stephanuskreises und schreckte auch vor Gewaltanwendung gegen die Anhänger des neuen Glaubens nicht zurück. Dieser Konflikt spielte sich im Milieu der griechischsprachigen Synagogen Jerusalems ab. Die uneingeschränkt an der Thora festhaltenden »Hebräer« der Urgemeinde blieben von der Verfolgung unbehelligt. In der altkirchlichen Tradition wurde die Steinigung des Stephanus zunächst östlich der Stadt im Kidrontal am Fuße des Ölbergs lokalisiert. Später glaubte man, dass Stephanus im Norden Jerusalems starb, und errichtete dort die Stephanus-Basilika, die sich heute auf dem Gelände der École Biblique et Archéologique Française befindet. Der Märtyrertod des Stephanus mit der daraus resultierenden Flucht seiner Anhänger markierte einen schmerzhaften Einschnitt in das Leben der Urgemeinde, erweist sich aber im Rückblick als wichtiger Faktor für die Ausbreitung des Christentums. Der Vertreibung der »Hellenisten« aus Jerusalem ist es zu verdanken, dass die ursprünglich ländliche Jesusbewegung bereits wenige Jahre nach dem Tod Jesu in weiten Teilen des Römischen Reiches Fuß fassen konnte und die Grenzen des Judentums gezielt überschritt. Die Anhänger des Stephanus trugen den neuen Glauben innerhalb kürzester Zeit in die städtischen Zentren des östlichen Mittelmeerraumes und vermutlich sogar bis nach Rom.

Andere Hintergründe hatte die Verfolgung der Kirche durch Herodes Agrippa I., die sich gezielt gegen das Leitungsgremium der Urgemeinde richtete. Der König ließ, nachdem er 41 n. Chr. den Thron in Jerusalem bestiegen hatte, den Apostel Jakobus durch das Schwert hinrichten und den Apostel Petrus inhaftieren (Apg 12). Der Grund für diese Maßnahmen war wahrscheinlich das Bestreben Agrippas, in seinem Herrschaftsgebiet die Religionspolitik des Kaisers Claudius umzusetzen, die nach den Wirren unter Caligula durch eine Rückbesinnung auf die Tradition gekennzeichnet war. Unter Kaiser Caligula war es in Syrien und Ägypten mit Billigung der römischen Provinzialverwaltung zu schweren Judenpogromen gekommen, die den Osten des Reiches an den Rand des Abgrunds brachten. Claudius hatte zur Wiederherstellung des inneren Friedens Schutzmaßnahmen zugunsten des Judentums erlassen, diese aber mit der Auflage an alle Juden verbunden, sich mit den traditionellen Rechten zufrieden zu geben und an der althergebrachten Lebensweise festzuhalten. Im Lichte dieser Anordnungen musste die Jerusalemer Urgemeinde als eine Gruppierung erscheinen, die sich vom traditionellen jüdischen Glauben entfernte und damit zum potenziellen Unruheherd wurde. Die Maßnahmen Agrippas verfolgten die Absicht, die Organisationsstruktur der Urgemeinde zu zerschlagen, indem sie sich gezielt gegen deren Leitfiguren richteten.

Als im Jahr 62 n. Chr. der Herrenbruder Jakobus auf Betreiben des Hohepriesters Ananos durch Steinigung hingerichtet wurde, stellte dies einen weiteren schweren Schlag für die Jerusalemer Urgemeinde dar. In diesem Fall erfolgte die Hinrichtung aufgrund eines formellen Beschlusses des Synhedrions. Dabei dürften die alten Vorbehalte der Sadduzäer gegenüber den Christusgläubigen eine entscheidende Rolle gespielt haben. Da Jakobus im Ruf stand, die Thora untadelig zu befolgen, erhoben sogar die Pharisäer Protest gegen seine Steinigung. Das Synhedrion besaß unter römischer Herrschaft keine Befugnis zur Vollstreckung von Todesurteilen. Ananos hatte sich für seine Tat den Umstand zunutze gemacht, dass nach dem Tod des Albinus der Posten des Statthalters von Judäa vorübergehend vakant war. Später wurde Ananos zur Rechenschaft gezogen und wegen Überschreitung seiner Kompetenzen des Hohepriesteramtes enthoben.

Der Apostelkonvent

Mit dem Apostelkonvent (Apg 15; Gal 2,1–10) fand im Jahr 48 n. Chr. ein epochales Ereignis in Jerusalem statt, auf dem eine bahnbrechende Weichenstellung für die Zukunft der Kirche vorgenommen wurde. Es handelte sich um eine Zusammenkunft der Leitungsgremien der beiden Christengemeinden, die damals das Geschick der Kirche entscheidend bestimmten, nämlich der Gemeinden von Jerusalem und Antiochia. Auf Jerusalemer Seite saßen die drei »Säulen« Jakobus, Petrus und

Johannes am Verhandlungstisch, die Gemeinde von Antiochia war durch Paulus und Barnabas vertreten.

Während sich die Christusgläubigen in Jerusalem als Teil des Judentums verstanden und Nazarener genannt wurden, hatte sich in Antiochia eine neue Form von Kirche entwickelt. Die Mehrheit der Gläubigen kam aus der nichtjüdischen Völkerwelt. Ihnen wurde, anders als in Jerusalem, bei der Aufnahme in die christliche Gemeinde nicht mehr gleichzeitig der Übertritt zum Judentum abverlangt. Damit nahm der neue Glaube in Antiochia die Konturen einer vom Judentum unterscheidbaren Religion an und die Gemeindeglieder wurden nun erstmals als Christen bezeichnet (Apg 11,26). Für Männer bedeutete dies ganz konkret, dass bei der Bekehrung zum christlichen Glauben keine Beschneidung mehr notwendig war. Auch die jüdischen Speisegebote und Reinheitsvorschriften spielten im Gemeindeleben keine Rolle. Von Teilen der Jerusalemer Urgemeinde wurde diese neue Praxis scharf kritisiert. Es gab dort eine Fraktion von Judenchristen, die früher den Pharisäern angehört hatten, auch als Christusgläubige streng an der Thora festhielten und massiv Stimmung gegen Paulus machten.

Vor diesem Hintergrund ging es auf dem Apostelkonvent um die Rechtmäßigkeit der antiochenischen Missionspraxis. Konkret stand die Frage zur Debatte, ob man Personen aus der Völkerwelt in die christliche Gemeinde aufnehmen darf, ohne ihnen dabei das Gesetz des Mose verpflichtend aufzuerlegen. Am Ende der Verhandlungen stand eine per Handschlag besiegelte Einigung, die den antiochenischen Weg als rechtmäßige Alternative zur Jerusalemer Praxis anerkannte und eine einvernehmliche Aufteilung der Missionsgebiete vorsah. Die Vereinbarung erwies sich allerdings bald als brüchig, zumal die Paulusgegner in der Jerusalemer Urgemeinde das Abkommen nach Kräften torpedierten und dem Apostel vorwarfen, bei seinen Missionsaktivitäten die Juden in der Diaspora zum Abfall vom Gesetz zu verleiten (Apg 21,21). Vermutlich wurde auch die Gegenmission in den paulinischen Gemeinden Galatiens, bei der es um eine Verpflichtung der Christusgläubigen auf die Thora ging, von diesen judenchristlichen Kreisen in Jerusalem gesteuert. Paulus selbst war an der Eskalation nicht ganz unschuldig. Als nach dem Apostelkonvent auf Betreiben des Jakobus in der Gemeinde von Antiochia Regelungen durchgesetzt wurden, die den Christen aus der Völkerwelt ein Minimum an Rücksichtnahme gegenüber den jüdischen Speisevorschriften auferlegten, verweigerte Paulus sich aus grundsätzlichen Erwägungen und überwarf sich dabei auch mit Petrus und Barnabas (Gal 2,11–14).

Die Kollekte für die Urgemeinde und die Verhaftung des Paulus

Beim Apostelkonvent verpflichteten sich Paulus und Barnabas zu einer Kollekte für die notleidenden Brüder und Schwestern in der Jerusalemer Urgemeinde (Gal 2,10). Diese Kollekte erfolgte nicht in Form eines regelmäßigen Geldtransfers nach Jerusalem, was sich schon aus logistischen Gründen schwierig gestaltet hätte, sondern sie wurde über viele Jahre hinweg in den paulinischen Gemeinden Griechenlands und Kleinasiens angesammelt. Aus den Briefen des Apostels kann man ersehen, mit welchem Einsatz er dafür sorgte, dass bei jedem Sonntagsgottesdienst Geld für die Urgemeinde zurückgelegt wurde (1Kor 16,1–4). Die Kollekte war für ihn ein wichtiges symbolisches Einheitsband zwischen den Jerusalemer Judenchristen und den Gläubigen aus der Völkerwelt. Im Jahre 56 n. Chr. sammelte Paulus auf einer Rundreise durch seine Gemeinden das im Laufe der Jahre zusammengekommene Geld ein und überbrachte es in Begleitung von Gemeindedelegierten (Apg 20,4) nach Jerusalem. Im Römerbrief, der kurz vor der Kollektenreise geschrieben wurde, äußert der Apostel allerdings die Befürchtung, dass die Geldgabe in Jerusalem auf Ablehnung stoßen könnte (Röm 15,26–31).

In der Tat wurde Paulus schon bei der Ankunft in Jerusalem vom Herrenbruder Jakobus mit schweren Vorwürfen gegen seine Person konfrontiert. In der Urgemeinde kursierten Gerüchte, dass der Apostel den Juden in der Diaspora untersage, nach dem Gesetz des Mose zu leben und ihre männlichen Nachkommen beschneiden zu lassen. Da die Apostelgeschichte bei der Schilderung der letzten Jerusalemreise des Paulus die Kollektenübergabe bis auf eine Randbemerkung (Apg 24,17) unterschlägt, ist mit deren Scheitern zu rechnen. Die an der Thora festhaltende Urgemeinde hat die aus dem paulinischen Missionsgebiet stammende Kollekte wahrscheinlich als unreines Geld betrachtet und ihre Annahme verweigert, um nicht innerhalb des Judentums in Misskredit zu geraten. Letztendlich wurde ein Ausweg gefunden, der Paulus vor einem völligen Gesichtsverlust bewahrte und zugleich der Öffentlichkeit in Jerusalem die Thoratreue der Christusgläubigen demonstrierte. Paulus kam auf Anraten des Jakobus mit der Kollekte für Opferhandlungen am Tempel auf. Vier Männer aus der Urgemeinde hatten das im Buch Numeri beschriebene Gelübde der gottgeweihten Frommen (Nasiräer) abgelegt, bei dem man sich über einen längeren Zeitraum sämtlicher Produkte aus Weintrauben enthielt und zudem auf das Schneiden der Haare verzichtete (Num 6). Das Frömmigkeitsgelübde wurde mit einer feierlichen Haarschur im Tempel und der Darbietung von Opfern beendet.

Der Apostel Jakobus der Ältere, Steinskulptur aus dem 14. Jahrhundert

Der Tempelbesuch, bei dem Paulus die Opfergaben für die Nasiräer bezahlte, führte zu seiner Verhaftung und zog letztlich seinen Tod nach sich. Es kam das Gerücht auf, Paulus habe den aus Ephesus stammenden und zur Kollektendelegation zählenden Christen Trophimus in das Innere des Tempels geführt. Das Betreten des sakralen Tempelbezirks war Nichtjuden bei Todesstrafe verboten. In Griechisch abgefasste Warntafeln auf dem Vorhof der Völker wiesen ausdrücklich darauf hin. Im Verlaufe des Tumults wurde der Apostel von Angehörigen der auf der Burg Antonia stationierten römischen Kohorte verhaftet und nach Cäsarea zum Amtssitz des Statthalters Felix überstellt. Dort verschleppte man seinen Prozess. Unter dem neuen Statthalter Festus beantragte Paulus die Fortführung des Verfahrens vor einem kaiserlichen Gericht in Rom, wo er zum Tode verurteilt und durch das Schwert hingerichtet wurde.

Die Urgemeinde und der jüdische Aufstand

Wie für alle religiösen Gruppierungen des Judentums stellte der Jüdische Krieg (66–70 n. Chr.) auch für die Christusgläubigen einen tiefen Einschnitt dar. Nachdem Jerusalem in die Hände der Zeloten gefallen war, gerieten sie in eine prekäre Situation, da die christliche Botschaft von Gewaltverzicht und Feindesliebe in den Augen der Rebellen als Verrat am bewaffneten Befreiungskampf gegen die Römer erscheinen musste. Aufgrund einer prophetischen Eingebung ergriffen die Mitglieder der Urgemeinde die Flucht nach Pella im Ostjordanland und überlebten so die Katastrophe. Die Mehrheit von ihnen ist später wieder nach Judäa zurückgekehrt, da zahlreiche altkirchliche Quellen für die Zeit nach dem Jüdischen Krieg die Existenz einer Christengemeinde im weitgehend zerstörten Jerusalem verbürgen.

Neben Anfeindungen seitens der jüdischen Umwelt war die Gemeinde in Jerusalem auch immer wieder der Verfolgung durch die römische Provinzialverwaltung ausgesetzt. Während der Herrschaft von Kaiser Domitian (81–96 n. Chr.) kam es zu einem Prozess gegen die Enkel des Herrenbruders Judas. Sie wurden bezichtigt, königlich-messianische Ansprüche zu erheben und dadurch die römische Ordnung zu gefährden. Vor Gericht konnten sie unter Verweis auf ihre niedere soziale Stellung und die regelmäßige Entrichtung der Steuern plausibel machen, dass diese Vorwürfe haltlos waren. Wegen ihrer Standhaftigkeit im Glauben nahmen sie später führende Stellungen in der Kirche ein.

Die Regierungszeit von Kaiser Trajan (98–117 n. Chr.) war durch systematische Christenverfolgungen in den östlichen Provinzen des Römischen Reiches gekennzeichnet, deren Ablauf aus dem Briefwechsel zwischen Plinius dem Jüngeren und dem Kaiser ersichtlich ist. Es wurde zwar seitens der Behörden weder aktiv nach Christen gefahndet noch anonymen Anzeigen nachgegangen, doch stellte das Festhalten am christlichen Glauben grundsätzlich ein Kapitalverbrechen dar. Wer sich auf Anweisung der Behörden weigerte, dem Glauben abzuschwören und Christus zu verfluchen, konnte jederzeit mit der Todesstrafe belegt werden. In Jerusalem wurde im Zuge dieser Zwangsmaßnahmen der Bischof Simeon, der sein Amt etwa 40 Jahre innehatte, vom römischen Statthalter Atticus zum Tode verurteilt und gekreuzigt.

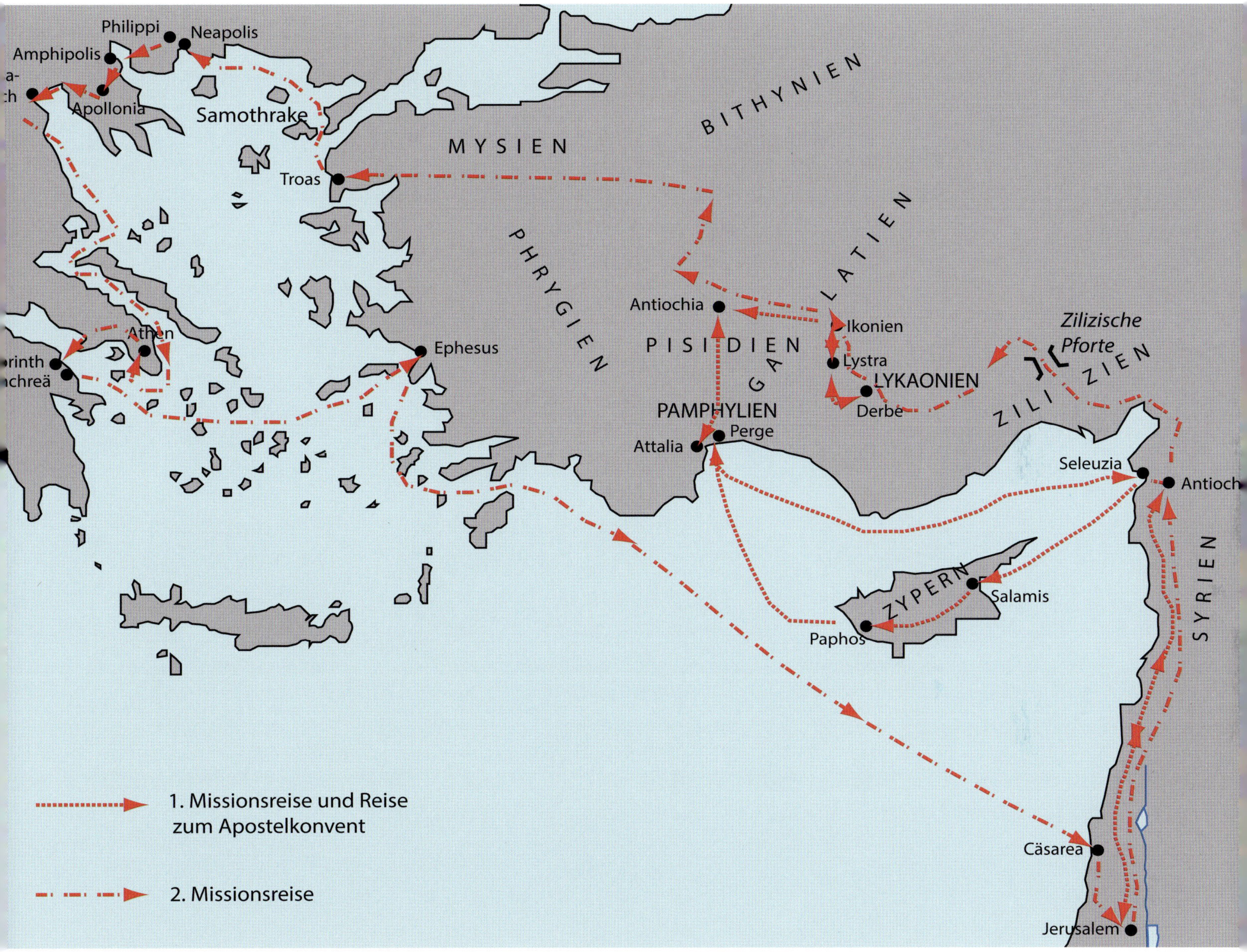

Die ersten beiden Missionsreisen des Apostels Paulus

Den nachfolgenden Gemeindeleitern waren, aus welchen Gründen auch immer, erheblich kürzere Amtszeiten beschieden. In der Kirchengeschichte des Eusebius von Cäsarea (4. Jahrhundert) findet sich eine mit Jakobus und Simeon einsetzende Liste von insgesamt 15 Jerusalemer Bischöfen, die bis 135 n. Chr. die Geschicke der Urgemeinde leiteten. Eusebius vermerkt ausdrücklich, dass sie alle »Hebräer« und »aus der Beschneidung« waren. Mit den Strafmaßnahmen, die Kaiser Hadrian nach dem gescheiterten Bar-Kochba-Aufstand gegen das jüdische Volk verhängte, war dann das Ende der Urgemeinde in der bis dahin bestehenden Gestalt verbunden und das Judenchristentum seines geistigen Zentrums beraubt.

Die Erhebung der Juden gegen die Römer

In Jerusalem herrscht Aufbruchsstimmung. Der Widerstand der Zeloten gegen die römische Herrschaft beginnt, Früchte zu tragen. Die große Mehrheit der Bevölkerung sieht die Zeit gekommen, sich vom Joch der Fremdherrschaft zu befreien. Der revolutionäre Funke ist sogar auf Teile der Aristokratie übergesprungen, die sich eigentlich bestens mit den Römern arrangiert hatte. Zur Schlüsselfigur der Rebellion erhebt sich der Tempeloberst Eleazar, der zweitmächtigste Mann in der Priesterhierarchie. Sein Vater ist kein Geringerer als der den Römern loyal ergebene Hohepriester Ananias. Auf Befehl Eleazars stellen die Priester das Opfer für den Kaiser ein, das seit Bestehen der Provinz Judäa zweimal täglich im Tempel dargebracht wird. Die gemäßigte Mehrheit der Priesteraristokratie erhebt warnend die Stimme und versucht vergeblich, diesen gefährlichen Schritt zu verhindern. Jerusalem zeigt symbolträchtig aller Welt, dass es dem Kaiser den Gehorsam aufkündigt. Fanatische Aufrührer reißen erste Lücken ins Stadtbild. Der Hasmonäerpalast und weitere Gebäude gehen in Flammen auf. Bald darauf wird die Stadt vom Kampf rivalisierender Rebellengruppen schwer in Mitleidenschaft gezogen. Doch dies ist nur der Anfang. Das Werk der Zerstörung wird von herbeibeorderten römischen Legionen fortgesetzt und vollendet: Vier Jahre später liegt die Stadt, die Herodes zu einer Perle des Vorderen Orients ausgebaut hatte, in Schutt und Asche. Der Tempel in seiner unermesslichen Pracht ist für alle Zeiten ausgelöscht, die Bevölkerungszahl nach unvorstellbaren Leiden auf ein Minimum geschrumpft. Nur die drei Türme des Herodespalastes blie-

Am jüdischen Feiertag Lag Ba-Omer werden zum Gedenken an den Bar-Kochba-Aufstand große Freudenfeuer entzündet. Vermutlich hat der Feiertag seinen Ursprung in der Zeit des Aufbegehrens der Juden gegen die römische Besatzung.

ben verschont und ragen als Mahnmal aus den Trümmern. Was so hoffnungsvoll begonnen hatte, endete in der nicht für möglich gehaltenen Katastrophe. Doch es sollte noch schlimmer kommen: Gut 60 Jahre später wird auf den Ruinen Jerusalems die römische Kolonie Aelia Capitolina errichtet, deren Betreten Juden bei Todesstrafe verboten ist.

Die Eskalation der Konflikte

Die Wiederherstellung der Provinz Judäa nach dem Tod von König Agrippa I. im Jahre 44 n. Chr. erweist sich im geschichtlichen Rückblick als fatale Fehlentscheidung der römischen Politik. Die neuerliche politische Entmündigung, die nun das gesamte jüdische Territorium betraf, rief einen wachsenden Hass auf die Römer hervor. Hinzu kam, dass sich die Qualität der Provinzialverwaltung dramatisch verschlechterte und die Besatzungsmacht immer weniger Rücksicht auf religiöse wie nationale Gefühle nahm. Auch die mit wenigen Ausnahmen nur zweijährige Amtszeit der Statthalter war einer Konsolidierung der Verhältnisse nicht förderlich. Das Volk wurde in die Arme der Zeloten getrieben, die mit ihrem radikalen Gedankengut immer größeren Zulauf gewannen. Zusätzlich verschärft wurde die Lage durch wirtschaftliche und soziale Probleme. Unter Kaiser Claudius zogen Missernten in Ägypten, das seit der Ptolemäerzeit zu den wichtigsten Getreidelieferanten des Mittelmeerraumes zählte, eine Verknappung der Lebensmittel und einen Anstieg der Getreidepreise nach sich. Von den daraus resultierenden Versorgungsengpässen wurde auch Jerusalem schwer in Mitleidenschaft gezogen (Apg 11,27–30).

Vor allem unter dem Statthalter Cumanus (Amtszeit 48–52) kam es zu mehreren Zwischenfällen, die das mangelnde Fingerspitzengefühl der römischen Besatzungsmacht anschaulich dokumentieren. Auf dem Tempelvorplatz, wo die Römer während der hohen jüdischen Feste stets starke Militärpräsenz zeigten, entblößte während des Passahfestes einer der Soldaten seinen Unterleib und löste mit dieser provokativen Geste Unruhen aus, in deren Verlauf mehrere Tausend Menschen umgekommen sein sollen. Bald darauf zerriss ein anderer Soldat im Zuge einer Strafaktion gegen Aufständische, die auf offener Landstraße einen kaiserlichen Beamten überfallen und beraubt hatten, unter Schmähungen gegen den jüdischen Glauben eine Thorarolle. Cumanus vermochte die aufgebrachte Bevölkerung nur dadurch zu beruhigen, dass er den Verantwortlichen mit dem Beil enthaupten ließ. Ein weiterer Krisenherd entwickelte sich in Samaria. Dort waren galiläische Festpilger auf dem Weg nach Jerusalem überfallen und getötet worden. Im Gegenzug wurden von Zeloten mehrere samaritanische Dörfer eingeäschert und ihre Bewohner massakriert. Da Cumanus nicht mehr Herr der Lage wurde, schaltete sich der syrische Statthalter Quadratus ein. Er ließ die zelotischen Rädelsführer hinrichten und übernahm die Kontrolle über das Land. Cumanus musste sich auf Befehl des Quadratus nach Rom begeben, wo er von Claudius seines Amtes enthoben und in die Verbannung geschickt wurde.

Unter den nachfolgenden Statthaltern setzte sich der Verfall der römischen Herrschaft über

Judäa unaufhaltsam fort. Vor allem Felix, dem auch der römische Geschichtsschreiber Tacitus ein vernichtendes Zeugnis ausstellt, machte mit aller Grausamkeit und Willkür von den kaiserlichen Machtbefugnissen Gebrauch. Während seiner Amtszeit (52–60) erreichte das zelotische Prophetentum, das die apokalyptische Hoffnung auf eine Heilswende anheizte, einen neuen Höhepunkt. Wunderpropheten fanatisierten das Volk und riefen unter Ankündigung von Zeichen der Freiheit zum Zug in die Wüste auf. Bald darauf führte ein Diasporajude aus Ägypten eine Volksmenge von mehreren Tausend Personen von der Wüste her zum Ölberg. Er versprach, auf sein Kommando hin werde die Stadtmauer zusammenfallen und er selbst dann die Herrschaft über das Volk übernehmen. Weder die kompromisslose Niederschlagung dieser Erhebungen noch die Kreuzigung zahlreicher weiterer Aufständischer durch Felix trug zur Beruhigung der Lage bei, sondern ließen im Gegenteil die Popularität der Zeloten im Volk weiter anwachsen. Die Sikarier, eine besonders militante Untergruppe der Zeloten, begannen ihr mörderisches Unwesen zu treiben.

Judäa im 1. Jahrhundert n. Chr.

Der Beginn des Krieges gegen die Römer

Der Jüdische Krieg war Folge des zunehmenden Unmuts der jüdischen Bevölkerung über die römische Provinzialherrschaft und zugleich Teil einer umfassenden Krise des Kaiserreichs zum Ende der Regierungszeit Neros. Unter dem Statthalter Gessius Florus brachen in ganz Judäa Proteste aus, nachdem es in Cäsarea ungestraft zu einer provokativen Verhöhnung der jüdischen Religion gekommen war: Ein griechischer Bürger der Stadt hatte am Sabbat vor der Synagoge einen umgestülpten Blumentopf aufgestellt und darauf einen Vogel geopfert, um sich über den Tempelkult lustig zu machen. Der korrupte Statthalter unternahm nichts zum Schutz der jüdischen Religion, obwohl er dies zugesichert und bereits eine größere Geldsumme dafür kassiert hatte. Der Hass gegen Florus schlug in offene Rebellion um, als dieser in Jerusalem einen Teil des Tempelschatzes beschlagnahmte, um ihn der Staatskasse zuzuführen. Das Geld diente der Zahlung rückständiger Steuern an Rom, nachdem zelotische Kreise die Bevölkerung Judäas zu einem Steuerboykott bewegt hatten. Die anschließenden Proteste, bei denen man in den Straßen Jerusalems zur Verhöhnung des Florus Almosen für ihn sammelte, wurden von den Römern mit äußerster Härte niedergeschlagen. Dabei kam es auch zur Kreuzigung von Juden aus der Jerusalemer Oberschicht, die in römischen Diensten standen, und zu Übergriffen des Militärs auf Unbeteiligte. König Agrippa II., der sich als Herrscher über den Tempel regelmäßig in Jerusalem aufhielt, versuchte eine Eskalation zu verhindern. Zunächst konnte er durch eine flammende Rede auf dem Versammlungsplatz vor seiner Residenz, dem Hasmonäerpalast, die aufgebrachte Bevölkerung beschwichtigen. Als er einige Tage später zum Gehorsam gegenüber dem

römischen Statthalter aufrief, wurde er mit Steinen beworfen und flüchtete in sein Königreich nordöstlich des Sees Gennesaret. Mit der Einstellung des Opfers für den Kaiser trat Jerusalem offiziell in den Aufstand.

In der Stadt kam es zu gewalttätigen Auseinandersetzungen zwischen Gegnern und Befürwortern der römischen Herrschaft. Auch die Aufstandsbewegung war in sich gespalten. Den priesterlichen Revolutionären um den Tempeloberst Eleazar ben Ananias standen die Zeloten gegenüber, deren Hass sich gegen alle romtreuen Kräfte richtete und die auch eine Neuordnung der sozialen Verhältnisse anstrebten. Sie brannten den Palast Agrippas II., das Haus des Hohepriesters Ananias sowie das Archiv mit den Steuerlisten und Schuldurkunden nieder, bevor ihnen sogar die Eroberung der Burg Antonia gelang. Bald darauf zog der Zelot Menachem mit bewaffneten Anhängern nach Art eines messianischen Königs in Jerusalem ein, nachdem er zuvor das Zeughaus der Festung Masada geplündert hatte. Menachem war ein Sohn von Judas dem Galiläer, der einst infolge der römischen Steuerschätzung durch Quirinius die revolutionäre Bewegung begründet hatte. Menachem ließ den Hohepriester Ananias töten und nahm den von der römischen Kohorte besetzten Königspalast des Herodes ein, wurde dann aber von den priesterlichen Revolutionären unter Führung des Eleazar, die keinen Herrscher aus dem einfachen Volk duldeten, umgebracht. Über die gesamte Provinz Judäa breitete sich derweilen in ethnisch gemischten Siedlungsgebieten ein Bürgerkrieg zwischen jüdischen und griechischen Bevölkerungsgruppen aus. Im Herbst 66 bemühte sich der Statthalter der Provinz Syria, Cestius, die Ordnung wiederherzustellen. Er rückte mit seiner Streitmacht in Jerusalem ein und belagerte die auf dem Tempelberg eingeschlossenen Aufständischen, zog dann aber unverrichteter Dinge wieder ab. Auf dem Rückweg nach Antiochia gerieten seine Truppen in einen Hinterhalt und erlitten schwere Verluste.

Nach dieser Niederlage der Römer schlossen sich auch gemäßigte Kreise der Aufstandsbewegung an, die nun in Jerusalem vom gehobenen Bürgertum und der priesterlichen Aristokratie getragen wurde. Auf dem Tempelplatz

Der spätere jüdische Geschichtsschreiber Flavius Josephus befestigte als Militärkommandeur im Jüdischen Krieg viele Siedlungen in Galiläa. Zu diesen gehörte auch die Siedlung auf dem zu den Golanhöhen gehörenden Gamlahügel, die im Jahre 67 n. Chr. von den Römern erobert wurde. In den 1970er-Jahren konnten die Fundamente der Siedlung bei Ausgrabungen freigelegt werden.

wurde eine Volksversammlung einberufen, um dem Land eine effiziente Verwaltungsstruktur zu geben und es für den römischen Gegenangriff zu wappnen. Dazu teilte man die gesamte Provinz Judäa in Militärdistrikte mit Befehlshabern ein, in deren Händen die Organisation des Widerstandes lag. Für Jerusalem wurde der 62 n. Chr. wegen eigenmächtiger Hinrichtung des Herrenbruders Jakobus abgesetzte Hohepriester Ananos, ein Sohn des Hannas, mit dieser Aufgabe betraut. In Galiläa übernahm der spätere Geschichtsschreiber Flavius Josephus das Kommando. In seinem Werk über den Jüdischen Krieg und in seiner Autobiografie gibt er eine ausführliche Darstellung der Ereignisse, die er über weite Strecken als Augenzeuge miterlebte.

Vespasian und Titus belagern Jerusalem

Mit der Ernennung Vespasians zum römischen Oberbefehlshaber in Judäa trat der Krieg in eine neue Phase, die den jüdischen Traum von der Freiheit jäh zerstörte. Kaiser Nero gab in Griechenland Darbietungen seiner Künste, als er von der vernichtenden Niederlage des Cestius Kenntnis erhielt. Im Gefolge Neros befand sich auch Vespasian. Der war zwar bei den Gesangsdarbietungen des Kaisers aus Langeweile eingeschlafen und daher in Ungnade gefallen, hatte sich aber im Britannienfeldzug des Claudius und später als Statthalter der Provinz Africa Verdienste erworben. Nero beauftragte den kriegserfahrenen Feldherrn damit, den jüdischen Aufstand kompromisslos niederzuschlagen. Vespasian rückte Anfang 67 mit den in Syrien stationierten Legionen und den Hilfstruppen benachbarter Vasallenkönige, darunter auch Soldaten von Agrippa II., nach Ptolemais vor. Dort stieß sein Sohn Titus aus Alexandria mit einer weiteren Legion zu ihm. Galiläa wurde von den Römern nahezu ohne Gegenwehr überrollt. Auch die von Flavius Josephus gehaltene Festung Jotapata fiel. Die Mehrzahl der Menschen ergriff bereits bei der Kunde vom Anrücken des römischen Heeres die Flucht. Die Militärstrategie Vespasians zielte darauf ab, vor dem Sturm auf Jerusalem zunächst den Rest des Landes unter Kontrolle zu bringen. Auch dieses Ziel wurde schnell erreicht, ohne auf nennenswerten Widerstand zu stoßen. Als ihn im Juni 68 die Nachricht vom Tod Neros erreichte, stoppte er die Vorbereitungen zur Invasion Jerusalems und wartete die weiteren Entwicklungen in Rom ab. Dort war nach dem Selbstmord Neros ein blutiger Bürgerkrieg ausgebrochen, der das Reich an den Rand des Abgrunds brachte, binnen kürzester Zeit drei Kaiser verschliss und überraschend mit der Inthronisation Vespasians enden sollte. Als die Entscheidung über den künftigen Herrscher Roms klar auf Vespasian zulief, betraute dieser Ende 69 seinen Sohn Titus mit der endgültigen Niederwerfung des jüdischen Aufstandes. Danach reiste Vespasian nach Ägypten ab, wo er den Winter verbrachte, um dann nach Rom zu segeln und den Kaiserthron zu besteigen.

In Jerusalem nahmen die Dinge eine weitere dramatische Wendung. Die Stadt wurde zum Fluchtpunkt der im gesamten Land von der Kriegsmaschinerie Vespasians überrollten Rebellengruppen, die sich gegenseitig bis aufs Blut bekämpften. Der radikale Zelotenführer

Johannes von Gischala, der mehrere Attentatsversuche auf Flavius Josephus unternommen hatte, konnte sich bei der römischen Eroberung Galiläas nach Jerusalem retten. Dort entfachte er einen Bürgerkrieg und errang die Herrschaft über die Stadt. Nun regierte der blanke Terror. Alle gemäßigten Kräfte wurden der Römerfreundschaft bezichtigt und weite Teile der Aristokratie beseitigt, darunter der vom Revolutionsrat als Stadtkommandant eingesetzte frühere Hohepriester Ananos und der amtierende Hohepriester Jesus ben Gamaliel. Eine rivalisierende Zelotengruppe unter Führung von Eleazar ben Simon besetzte den Tempelberg. Eine nochmalige Eskalation der Gewalt trat ein, als mit Simon bar Giora eine weitere Führungsgestalt der in sich völlig zersplitterten Aufstandsbewegung die Bühne in Jerusalem betrat. Simon bar Giora hatte mit seinen Rebellen zuvor den Süden der Provinz Judäa unsicher gemacht. Auch als die Römer bereits vor den Toren Jerusalems standen, kam es innerhalb der Stadtmauern noch zu erbitterten kriegerischen Auseinandersetzungen zwischen den drei verfeindeten Rebellengruppen. Dabei gingen sogar Getreidelager in Flammen auf. An den inneren Stadttoren sorgten Wachposten der Aufständischen dafür, dass niemand Jerusalem verließ und zu den Römern überlief. Nur die zahllosen Leichen durften mit Billigung der Rebellen aus der belagerten Stadt herausgeschafft werden. In dieser Situation ließ sich der prominente Pharisäer Jochanan ben Zakkai in einem Kastensarg aus dem besetzten Jerusalem herausschmuggeln und überlebte so die Katastrophe. Bald darauf sollte er mit römischer Genehmigung ein neues Lehrhaus in Jamnia, dem heutigen Yavne, eröffnen. Auch die Christen hatten zu dieser Zeit Jerusalem bereits verlassen und waren nach Pella in der Dekapolis geflüchtet. Johannes von Gischala gelang es am Passahfest des Jahres 70 durch eine hinterhältige List den Tempelberg zu erobern. Eleazar ben Simon hatte die Tempeltore öffnen lassen, um der Bevölkerung das Schlachten der Passahlämmer im Tempel zu ermöglichen. Diese Gelegenheit nutzte Johannes von Gischala, um seine bewaffneten Freiheitskämpfer als Festpilger getarnt in den Tempelbezirk einzuschleusen. Dort richteten sie ein Blutbad an, dem in erster Linie unbeteiligte Tempelbesucher zum Opfer fielen.

Unter der Führung des römischen Feldherrn und späteren Kaisers Vespasian wurde die Erhebung der Juden gegen die Römer im Jüdischen Krieg gewaltsam niedergeschlagen. Porträtbüste des Vespasian aus Ostia

Die Zerstörung von Stadt und Tempel

Als Titus das Kommando im Jüdischen Krieg übernahm, befand sich mit Ausnahme von Jerusalem und einzelner von den Aufständischen gehaltener Festungen das ganze Land in römischer Hand. Im Frühjahr 70 setzte der Feldherr mit vier Legionen die Belagerung Jerusalems in Gang. Sie wird von Flavius Josephus, der nun als Dolmetscher und Berater dem römischen Heeresstab angehörte, eindrücklich beschrieben. Obwohl sich die verfeindeten Rebellengruppen in letzter Minute doch noch gegen den gemeinsamen Feind zusammenschlossen, konnten die Stadtmauern innerhalb weniger Wochen gestürmt werden. Die Kämpfe konzentrierten sich bald auf die letzten Bastionen des Widerstands. Während Johannes von Gischala den Tempelberg mit der Burg Antonia hielt, verschanzte sich Simon bar Giora mit seinen Kämpfern im Königspalast des Herodes und kontrollierte die Oberstadt. Appelle an die Aufständischen, die Waffen niederzulegen und sich zu ergeben, verhallten ungehört. Da ganz Jerusalem von der Lebensmittelversorgung abgeschnitten war, starben unzählige Menschen eines grausamen Hungertodes, Josephus berichtet sogar von Kannibalismus in der belagerten Stadt. Doch auch in Anbetracht von Hunger, Seuchen und feindlicher Übermacht kam eine Kapitulation für die Zeloten nicht infrage. Sie hofften bis zum Ende, dass Gott ihren Kampfesmut belohnen und die wunderbare Wende herbeiführen würde. Trotz erbitterten Widerstands fiel im Juni 70 die Burg Antonia und bald darauf der gesamte Tempelbezirk. Johannes von Gischala gelang die Flucht in die von Simon bar Giora gehaltene Oberstadt. Der Tempel wurde von römischen Soldaten geplündert und in Flammen gesetzt, obwohl Titus angeordnet hatte, ihn zu verschonen. Selbst in dieser Situation verweigerten Simon bar Giora und Johannes von Gischala immer noch die Niederlegung der Waffen, da die Römer ihnen keinen freien Abzug zusichern wollten. Nach fünfmonatiger Belagerung konnte schließlich auch die Oberstadt von Titus eingenommen werden. Beide Aufstandsführer fielen den Römern lebend in die Hände. Während Titus sich bereits auf dem Weg nach Rom befand, leisteten einige Festungen im Lande auch nach der Zerstörung Jerusalems noch Widerstand. Herodeion, wo sich das von den Freiheitskämpfern geschändete Grabmal des Herodes befand, und Machairos im Ostjordanland fielen schnell in römische Hände. Die als uneinnehmbar geltende Festung Masada am Toten Meer hielt sich dagegen bis zum Frühjahr 74. Bei der Eroberung der Festung bot sich den Römern ein Bild des Grauens. Die mehr als 1000 Zeloten, die sich dort verschanzt hatten, waren ihrer Gefangennahme durch Selbstmord zuvorgekommen.

Die Folgen des Krieges für Jerusalem

Die Folgen des Jüdischen Krieges waren in politischer, wirtschaftlicher und religiöser Sicht verheerend. Während der Belagerung Jerusalems hatten die Römer mehrere Verhandlungsangebote mit durchaus annehmbaren Kapitulationsbedingungen unterbreitet. Diese waren von jüdischer Seite brüsk ausgeschlagen worden. Vor diesem Hintergrund gingen die römischen

Truppen nach dem Fall Jerusalems mit aller Härte vor: Die Stadt wurde dem Erdboden gleichgemacht. Unter den am Leben gebliebenen Einwohnern richteten die Legionäre ein Blutbad an, bis sie des Tötens müde waren. Wer mit dem Leben davonkam, wurde zur Sklavenarbeit ins Bergwerk oder zum blutigen Kampf in die Arena geschickt. Nach seinem Triumph zog Titus durch die Städte des Vorderen Orients und hielt große Siegesfeiern ab, bei denen jüdische Kriegsgefangene in der Arena gegeneinander kämpfen mussten oder den Bestien zum Fraß vorgeworfen wurden. Die Provinz Judäa stand nun unter der Verwaltung eines kaiserlichen Legaten aus dem Senatorenstand. Dieser war gleichzeitig Befehlshaber der am Jüdischen Krieg beteiligten X. Legion, die Titus zur Herrschaftssicherung in Jerusalem zurückgelassen hatte. Das Hauptquartier befand sich auf dem Areal des alten Herodesschlosses, wo die von den Römern nicht zerstörten drei Türme und Reste der westlichen Stadtmauer Schutz boten. Das traditionelle Feldzeichen der vorher am Euphrat stationierten X. Legion war der Eber. Das Emblem dieses aus jüdischer Sicht unreinen Tieres prangte nun in Jerusalem auf Dachziegeln und Backsteinen der römischen Funktionsbauten. Das Synhedrion als entscheidendes Instrument jüdischer Selbstverwaltung wurde aufgelöst. Auch wirtschaftlich zog der Krieg katastrophale Folgen nach sich. Weite Teile des Landes waren verwüstet und entvölkert. Den Grundbesitz der Provinz machte Vespasian zu römischem Staatsland. Die jüdischen Bauern wurden damit ausnahmslos zu abhängigen Pächtern, die für die landwirtschaftliche Nutzung ihres Bodens Pachtzins an die Römer zu entrichten hatten.

Vespasian machte sich den Sieg im Jüdischen Krieg geschickt zunutze, um das Fundament für die neue Kaiserdynastie der Flavier zu legen. In Rom wurde im Jahr 71 n. Chr. ein großer Triumphzug abgehalten, der das Bild von Titus als erfolgreichem Feldherrn tief im Bewusstsein der Bevölkerung verankerte und ihm eine glänzende Ausgangsposition als Thronerbe verschaffte.

Die unter Herodes dem Großen erbaute Felsenfestung Masada an der Westseite des Toten Meers zählt zu den nationalen Erinnerungsorten Israels. Sie war nach dem Fall Jerusalems die letzte Bastion im Kampf gegen die Römer und wurde im Jahre 74 von der X. Legion eingenommen.

Diese Ziegelsteine aus Jerusalem mit der Prägung LEXFR, die für »Legio Decima Fretensis« steht, sind Hinterlassenschaften der berühmten X. Legion der römischen Armee, die an der Zerstörung Jerusalems im Jahre 70 beteiligt war.

Bei diesem pompösen Ereignis, von dem bis heute der Titusbogen zeugt, wurden Kriegsszenen nachgestellt und die erbeuteten Kultgegenstände aus dem Jerusalemer Tempel durch Rom geführt. Zu den weiteren Attraktionen zählten 700 ausgewählte Kriegsgefangene, darunter auch die beiden Anführer der Rebellen. Im Anschluss an den Triumphzug wurde Simon bar Giora mit dem Strick um den Hals auf das Forum Romanum geschleift und unter dem Jubel der Bevölkerung öffentlich hingerichtet, während Johannes von Gischala mit einer lebenslangen Freiheitsstrafe davonkam. Im gesamten Römischen Reich ließ das flavische Kaiserhaus den glanzvollen Triumph über die Juden durch Münzen verbreiten, die in der Antike ein wichtiges Mittel der Propaganda darstellten. Die Gedenkmünzen zum Jüdischen Krieg wurden rund 25 Jahre lang in großen Stückzahlen und unterschiedlichen Varianten geprägt. Die bekanntesten Exemplare zeigen auf der Vorderseite das Antlitz des Kaisers und auf der Rückseite eine Judäa symbolisierende Frauengestalt, die entweder weinend unter einer römischen Siegestrophäe sitzt oder mit gefesselten Händen neben einer Palme steht. Ergänzt wird das Bild durch die lateinische Aufschrift »Judäa ist gefangen« oder »Judäa ist besiegt«.

In religiöser Hinsicht stellte der Verlust des Jerusalemer Tempels die dramatischste Folge des Jüdischen Krieges war. Da das Judentum seines kultischen Zentrums beraubt war, wurde die Thora zur unumschränkten Mitte der jüdischen Religion und die Synagoge zum zentralen Ort der Religionsausübung. Dieser Neuanfang ohne Tempel vollzog sich in Jamnia, das nun anstelle Jerusalems zum Zentrum des religiösen Lebens wurde. Eine Führungsrolle nahm in der Anfangszeit der Pharisäer Jochanan ben Zakkai ein. Am Ende des komplexen Prozesses, der bald von der Ausgrenzung Andersgläubiger begleitet war, stand die Herausbildung eines normativen Judentums rabbinischer Prägung. Äußeres Zeichen für den Untergang des Heiligtums war die römische Neuordnung der Tempelsteuer, die nun dem Tempel des Jupiter Capitolinus in Rom zugutekam. Dafür wurde eine eigene Behörde, der Fiscus Judaicus, eingerichtet. Die Judensteuer musste im gesamten Römischen Reich von jedem Familienmitglied zwischen drei und 26 Jahren, gleich welchen Geschlechts, entrichtet werden, während die Tempelsteuer nur männliche Juden über 20 Jahre betroffen hatte. Aus Ägypten ist eine Quittung vom 2. Juni 72 überliefert, auf der die römische Provinzialverwaltung einem Juden die Entrichtung der Steuer bestätigt. Noch stärker als die materielle Belastung wog die religiöse Demütigung, dass das Judentum nun den Jupiterkult mitfinanzieren musste.

Seit den Tagen Caesars hatte das Judentum im Römischen Reich eine Reihe von Privilegien genossen und in hohem Ansehen gestanden. Dies war in erster Linie das Verdienst der Herodesfamilie und deren unerschütterlicher Loyalität gegenüber der römischen Herrschaft gewesen. Mit dem gescheiterten Aufstand gegen Rom verschlechterten sich auch für die Juden in der Diaspora die Lebensbedingungen dramatisch. Besonders stark waren in den folgenden Jahrzehnten die Repressalien im ehemaligen Ptolemäerreich, wo aus Judäa geflüchtete Zeloten ihr radikales Gedankengut mit Erfolg verbreiteten. Dies führte im frühen 2. Jahrhundert unter Kaiser Traian zu einer großen Judenrevolte, die wie ein Flächenbrand Ägypten, Libyen und Zypern erfasste, unzählige Opfer forderte und die Reputation des Judentums im Römischen Reich auf den Nullpunkt sinken ließ.

Erneuter Aufstand unter Bar Kochba

Die erneute Erhebung der Juden gegen die Römer fiel in die Regierungszeit von Kaiser Hadrian, der wie kaum ein anderer römischer Herrscher Rundreisen durch die Provinzen des Reichs unternahm und Bauprojekte unterschiedlichster Art vorantrieb. Jerusalem lag 60 Jahre nach der Zerstörung durch Titus weiterhin in Trümmern. Bei einer ausgedehnten Reise in die östlichen Reichsprovinzen besuchte Hadrian im Frühjahr 130 auch Judäa und konnte sich mit eigenen Augen ein Bild vom erbarmungswürdigen Zustand Jerusalems machen. Noch vor Ort verfügte der Kaiser eine Neugründung der Stadt als römische Kolonie Aelia Capitolina. Diese Maßnahme war Teil der auf die Reichseinheit und den inneren Frieden ausgerichteten Hellenisierungspolitik Hadrians. Im Namen der Stadt spiegelt sich einerseits die reichsweite Bedeutung des auf dem Kapitol in Rom beheimateten Jupiterkults und andererseits die enge Bindung der Kolonie an den Kaiser wider, dessen voller Name Publius Aelius Hadrianus lautete. Der Kaiser war sicherlich davon überzeugt, seinen Untertanen in der Provinz Judäa einen Wohlerweis zu gewähren, der mit Anerkennung und Bewunderung honoriert werden würde. Die Auswirkungen auf die religiösen und nationalen Gefühle der jüdischen Bevölkerung hatte Hadrian nicht bedacht. Im Zentrum der Kritik stand die Tatsache, dass auf dem verwaisten Tempelberg ein Jupiterheiligtum errichtet werden sollte. Mit dieser Entweihung des Zion hatten sich gleichzeitig alle Hoffnungen auf einen Wiederaufbau des Tempels zerschlagen. Zudem soll Hadrian auch ein Beschneidungsverbot erlassen haben. Unmittelbar nach der Abreise des Kaisers wurde die bauliche Umwandlung Jerusalems in eine römische Kolonie in Angriff genommen. Der symbolische Gründungsakt, das Ziehen einer Furche um das geplante Stadtareal, ist auf einer speziellen Münzprägung festgehalten.

»JUDEA CAPTA« lautet die Inschrift auf dieser von Kaiser Vespasian anlässlich des Sieges im Jüdischen Krieg geprägten Münze, auf deren Rückseite der Herrscher und eine sitzende Frauenfigur abgebildet sind, von denen Letztere Judäa symbolisiert.

Unter Kaiser Hadrian kam es in der Provinz Judäa zwischen 132 und 135 zum Zweiten jüdischen Aufstand, der jedoch gewaltsam niedergeschlagen wurde. Die in Hierapydna auf Kreta gefundene Hadrianstatue aus dem Jahr 135 n. Chr. versinnbildlicht den Herrschaftsanspruch des Kaisers durch seine Körperhaltung: Ein Fuß des Kaisers steht auf dem Nacken eines am Boden liegenden Feindes.

Hadrian hielt sich nach seinem Jerusalembesuch noch knapp zwei Jahre in Ägypten und Syrien auf. Während dieser Zeit wahrte das jüdische Volk nach außen hin Ruhe, doch wurden insgeheim bereits Waffenarsenale angelegt und unterirdische Stellungen befestigt. Nachdem der Kaiser den Osten in Richtung Athen verlassen hatte, kam es im Sommer 132 zum offenen Krieg gegen die Römer. Daran beteiligten sich auch die Nabatäer, deren Königreich unter Kaiser Trajan in die römische Provinz Arabia umgewandelt worden war. Der Anführer der Rebellen war Simon, der den Beinamen Bar Kochba trug und sich als Fürst Israels bezeichnete. Bar Kochba bedeutet »Sternensohn« und leitet sich daraus ab, dass Simon als der verheißene messianische Stern aus dem Geschlecht Jakobs galt (Num 24,17). Zum Zeichen der wiedergewonnenen Freiheit prägten die Aufständischen Münzen und führten eine neue Zeitrechnung ein, die mit dem ersten Jahr der Erhebung einsetzte. Münzen mit Tempelmotiven und der Aufschrift »Für die Befreiung Jerusalems« zeigen, dass der Aufstand auf die Eroberung Jerusalems und die Wiederherstellung des Tempelkultes abzielte. Einzelne Münzen nennen neben Bar Kochba einen Priester namens Eleazar, der vermutlich ebenfalls eine führende Rolle spielte. Einen anschaulichen Eindruck von der Persönlichkeit und den Charaktereigenschaften Bar Kochbas vermitteln Dokumente, die in der judäischen Wüste gefunden wurden, darunter mehrere Briefe des Aufstandsführers. Charakteristisch für Bar Kochba war ein autoritärer Führungsstil, der nahezu jeden Befehl mit einer Strafandrohung für den Fall der Nichtbefolgung verband. Zugleich sind seine Briefe von der Sorge um die strenge Einhaltung religiöser Vorschriften wie der Sabbatruhe und der Verzehntung der Ernteerträge geprägt. Bar Kochba zeigt sich als umsichtiger Politiker und Stratege, aber auch als rigoroser militärischer Führer, dessen in der Tradition des makkabäischen Freiheitskampfes stehende Erhebung gegen die Römer von einer ausgeprägten Thorafrömmigkeit und messianischen Ansprüchen getragen ist. Zu diesem Bild passen die Mitteilungen der Kirchenväter, dass Bar Kochba mit aller Härte gegen die Christen in Judäa vorging, weil diese sich weigerten, ihn als Messias anzuerkennen und am Aufstand teilzunehmen.

Territorial konzentrierte sich der Aufstand auf den Süden der Provinz Judäa. Wichtigster Stützpunkt der Rebellen war die Festung Bether südwestlich von Jerusalem. Das von den Aufständischen kontrollierte Territorium war in Militärdistrikte eingeteilt und Befehlshabern unterstellt, deren Namen aus den Briefen Bar Kochbas teilweise bekannt sind. Die kaiserlichen Domänen in seinem Hoheitsgebiet nahm Bar Kochba in Besitz, um sie als Staatsland an jüdische Bauern zu verpachten, eine Reihe entsprechender Pachtverträge ist erhalten geblieben. Die Römer traf der Aufstand völlig unvorbereitet, sodass sie anfangs hohe Verluste erlitten. Dem Statthalter Tineius Rufus gelang es auch mithilfe der syrischen Legionen nicht, die Erhebung niederzuschlagen. Bar Kochba und seine Kämpfer machten sich ein weitverzweigtes Netz unterirdischer Gänge und Höhlen zunutze, von denen aus sie ihren Partisanenkrieg gegen die Besatzungsmacht führten. Über 100 solcher unterirdischen Versteckssysteme, die teilweise bis in die Makkabäerzeit zurückgehen, wurden bei Ausgrabungen in Israel entdeckt. Allerdings scheint der Aufstand sein vorrangiges Ziel einer Wiederherstellung des Opferkults auf dem Zion

verfehlt zu haben. Die Tatsache, dass bei Ausgrabungen in Jerusalem bisher keine Münzen aus der Bar-Kochba-Zeit gefunden wurden, spricht gegen eine Einnahme der Stadt durch die Rebellen. Erst als der erfahrene Feldherr Julius Severus von Britannien nach Judäa beordert und mit dem Oberkommando betraut wurde, gewannen die Römer nach erbitterten Kämpfen die Kontrolle über die Provinz zurück. Dazu bedurfte es eines Heeres von sechs oder sieben Legionen, die von den tüchtigsten Generälen Roms angeführt wurden. Hadrian selbst scheint sich ebenfalls für kurze Zeit am Kriegsschauplatz aufgehalten zu haben. Mit der römischen Eroberung der Festung Bether im Jahr 135 fiel die letzte Bastion der Rebellen. Der Aufstandsführer Bar Kochba fand dabei den Tod.

Jerusalem wird zu Aelia Capitolina

Nach der Niederschlagung des Aufstandes brachten die Römer die Umwandlung Jerusalems in die römische Kolonie Aelia Capitolina zielstrebig zum Abschluss und verhängten drastische Strafmaßnahmen. Unzählige Menschen, die den Krieg überlebt hatten, wurden in die Sklaverei verkauft. Anderen gelang es, in den Höhlen am Westufer des Toten Meeres Zuflucht vor den Römern zu finden. Hadrian erließ ein Gesetz, das allen Juden unter Androhung der Todesstrafe verbot, die Stadt Jerusalem und das umliegende Gebiet zu betreten. Die einzige Ausnahme stellte der Tag der Tempelzerstörung dar, an dem das jüdische Volk einmal im Jahr auf dem Zion Wehklage über das zerstörte Heiligtum erheben durfte. Zu den weiteren Strafmaßnahmen des Kaisers gehörte die Umwandlung des Provinznamens Judäa in Syria Palästina. Der Begriff Palästina leitet sich etymologisch von den Philistern als den Erzfeinden Israels ab. Mit dem neuen Provinznamen wurde programmatisch zum Ausdruck gebracht, dass es fortan kein Land der Juden mehr geben sollte. Es handelt sich um den einzig bekannten Fall, dass von den Römern aufgrund eines Aufstandes der Name einer Provinz geändert wurde. Diese drakonische Maßnahme zeigt, in welchem Maße Hadrian sich von der Revolte getroffen fühlte und welche Bedrohung sie für die römische Ordnung dargestellt hatte.

Das Siedlungsgebiet von Aelia Capitolina umfasste nur noch ein Drittel des früheren Areals von Jerusalem. Die Oberstadt wurde ausschließlich als römisches Militärlager genutzt. Die ehemalige Davidstadt südlich des verwaisten Tempelbergs blieb unbesiedelt und diente als Steinbruch. Das Zentrum von Aelia Capitolina lag westlich des Tempelbergs. Nach römischem Vorbild dienten zwei rechtwinklig zueinander verlaufende Straßen als Verkehrsadern der Kolonie, in der schätzungsweise 10 000 Menschen lebten und die nicht durch Stadtmauern befestigt war. Die bedeutendere der beiden Verkehrsadern war der Cardo Maximus, der sich in Nord-Süd-Richtung erstreckte und von dem bei Ausgrabungen in Jerusalem ein etwa 200 Meter langes Teilstück freige-

Unter Bar Kochba im zweiten jüdischen Aufstand geprägte Silbermünze mit hebräischer Inschrift auf der Vorder- und Rückseite

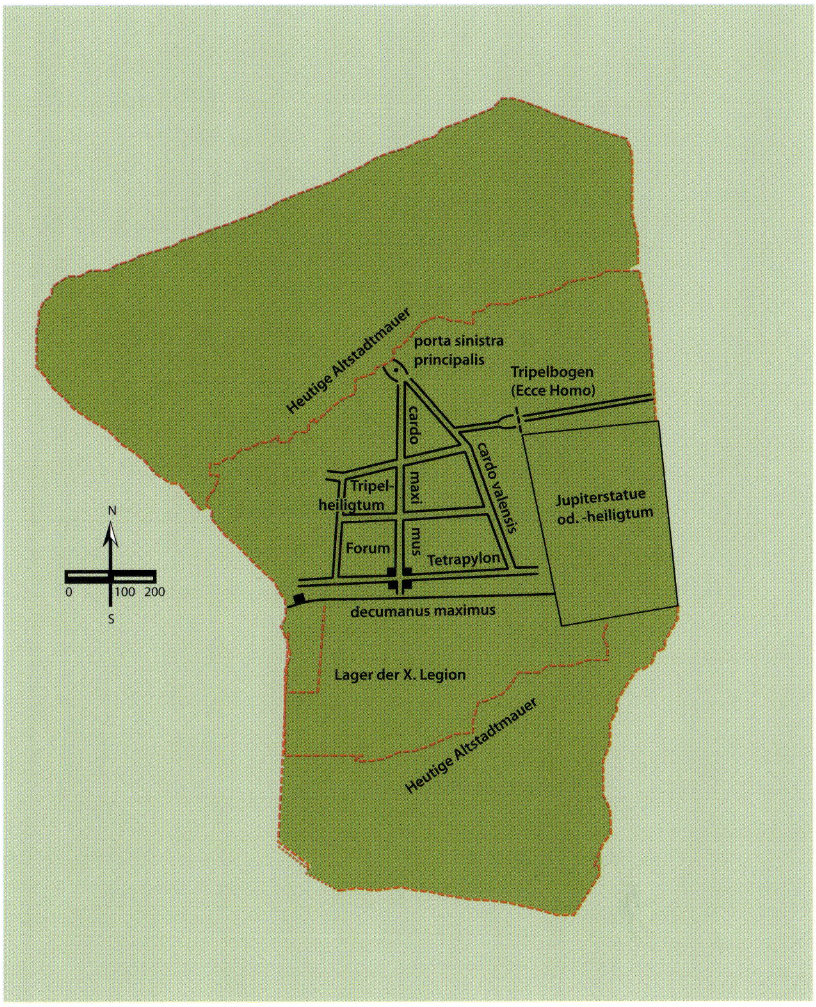

Karte Jerusalems als römische Kolonie Aelia Capitolina

legt wurde. An seinem südlichen Ende traf der Cardo Maximus auf den Decumanus Maximus, der als Querachse vom heutigen Jaffator im Westen zum Tempelberg im Osten verlief. Am Kreuzungspunkt der beiden Verkehrsadern befand sich das von Säulen umrahmte Forum, das den Mittelpunkt des öffentlichen Lebens darstellte. Nördlich vom Forum wurde in der Nähe der späteren Grabeskirche ein Tripelheiligtum als religiöses Zentrum von Aelia Capitolina errichtet, das den römischen Gottheiten Jupiter, Juno und Minerva gewidmet war. Auf dem nicht weit entfernten Felsen Golgota stand nun eine Aphroditesäule. Als weitere wichtige Bauwerke besaß die Kolonie ein Theater, ein Amphitheater und zwei Thermalbäder. Dem griechischen Geschichtsschreiber Dio Cassius zufolge ließ Hadrian schon bei der Gründung von Aelia Capitolina auf dem Tempelberg ein Jupiterheiligtum errichten. In anderen Quellen ist nur von einer Jupiterstatue und einem Reiterstandbild Hadrians als Symbolen der imperialen Macht Roms die Rede. Doch so oder so war der Zion entweiht und mit der Zeit verwilderte das Plateau immer mehr. Wegen seiner vielen Steintrümmer diente es als Materiallager für öffentliche und private Bauten, ein Teil der Fläche wurde landwirtschaftlich genutzt. Der Jerusalemer Bischof Kyrill spricht im 4. Jahrhundert davon, dass der Tempelplatz den Gurken überlassen sei und nur noch wenige Mauerreste des Tempelhauses aus dem Boden ragten.

Hatte König David einst Jerusalem von den Jebusitern erobert und zur Hauptstadt seines Großreichs erhoben, Salomo der Stadt mit dem Tempelbau eine unvergleichliche Bedeutung für den jüdischen Kult verliehen und Herodes der Große es zu einer der schönsten Städte des Nahen Ostens entwickelt, die selbst nach der Katastrophe des Jüdischen Krieges noch die Hoffnung auf einen Neuanfang in sich trug, so fand mit der Neugründung von Aelia Capitolina die mehr als 1000-jährige Geschichte Jerusalems als unumschränktem Zentrum des Judentums und seiner Religion ihr tragisches Ende. Auch die christliche Kirche Jerusalems gewann ein völlig anderes Gesicht. Sie umfasste nun ausschließlich Gläubige, die nicht von Hause aus Juden waren, sondern aus der Völkerwelt stammten und zunehmend das Bewusstsein für die jüdischen Wurzeln ihres Glaubens verloren.

Von der Antike in die Gegenwart

Die israelischen Fallschirmjäger unter dem Kommando von Oberst Motta Gur haben den Ölberg eingenommen und rücken in Richtung Getsemani vor. Nachdem ihnen Panzer den Weg durch das Löwentor freigeschossen haben, stürmen sie die Via Dolorosa und nehmen bald darauf den Tempelberg ein. Dort müssen sie sich von einem Araber den Weg zur Klagemauer zeigen lassen, wo zeitgleich weitere israelische Truppen eintreffen, die durch die südlichen Tore in die Altstadt vorgedrungen sind. Hussein von Jordanien, der letzte König von Jerusalem, hat längst in einem Geländewagen die Flucht ergriffen. An der Klagemauer bläst der Oberrabbiner der israelischen Armee, Rabbi Shlomo Goren, den Schofar und spricht ein Gebet. Die von ihren Gefühlen überwältigten Soldaten weinen, singen und tanzen. Bald darauf trifft auch der Verteidigungsminister Moshe Dayan, wie immer mit schwarzer Augenklappe, am Ort des Geschehens ein. Auf ein Stück Papier schreibt er „Möge Frieden in das ganze Haus Israel einziehen" und steckt es in die Ritzen der Klagemauer. Mit dem Triumph im Sechstagekrieg kommt auch der seit 1949 von Jordanien beherrschte Ostteil Jerusalems unter israelische Kontrolle. Der Friedenswunsch aber hat sich auch Jahrzehnte später noch nicht erfüllt.

Kaiser Konstantins Siegeszug und die Folgen

Nach der Neugründung Jerusalems als Aelia Capitolina blieben das Stadtbild und die Einwohnerzahl über einen Zeitraum von knapp

Der Felsendom auf dem Tempelberg zählt zu den markantesten Gebäuden Jerusalems und ist eines der Heiligtümer des Islams.

200 Jahren weitgehend unverändert. Neue Impulse für die Stadtentwicklung wurden erst unter Konstantin dem Großen gesetzt, nachdem dieser 324 in der Schlacht von Adrianopel den bis dahin als Kaiser des Ostens regierenden Licinius besiegt und die Alleinherrschaft über das Römische Reich errungen hatte. Im Anschluss an das Konzil von Nizäa, an dem auch der Jerusalemer Bischof Makarius teilnahm, ordnete Konstantin 325 die Suche nach dem Grab Jesu an, das unter dem hadrianischen Tripelheiligtum wiederentdeckt und mit der Grabeskirche überbaut wurde. Diese bestand aus einer Basilika mit fünf Seitenschiffen, die im Süden den vermeintlichen Golgotafelsen mit einschloss und in Anspielung auf die Kreuzigung Jesu als Martyrium bezeichnet wurde, und einer direkt über dem Grab Jesu errichteten monumentalen Rotunde, die den Namen Anastasis (Auferstehung) trug. Auf dem Ölberg wurde die Himmelfahrtskirche erbaut. Auf Initiative von Konstantins Mutter Helena, die im Heiligen Land die Bauarbeiten überwachte, soll es auch zur Entdeckung des Kreuzes Jesu in unmittelbarer Nähe von Golgota gekommen sein. Die diesbezüglichen Nachrichten sind allerdings in ihrem geschichtlichen Wert umstritten.

In der Folgezeit entstanden an unterschiedlichsten heiligen Stätten wohl mehr als 40 Basiliken, Klöster, Pilgerhospize oder Kapellen, an denen die Sonderstellung Jerusalems als zentraler Ort des Wirkens Jesu und Geburts-

Darstellung Jerusalems auf dem Fußbodenmosaik von Madaba (Jordanien), um 550 n. Chr.

stätte der christlichen Kirche sichtbar wurde. Dazu zählten die über dem Abendmahlssaal errichtete Zionskirche, die Getsemani-Basilika, die Hagia-Sophia-Kirche mit dem Richterstuhl des Pilatus, die der Gottesmutter gewidmete Nea-Maria-Kirche und die zu Ehren des ersten christlichen Märtyrers erbaute Stephanuskirche. Ein anschauliches Bild des byzantinischen Jerusalems vermittelt das Fußbodenmosaik von Madaba, das eine Landkarte Palästinas aus dem 6. Jahrhundert zeigt. Bereits im Jahr 451 war die Diözese Jerusalem zum Patriarchat erhoben worden. Durch die rege Bautätigkeit und den wirtschaftlichen Aufschwung infolge der Konstantinischen Wende stand Jerusalem im byzantinischen Zeitalter in neuer Blüte. Man schätzt, dass die Stadt vor der muslimischen Eroberung im 7. Jahrhundert nahezu 100 000 Einwohner hatte.

Der Beginn der christlichen Pilgerfahrt

Mit der Konstantinischen Wende beginnt der Brauch der christlichen Pilgerfahrt nach Jerusalem. Durch die Identifizierung der vermeintlichen Stätten des Wirkens Jesu und die Errichtung prunkvoller Kirchenbauten strahlte Jerusalem in der christlichen Welt eine unwiderstehliche Anziehungskraft aus, zumal das Kaiserreich für den Schutz der Pilger Sorge trug und sichere Reisewege bot. Wichtige Motive für die Pilgerreise in das Heilige Land waren Neugierde und Abenteuerlust. Im Vordergrund stand aber die Sehnsucht der Gläubigen, auf den Spuren des Erlösers zu wandeln und damit dem Wirken Jesu, wenn schon nicht zeitlich, dann wenigstens räumlich nahe zu sein. Durch die Bindung an konkrete Orte und Gegenstände wurde der Glaube anfassbar und fühlbar. Als neues Genre der christlichen Literatur entstand der Pilgerbericht, in dem die Reise in das Heilige Land ausführlich beschrieben und einer breiteren Öffentlichkeit zugänglich gemacht wurde.

Den ältesten Bericht dieser Art verdanken wir dem namenlos bleibenden Pilger von Bordeaux, der im Frühjahr 333 auf dem Landweg nach Palästina aufbrach und ein Jahr später in seine Heimat zurückkehrte. In seinen Aufzeichnungen gibt er eine nüchterne, aber anschauliche Beschreibung dessen, was man im Heiligen Land sehen konnte und welche biblischen Geschichten dabei im Hintergrund standen. In Jerusalem besuchte er Betesda, den Teich Schiloach, Golgota, den christlichen Zion, das verwaiste Tempelareal und den Ölberg. Im Haus des Kajafas wurde ihm die Säule gezeigt, an der Jesus gegeißelt worden sein soll. Auf dem Tempelberg nahm er die von Hadrian errichteten Standbilder in Augenschein und bekam nicht weit davon entfernt einen durchbohrten Stein zu Gesicht, an dem die Juden alljährlich zusammenkamen, um Wehklage über den zerstörten Tempel zu erheben.

Von unschätzbarer Bedeutung für unser Bild des byzantinischen Jerusalems ist der Pilgerbericht der aus Spanien stammenden Nonne Egeria, die um 383 Palästina besuchte und die Reiseerlebnisse für ihre Ordensschwestern schriftlich festhielt. Egerias Bericht bietet nicht nur eine ausführliche Beschreibung des Heiligen Landes und seiner Memorialstätten, sondern geht auch auf die liturgischen Festzeremonien in Jerusalem ein. So erfahren wir, dass sich die Gläubigen am Abend des 5. Januar in der Geburtskirche zu Betlehem versammelten, um dann in einer nächtlichen Prozession unter Singen von Psalmen nach Jerusalem zu ziehen und dort in der Grabeskirche das Epiphaniasfest zu feiern. Am Karfreitag schritten die Gläubigen bereits einzelne Stationen des Leidensweges Jesu ab. Während des Gottesdienstes in der Grabeskirche wurden die angeblich von Helena entdeckten Kreuzesreliquien auf einem mit Leinen gedeckten Tisch zur Schau gestellt, von den vorbeiziehenden Teilnehmern der Karfreitagsprozession zunächst mit der Stirn berührt und dann geküsst. Diakone wachten aufmerksam darüber, dass niemand einen Splitter aus dem Kreuz herausbrach, um ihn als Andenken mit nach Hause zu nehmen.

Die Islamisierung Jerusalems

Das Ende der byzantinischen Herrschaft über Jerusalem kündigte sich 612 an, als die Perser die Herrschaft über die Heilige Stadt gewannen, ein Blutbad unter der Bevölkerung anrichteten und die Kirchenbauten dem Erdboden gleichmachten. Kaiser Heraklius gelang es zwar fünf Jahre später, Jerusalem zurückzuerobern und die geraubten Kreuzesreliquien in einem Triumphzug in die Grabeskirche zurückzuführen, doch der arabischen Invasion im Vorderen Orient hatte das durch politische, soziale und religiöse Zerrissenheit geschwächte Byzantinische Reich dann nichts mehr entgegenzusetzen. Im August des Jahres 636 erlitt das kaiserliche Heer nahe dem See Gennesaret eine vernichtende Niederlage gegen die Streitmacht des Kalifen Omar. Damit verlor Byzanz die Herrschaft über Syrien und Palästina an die Araber. Jerusalem konnte der muslimischen Belagerung zwei Jahre standhalten, musste sich dann aber in sein Schicksal fügen. Der hochbetagte Patriarch Sophronius schloss mit den Belagerern einen Kapitulationsvertrag ab, der den christlichen Bewohnern Jerusalems gegen Tributzahlungen Schutzrechte garantierte. Nach Abschluss der Verhandlungen im Jahr 638 öffnete er Omar die Stadttore und geleitete ihn zur Grabeskirche, wo der Kalif auf den Stufen vor dem Eingang zum Gebet niedergefallen sein soll.

Das Interesse der arabischen Eroberer richtete sich schnell auf den verwaisten Tempelberg, den Haram asch-Scharif, mit dem die Nachtreise und Himmelfahrt Mohammeds verbunden wurde. Im Süden des Tempelbergs entstand ein aus Holz erbautes Gebetshaus, das im frühen 8. Jahrhundert durch die Al-Aqsa-Moschee ersetzt wurde. Diesen Ort identifizierte man als jene ferne Kultstätte aus dem Koran (Sure 17,1), zu der Mohammed von Mekka aus in seiner nächtlichen Reise auf dem Pferd Buraq aufgebrochen war, um dort mit den anderen Propheten des Islams zusammenzutreffen und danach in den Himmel aufzusteigen. Über dem Fußabdruck, den Mohammed bei seinem Aufstieg hinterlassen haben soll, erhob sich nun der Felsendom, der noch vor der Al-Aqsa-Moschee Ende des 7. Jahrhunderts unter dem Kalifen Abdalmalik fertiggestellt wurde und dessen Rundkuppel architektonisch von der Rotunde der Grabeskirche inspiriert ist. An der Südwestecke des Tempelbergs errichteten die arabischen Eroberer eine Palastanlage, die allerdings im 8. Jahrhundert einem Erdbeben zum Opfer fiel. Durch die Bauten auf dem Tempelberg stieg Jerusalem nach Mekka und Medina zur drittwichtigsten heiligen Stadt des Islams auf.

In den nachfolgenden Jahrhunderten stand Jerusalem unter der Macht wechselnder muslimischer Herrscher, die immer weiter von der unter den Omaijaden praktizierten Toleranz gegenüber dem Christentum abrückten. Mitte des 8. Jahrhunderts verlagerte sich durch den Aufstieg der Abbasiden das Machtzentrum des Islams nach Bagdad. Mit dem abbasidischen Kalifen Harun, der durch die Erzählungen aus Tausendundeine Nacht berühmt wurde, schloss Kaiser Karl im Jahr 799 ein Abkommen, das den Karolingern die Rechtsgewalt über die Grabeskirche und die Schutzherrschaft über die Christen in Jerusalem einräumte. Damit spielte erstmals die lateinische Kirche des Westens eine zentrale Rolle in Jerusalem. Ende des 10. Jahrhunderts gelangten die schiitischen Fatamiden in Ägypten an die Macht und kontrollierten bald auch Jerusalem. Unter ihrer fanatischen Herrschaft kam es immer wieder zu schweren Ausschreitungen gegen Juden und Christen, deren unrühmlicher Höhepunkt im Jahr 1009 die systematische Zerstörung von Synagogen und Kirchen durch den Kalifen Hakim war. Davon war auch die Grabeskirche betroffen, deren Basilika völlig der Vernichtung anheimfiel, während die Rotunde teilweise erhalten blieb und später wieder aufgebaut werden konnte. Im Jahr 1072 trat in Jerusalem erneut ein Machtwechsel ein, nachdem das turkmenische Reitervolk der Seldschuken Bagdad erobert und seinen Einfluss bis nach Palästina ausgedehnt hatte. Dort brachten die Seldschuken Teile des Berglandes und die Heilige Stadt unter ihre Kontrolle, während die Fatamiden weiterhin die Küstenebene beherrschten. In Jerusalem schlugen die Seldschuken im Jahr 1078 einen Aufstand mit aller Härte nieder. Dabei richtete der General Atsis ein Blutbad unter der Bevölkerung an, von dem auch die Christen schwer

Mohammeds Nachtreise, persische Miniatur

in Mitleidenschaft gezogen wurden. Unmittelbar vor Eintreffen der ersten Kreuzfahrerheere im Heiligen Land gelang den Fatamiden 1098 die Rückeroberung Jerusalems.

Das Königreich Jerusalem der Kreuzfahrerzeit

Die muslimische Eroberung Jerusalems hatte den Pilgerströmen nach Palästina keinen Abbruch getan, da den Christen weiterhin freier Zugang zu den heiligen Stätten gewährt wurde. Unter den Fatamiden und Seldschuken nahm allerdings die Feindseligkeit gegenüber dem Christentum dramatisch zu. Zudem waren die Pilgerrouten durch Kleinasien und Syrien unsicher geworden, nachdem das Byzantinische Reich seine östlichen Gebiete an die muslimischen Eroberer verloren hatte. Mit dem Krieg zwischen Fatamiden und Seldschuken um die Herrschaft in Palästina war das Pilgerwesen im späten 11. Jahrhundert weitgehend zum Erliegen gekommen, während es wenige Jahrzehnte zuvor anlässlich des Millenniums der Kreuzigung Jesu noch einen neuen Höhepunkt erreicht hatte. Diese Entwicklungen trugen ursächlich zur Kreuzzugbewegung bei, in der sich die traditionelle Wallfahrtsfrömmigkeit mit der neuen Idee des Glaubenskrieges gegen die Feinde des Christentums verband. Die mit geschickter Propaganda in Szene gesetzten Kreuzzüge lösten zu ihrer Zeit eine gewaltige Begeisterung aus. Mit ihnen verband sich die Vorstellung eines großen geistlichen Abenteuers und Kampfes für das Gute. Im geschichtlichen Rückblick dagegen erweisen sie sich als ungerechte und ausbeuterische Kriege von ungeheurer Brutalität, die das Heilige Land im Namen Jesu mit Blut besudelten.

Im November 1095 hielt Papst Urban II. nahe der französischen Stadt Clermont eine flammende Rede, in der er zu einem Kriegszug in den Osten aufrief. Für die Beteiligung an dem Unternehmen stellte er nichts Geringeres als die Vergebung der Sünden in Aussicht. Diese Rede stellte die Initialzündung für den Ersten Kreuzzug (1096–1099) dar, durch den die heiligen Stätten der Christenheit den Ungläubigen entrissen und die dort lebenden Christen vom Joch der muslimischen Herrschaft befreit werden sollten. Unter Führung des Grafen Gottfried von Bouillon zog ein mehrere Zehntausend Mann umfassendes Heer in den Osten. Das Unternehmen endete 1099 mit der Eroberung Jerusalems und einem grausamen Massaker an der Stadtbevölkerung. Im Osten entstanden mehrere Kreuzfahrerstaaten, darunter das Königreich Jerusalem, das neben Palästina auch Teile Syriens, des Libanons und Jordaniens umfasste. Als erster christlicher König von Jerusalem wurde Balduin von Bouillon gekrönt. Auf den Trümmern des Herodespalastes, von dem im Jüdischen Krieg nur die Türme erhalten geblieben waren, errichteten die Kreuzfahrer die Zitadelle als Königsresidenz.

Ende des 12. Jahrhunderts schwang sich der kurdische Sultan Saladin zum neuen muslimischen Großherrscher empor. Nachdem er 1097 im galiläischen Hattin die Kreuzfahrerheere vernichtend geschlagen hatte, kam Jerusalem wieder unter muslimische Kontrolle. Der Tempelberg mit Felsendom und Al-Aqsa-Moschee wurde von allen christlichen Einflüssen gereinigt und eine klare Aufteilung Jerusalems in ein

Die Grabeskirche befindet sich nach der christlichen Überlieferung an der Stelle, an der Jesus gekreuzigt und begraben wurde.

muslimisches und ein christliches Wohnviertel vollzogen. Alle Versuche der Kreuzfahrer, die Heilige Stadt zurückzuerobern, scheiterten. Dass es nochmals zu einem Intermezzo eines Herrschers aus dem Abendland auf dem Thron von Jerusalem kam, verdankte sich nicht militärischer Gewalt, sondern der Diplomatie. Im Friedensvertrag von Jaffa räumte der ägyptische Sultan Al-Kamil angesichts neuer heranrückender Kreuzfahrerheere dem Stauferkaiser Friedrich II. die Herrschaft über Jerusalem ein. Dieser verpflichtete sich im Gegenzug, die muslimische Oberhoheit über den Tempelberg mit der Al-Aqsa-Moschee und dem Felsendom nicht anzutasten. Im Jahr 1229 setzte sich der Enkel Barbarossas die Krone von Jerusalem auf, doch schon 1244 wurde die Stadt von den Aijubiden zurückerobert. Als wenige Jahrzehnte später die letzten Kreuzritterburgen im Heiligen Land fielen, war der Untergang des Königreichs Jerusalem unwiderruflich besiegelt.

Die Zeit des Osmanischen Reiches

Seit dem späten 13. Jahrhundert befand sich Jerusalem in der Hand der Mamelucken, die der Stadt durch zahlreiche Bauprojekte ein neues Gesicht gaben. Im Jahr 1516 brachte ihnen die osmanische Armee unter der Führung von Sultan Selim in Syrien nahe Aleppo eine vernichtende Niederlage bei. Im März des darauffolgenden Jahres zog Selim in Jerusalem ein, um die Schlüssel des Felsendoms und der Al-Aqsa-Moschee in Empfang zu nehmen. Für exakt 400 Jahre sollte Jerusalem nun zum Osmanischen Großreich gehören, das sich bis nach Ägypten und Arabien erstreckte. Über weite Strecken dieses Zeitraums war Jerusalem nicht mehr als eine Kleinstadt im Vorderen Orient, die ihren einstigen Glanz verloren hatte und als christliches Pilgerziel nahezu in Vergessenheit geraten war. Erst im 19. Jahrhundert rückte Jerusalem durch das Streben der europäischen Großmächte nach Präsenz in der Heiligen Stadt, das neu erwachte Interesse an den Stätten der Bibel, die zionistische Forderung nach einem jüdischen Nationalstaat und die Zuwanderung europäischer Juden wieder in den Fokus und erwachte zu neuer Blüte.

Beim Wettstreit der europäischen Großmächte um Einfluss in Jerusalem vermischten sich politische, religiöse und wissenschaftliche Motive. Im Jahr 1859 beschloss Zar Alexander II., in Jerusalem als Geburtsstätte der Kirche und Nabel des Christentums Flagge zu zeigen, um dadurch seine Machtstellung religiös zu untermauern. Das Zarenreich erwarb in der Heiligen Stadt ein Gelände, auf dem eine russisch-orthodoxe Kirche, ein Konsulat, ein Krankenhaus und Pilgerherbergen entstanden. Engländer, Franzosen und Deutsche zogen bald nach. Im Jahr 1869 kaufte der preußische Kronprinz Friedrich III. auf der Durchreise zur Eröffnung des Suezkanals ein Grundstück für den Bau der Erlöserkirche an, die am Reformationstag 1898 durch Kaiser Wilhelm II. und Kaiserin Auguste Viktoria eingeweiht wurde. Damit Wilhelm II. hoch zu Ross in Jerusalem einziehen konnte, wurde neben dem Jaffator ein Durchbruch an der Stadtmauer vorgenommen. Das Auguste-Viktoria-Hospital auf dem Skopusberg wurde 1910 fertiggestellt.

Gleichzeitig erwachte sowohl durch die Erweckungsbewegung als auch durch das Aufkommen der wissenschaftlichen Archäologie ein neues Interesse an den heiligen Stätten der Bibel. In vielen Ländern wurden in der zweiten Hälfte des 19. Jahrhunderts Vereine ins Leben gerufen, die sich mit der topografischen und archäologischen Erforschung des Heiligen Landes beschäftigen sollten. Die bekanntesten sind der in London gegründete Palestine Exploration Fund (1865), die American Palestine Exploration Society (1870) und der Deutsche Verein zur Erforschung Palästinas (1877). Bald entstanden auch in Jerusalem selbst Forschungsinstitutionen wie die École biblique et archéologique, die Dependance der American School of Oriental Research oder das Deutsche Evangelische Institut für Altertumswissenschaft des Heiligen Landes, die mit Genehmigung der osmanischen Behörden archäologische Expeditionen durchführten, um diese für die Interpretation der Bibel fruchtbar zu machen.

In ganz anderer Weise lenkte der Zionismus die Aufmerksamkeit auf Palästina und Jerusalem. Der sich im 19. Jahrhundert ausbreitende Nationalismus führte vielen Juden ihre Rolle als Fremdlinge in den europäischen Staaten schmerzhaft vor Augen und ließ den Wunsch nach einem eigenen Nationalstaat im angestammten Mutterland erwachen. Der Wiener Publizist Theodor Herzl gelangte in seiner Schrift »Der Judenstaat« vor dem Hintergrund von Antisemitismus und Pogromen zu der Überzeugung, dass es für das jüdische Volk ohne einen eigenen Staat niemals ein Leben in Sicherheit und Menschenwürde geben könne. Zur Durchsetzung dieses Ziels dienten die Zionistischen Kongresse, deren erster 1897 in Basel stattfand. Unabhängig von der Entwicklung der zionistischen Bewegung setzten in der zweiten Hälfte des 19. Jahrhunderts als Reaktion auf Unterdrückung und Pogrome erste Einwanderungswellen osteuropäischer Juden nach Palästina ein, mit denen der Keim für den arabisch-jüdischen Konflikt gelegt wurde. Erstmals seit dem Ende des gescheiterten Bar-Kochba-Aufstands und der Umwandlung Jerusalems in eine römische Kolonie begann nun wieder der jüdische Bevölkerungsanteil in der Stadt zahlenmäßig zu dominieren. Bereits 1874 wurde westlich der Altstadt mit dem Bau des von ultraorthodoxen Juden bewohnten Stadtviertels Mea Shearim begonnen.

Kaiser Wilhelm II. weiht 1898 in Jerusalem die Erlöserkirche ein.

Britische Soldaten im Jahr 1921 im Schnee an der Klagemauer

Unter britischem Mandat

Im Verlauf des Ersten Weltkriegs zogen im Dezember 1917 britische Truppen in Jerusalem ein. Der preußische General Falkenhayn und der osmanische Befehlshaber Dschemal Pascha räumten die strategisch bedeutungslose Stadt kampflos, um die heiligen Stätten nicht durch Kriegshandlungen zu gefährden. Bereits einen Monat zuvor hatte die britische Regierung in der Balfour-Deklaration den Zionisten ihre Unterstützung bei der Errichtung einer „nationalen Heimstätte" für das jüdische Volk in Palästina zugesagt. Nachdem die Briten seit Kriegsende Palästina beherrscht hatten, wurde ihnen 1920 auf der Konferenz der Alliierten in San Remo auch offiziell das Mandat über das Land erteilt. Das Mandatsgebiet wurde von einem britischen Hochkommissar verwaltet, dessen Regierungssitz sich im Auguste-Viktoria-Hospital befand. Die Ämter des Bürgermeisters und des Großmuftis von Jerusalem legten die Briten in die Hände einflussreicher arabischer Familien. Zum Großmufti wurde 1921 Amin al-Husseini ernannt, der sich früh für den nationalsozialistischen Judenhass begeisterte. Als er 1937 aus Jerusalem fliehen musste, fand er in Berlin politisches Asyl. Dort pflegte er enge Kontakte zu Hitler, Eichmann und Himmler und machte wiederholt seinen Einfluss geltend, um die Ausreise europäischer Juden nach Palästina zu verhindern.

Die Zeit der britischen Mandatsregierung war von Anfang an durch schwere Spannungen und gewalttätige Konflikte zwischen Juden und Arabern gekennzeichnet, die durch die stetig steigende Zahl der jüdischen Einwanderer und den zunehmenden Extremismus auf beiden Seiten verschärft wurden. Bis Anfang der 1930er-Jahre waren in mehreren Wellen weit mehr als 100 000 russische, polnische und rumänische Juden nach Palästina gekommen, die sich in ihren Herkunftsländern schweren Repressalien ausgesetzt sahen. Die systematische Verfolgung und Vernichtung der Juden während der nationalsozialistischen Schreckensherrschaft führten dazu, dass die Zahlen dramatisch nach oben schnellten. Nachdem es den Briten 1939 nur mit Mühe gelungen war, einen arabischen Aufstand in Jerusalem niederzuschlagen, bemühten sie sich um eine strikte Begrenzung der jüdischen Einwanderung und sandten unzählige Flüchtlinge nach Europa in den sicheren Tod zurück. Mit Ende des Zweiten Weltkriegs eskalierten die Spannungen, als die Briten fest entschlossen waren, die weitere Einwanderung von Juden, bei denen es sich überwiegend um Überlebende aus Hitlers Todeslagern handelte, durch eine Seeblockade zu stoppen. Auf jüdischer Seite setzte sich die Überzeugung durch, dass der in der Balfour-Deklaration anvisierte jüdische Staat den Briten nur mit Gewalt abzuringen war. Die seit 1920 als zionistische Kampftruppe entstandene Hagana, die später den Kern der israelischen Armee bildete, war mittlerweile auf etwa 25 000 Personen angewachsen. Mit der Irgun und dem Lechi hatten sich früh militante Terrorgruppen von der Hagana abgespalten. Gemeinsam legten diese drei Gruppierungen nun britische Einrichtungen durch Sabotageakte lahm und schleusten jüdische Einwanderer in das Land. Während sich die Hagana vom blutigen Terror distanzierte, verübte die Irgun unter Führung des späteren israelischen Ministerpräsidenten und Friedensnobelpreisträgers Menachem Begin Sprengstoffanschläge auf das King-David-Hotel und den englischen Offiziersclub in Goldsmith House. Hinzu kamen Massaker an der arabischen Zivilbevölkerung. Angesichts dieser Entwicklungen beschlossen die Briten 1947, sich aus Jerusalem zurückzuziehen und das weitere Schicksal Palästinas in die Hand der Vereinten Nationen zu legen.

Hauptstadt des Staates Israel

Im November 1947 beschloss die Vollversammlung der Vereinten Nationen die Teilung des Landes in einen jüdischen und einen palästinensischen Staat, wobei Jerusalem unter internationale Verwaltung gestellt werden sollte. Am 14. Mai 1948 verkündete Ben Gurion in Tel Aviv unter einem Porträt Herzls die Gründung des Staates Israel gemäß diesem Teilungsplan. Unmittelbar danach fielen die Streitkräfte Ägyptens, Jordaniens, Syriens, des Libanon und des Irak in das Land ein, um den neuen Staat zu eliminieren, bevor dieser sich konsolidieren konnte. In einem mehr als einjährigen Unabhängigkeitskrieg gelang es den gerade erst aufgestellten und schlecht ausgerüsteten israelischen Streitkräften die Angreifer zurückzudrängen. Im Rahmen des Waffenstillstandsabkommens von 1949 erfolgte die Teilung Jerusalems in einen israelischen Westsektor und einen von Jordanien beherrschten Ostsektor. Im Januar 1950 erklärte der Staat Israel Jerusalem zu seiner Hauptstadt, was von der internationalen Staatengemeinschaft bis heute nicht offiziell anerkannt, aber weitgehend hingenommen wird. Im Ostteil der Stadt ließ sich Abdullah von Jordanien zum König von Jerusalem krönen. Der Zugang zur Klagemauer blieb den Juden nach der Teilung Jerusalems verwehrt. Infolge des Sechstagekrieges, den Israel im Juni 1967 mit Ägypten, Syrien und Jordanien führte, kam auch Ostjerusalem mit der historischen Altstadt unter israelische Kontrolle und wurde verwaltungstechnisch dem Staat Israel angegliedert. Erstmals seit der Staatsgründung konnten Juden wieder an der Klagemauer beten. Den Tempelberg mit Felsendom und Al-Aqsa-Moschee stellte Israel unter autonome muslimische Verwaltung. Die Knesset beschloss 1967 ein Gesetz, das Muslimen den freien Zugang zu ihren heiligen Stätten sichert und diese vor Entweihung schützt. Das Jerusalemgesetz vom 30. Juli 1980 erklärt Jerusalem zur untrennbaren Hauptstadt Israels, was von palästinensischer Seite scharf kritisiert und als maßgebliches Hindernis auf dem Weg zum Frieden betrachtet wird. Mit seiner umstrittenen Siedlungspolitik in Ostjerusalem versucht Israel unverrückbare Tatsachen zu schaffen. Zusätzlich verschärft wird die Situation durch den 2003 begonnenen Bau von Sperranlagen, mit denen die Westbank zur Eindämmung von Selbstmordanschlägen systematisch vom israelischen Kernland abgetrennt und wirtschaftlich isoliert wird. Doch nicht nur im Hinblick auf den Friedensprozess im Nahen Osten geht Jerusalem durch eine seiner schwersten Krisen seit der Staatsgründung und steht vor einer ungewissen Zukunft. Die zunehmend gewalttätigen Konflikte zwischen ultraorthodoxen und säkularen Juden zeigen den tiefen Riss, der durch die Gesellschaft geht, und stellen neben erheblichen sozialen Spannungen eine ernsthafte Bedrohung für den inneren Frieden dar.

Die mehrere Jahrtausende umspannende Geschichte Jerusalems wurde von stetigen Höhen und Tiefen begleitet. Wohl kaum ein Ort dieser Welt hat über die Zeiten hinweg so viel Glanz und Pracht, aber auch so viel Leid und Schmerz gesehen wie die Heilige Stadt der Juden, Christen und Muslime. In Krisenzeiten hat Jerusalem immer über die Fähigkeit verfügt, sich selbst neu zu erfinden. Die Hoffnungen beruhen darauf, dass dies auch in Zukunft so sein wird.

Jerusalem, Stadt der Religionen: vom Tempelberg, der von den Muslimen Haram asch-Scharif genannt wird, erschließt sich ein Blick auf den Ölberg, der von alters her als jüdischer Friedhof dient.

4000–1000 v. Chr.

um 3500 v. Chr.	Erste Spuren eines Hirtenlagers an der Gichon-Quelle
um 3000 v. Chr.	Dörfliche Siedlung an der Gichon-Quelle
um 1900 v. Chr.	Erstmalige Erwähnung Jerusalems (Uruschalimum) in ägyptischen Fluchtexten
um 1350 v. Chr.	Erwähnung des kanaanäischen Stadtstaates Jerusalem (Urusalim) in der Armana-Korrespondenz
um 1000 v. Chr.	Eroberung Jerusalems durch David; Überführung der Bundeslade nach Jerusalem

1000–4 v. Chr.

952 v. Chr.	Einweihung des von Salomo erbauten Tempels
926 v. Chr.	Reichsteilung nach dem Tod Salomos; Jerusalem als Hauptstadt des Südreichs Juda
722 v. Chr.	Untergang des Nordreichs Israel nach der Eroberung durch die Assyrer
701 v. Chr.	Belagerung Jerusalems durch den assyrischen König Sanherib
597 v. Chr.	Eroberung Jerusalems durch den babylonischen König Nebukadnezzar; erste Deportation nach Babylon
586 v. Chr.	Erneute babylonische Eroberung Jerusalems; Zerstörung von Stadt und Tempel; weitere Deportationen; Untergang des Königreichs Juda
538 v. Chr.	Aufhebung des Exils durch den Perserkönig Kyros und Wiederaufbau Jerusalems
515 v. Chr.	Einweihung des Zweiten Tempels
486 v. Chr.	Einrichtung der persischen Provinz Jehud mit Jerusalem als Hauptstadt
um 450–400 v. Chr.	Reformen Nehemias und Esras
333 v. Chr.	Sieg Alexanders des Großen über den Perserkönig Darius und Beginn der hellenistischen Herrschaft über den Vorderen Orient
301–200 v. Chr.	Ptolemäerherrschaft über Jerusalem
200–142 v. Chr.	Jerusalem als Teil des Seleukidenreichs
172 v. Chr.	Beginn des Makkabäeraufstands
164 v. Chr.	Rückeroberung des Tempels durch Judas Makkabäus; Chanukkafest
152 v. Chr.	Usurpation des Hohepriesteramts durch den Makkabäer Jonathan
142 v. Chr.	Begründung der hasmonäischen Herrscherdynastie durch den Makkabäer Simon
63 v. Chr.	Einmarsch des Pompeius in Jerusalem; Untergang des Hasmonäerreichs
40–37 v. Chr.	Wiederherstellung des Hasmonäerreichs durch Antigonos
37–4 v. Chr.	Königreich von Herodes dem Großen

4 v. Chr. – 1000 n. Chr.

4 v. Chr. – 6 n. Chr.	Tetrarchie des Archelaus
6–41 n. Chr.	Erste römische Provinz Judäa
30 n. Chr.	Kreuzigung Jesu von Nazaret
41–44 n. Chr.	Königreich von Agrippa I.
ab 44 n. Chr.	Zweite römische Provinz Judäa
um 50 n. Chr.	Übertragung der Tempelaufsicht an Agrippa II.
62 n. Chr.	Hinrichtung des Herrenbruders Jakobus, des Leiters der Jerusalemer Urgemeinde
66–70 n. Chr.	Erster Jüdischer Krieg gegen die Römer; Zerstörung Jerusalems und des Tempels (70)
132–135 n. Chr.	Zweiter Jüdischer Krieg gegen die Römer unter Bar Kochba; Umwandlung Jerusalems in die römische Kolonie Aelia Capitolina und Umbenennung der Provinz Judäa in Palästina (135)
324 n. Chr.	Sieg Konstantins über Licinius; Beginn der byzantinischen Herrschaft über Jerusalem
325 n. Chr.	Konzil von Nicäa; Auftakt zur Suche nach den heiligen Stätten des Wirkens Jesu und zur Errichtung von Basiliken in Jerusalem
614 n. Chr.	Eroberung Jerusalems durch die Perser
628 n. Chr.	Rückeroberung der Heiligen Stadt durch Kaiser Heraklius I.
638 n. Chr.	Muslimische Eroberung Jerusalems durch die Generäle des Kalifen Omars; Bau einer Moschee auf dem Tempelberg
660–750 n. Chr.	Herrschaft der Omaijadendynastie (Damaskus) über Jerusalem; Bau des Felsendoms (um 688) und der Al-Aqsa-Moschee (um 710)
750–970 n. Chr.	Herrschaft der Abbasiden (Bagdad) über Jerusalem
970–1073 n. Chr.	Herrschaft der Fatamiden (Kairo) über Jerusalem

1000–2000 n. Chr.

1073–1098	Herrschaft der Seldschuken (Bagdad) über Jerusalem
1099–1187	Königreich Jerusalem der Kreuzfahrer
1187–1260	Herrschaft der Aijubiden über Jerusalem
1229–1244	Intermezzo von Friedrich II. auf dem Königsthron in Jerusalem
1260–1514	Herrschaft der Mamelucken über Jerusalem
1516–1917	Jerusalem als Teil des Osmanischen Reiches
ab 1870	Erste jüdische Einwandererwellen aus Osteuropa
1897	Erster Zionistischer Weltkongress in Basel
1898	Einweihung der Erlöserkirche; Kaiser Wilhelm II. in Jerusalem
1917	Besetzung Jerusalems durch britische Truppen unter General Allenby
1920–1948	Britische Mandatszeit
1948	Unabhängigkeitserklärung des Staates Israel; arabische Invasion
1949	Waffenstillstandsabkommen mit Jordanien; Teilung Jerusalems
1967	Sechstagekrieg; faktische Einverleibung Ostjerusalems in den Staat Israel
1980	Jerusalemgesetz der Knesset; Proklamierung von ganz Jerusalem als Hauptstadt Israels
2003	Beginn der Errichtung von Sperranlagen zur Abschottung gegenüber der Westbank

Literaturverzeichnis

Darstellungen der jüdischen Geschichte in der Zeit des Zweiten Tempels

Klaus Bringmann: Geschichte der Juden im Altertum. Vom babylonischen Exil bis zur arabischen Eroberung, Stuttgart 2005.

Bernd Kollmann: Einführung in die Neutestamentliche Zeitgeschichte, 2. Auflage, Darmstadt 2011.

Johann Maier: Zwischen den Testamenten. Geschichte und Religion in der Zeit des zweiten Tempels, Würzburg 1990.

Markus Sasse: Geschichte Israels in der Zeit des Zweiten Tempels. Historische Ereignisse – Archäologie – Sozialgeschichte – Religions- und Geistesgeschichte, 2. Auflage, Neukirchen-Vluyn 2009.

Peter Schäfer: Geschichte der Juden in der Antike, 2. Auflage, Tübingen 2010.

Emil Schürer: The History of the Jewish People in the Age of Jesus Christ (175 B.C. – A.D. 135), hrsg. von G. Vermes u. a., 3 Bde., Edinburgh 1973–1987.

Publikationen zur Geschichte, Religion und Kultur Jerusalems

Karen Armstrong: Jerusalem. Die Heilige Stadt, München 1996 *(fachlich fundierter und gut zu lesender Abriss der Geschichte Jerusalems von den Anfängen bis zur Gegenwart).*

Shalom Ben-Chorin: Ich lebe in Jerusalem, München 1972 *(später durch das Werk „Jugend an der Isar" ergänzte Autobiografie des Journalisten und Religionswissenschaftlers Shalom Ben-Chorin, der 1913 in München als Fritz Rosenthal geboren wurde und 1935 aus Nazi-Deutschland nach Jerusalem emigrierte).*

Klaus Bieberstein/Hanswulf Bloedhorn: Jerusalem. Grundzüge der Baugeschichte vom Chalkolithikum bis zur Frühzeit der osmanischen Herrschaft, 3 Bde., Wiesbaden 1994 *(Spezialuntersuchung für Interessierte).*

Hannah M. Cotton u. a. (Hg.): Corpus inscriptionum Iudaeae/Palaestinae. Bd. 1 Jerusalem. Teil 1–2, Berlin/New York 2010/2012 *(Edition aller Inschriften aus dem antiken Jerusalem mit englischer Übersetzung und Kommentierung).*

Yaron Gil: Jerusalem. Ein historischer und politischer Stadtführer, München 2007 *(legt den Fokus auf den Nahostkonflikt und das gegenwärtige Leben in Jerusalem).*

Annette Großbongardt u. a. (Hg.): Jerusalem. Die Geschichte einer heiligen Stadt, München 2011 *(Buchausgabe des „Spiegel Geschichte"- Heftes 3/2009 „Jerusalem. Geburtsstadt des Glaubens", das einen lebendigen und facettenreichen Überblick über die Geschichte und Gegenwart Jerusalems gibt).*

Martin Hengel: Jerusalem als jüdische und hellenistische Stadt, in: B. Funck: (Hg.): Hellenismus. Beiträge zur Erforschung von Akkulturation und politischer Ordnung in den Staaten des hellenistischen Zeitalters, Tübingen 1996, S. 269–306 *(fachwissenschaftlicher Aufsatz, der gut die Hellenisierung Jerusalems in neutestamentlicher Zeit aufzeigt).*

Othmar Keel: Die Geschichte Jerusalems und die Entstehung des Monotheismus, 2 Bde., Göttingen 2007 *(eine auf die Religionsgeschichte Jerusalems fokussierte Studie von fast 1 500 Seiten).*

Ders.: Jerusalem und der eine Gott. Eine Religionsgeschichte, Göttingen 2011 *(Kurzfassung des oben genannten Werkes auf etwa 120 Seiten).*

Irmela Körner/Alfred Paffenholz: Jerusalem. Stadt des Friedens. Ein Streifzug durch 3000 Jahre, Zürich/Düsseldorf 1996 *(auf Jerusalem bezogene Texte aus 3000 Jahren werden mit eindrucksvollen Fotos von Günther Sydow unterlegt).*

Max Küchler: Jerusalem. Ein Handbuch und Studienreiseführer zur Heiligen Stadt, Göttingen 2007 *(das Standardwerk schlechthin zum antiken und mittelalterlichen Jerusalem mit Schwerpunkt auf der Archäologie).*

Eckart Otto: Jerusalem – die Geschichte der Heiligen Stadt. Von den Anfängen bis zur Kreuzfahrerzeit, Stuttgart 1980 *(primär historisch und archäologisch orientierter Abriss der Geschichte Jerusalems bis ins Mittelalter).*

Ders.: Das antike Jerusalem. Archäologie und Geschichte, München 2008 *(eine aktualisierte, allerdings kürzere Abhandlung desselben Autors, die bereits mit der muslimischen Eroberung Jerusalems im 7. Jahrhundert endet).*

Amos Oz: Eine Geschichte von Liebe und Finsternis, 9. Auflage, Frankfurt a. M. 2006 *(faszinierender autobiografischer Roman des 1935 geborenen israelischen Journalisten, in dem er seine Kindheit im Jerusalem der britischen Mandatszeit, die Gründung des Staates Israel und seine Zeit im Kibbuz Hulda beschreibt).*

Francis E. Peters: Jerusalem: The Holy City in the Eyes of Chroniclers, Visitors, Pilgrims, and Prophets from the Days of Abraham to the Beginnings of Modern Times, Princeton 1985 *(Porträt der Heiligen Stadt auf der Grundlage der Augenzeugenberichte von Jerusalembesuchern aller Zeiten und Religionen).*

Marcel Poorthuis/Chana Safrai (Hg.): The Centrality of Jerusalem: Historical Perspectives, Kampen 1996 *(Sammlung von wissenschaftlichen Aufsätzen, in denen die Rolle Jerusalems in Texten von der Zeit des Alten Testaments bis in die Kreuzfahrerzeit exemplarisch beleuchtet wird).*

Jürgen Schefzyk/Wolfgang Zwickel (Hg.): Judäa und Jerusalem. Leben in römischer Zeit, Stuttgart 2010 *(reichhaltig bebilderter Ausstellungskatalog mit zahlreichen Beiträgen zur Geschichte, Religion und Kultur Judäas bzw. Jerusalems in römischer Zeit).*

Simon Sebag Montefiore: Jerusalem. Die Biographie, Frankfurt a. M. 2011 *(eine ausgesprochen unterhaltsam geschriebene und gut recherchierte Geschichte Jerusalems).*

Dieter Vieweger: Abenteuer Jerusalem. Die aufregende Geschichte einer Stadt dreier Weltreligionen, Gütersloh 2011 *(ein Kinderbuch, an dem auch Erwachsene Spaß haben).*

Welt und Umwelt der Bibel Heft 1/1996: 3000 Jahre Jerusalem.

Welt und Umwelt der Bibel Heft 2/2000: Faszination Jerusalem.

Faszination Jerusalem

Rainer Albertz: Religionsgeschichte Israels in alttestamentlicher Zeit, 2 Bde., 2. Auflage, Göttingen 1996/1997.

Antonius J. Gunneweg: Geschichte Israels von den Anfängen bis Bar Kochba und von Theodor Herzl bis zur Gegenwart, 6. Auflage, Stuttgart 1989.

Barbara Schmitz: Geschichte Israels, Paderborn 2011.

Michael Till/Wolfgang Zwickel: Religionsgeschichte Israels. Von der Vorzeit bis zu den Anfängen des Christentums, Darmstadt 2011.

Der Aufstand der Makkabäer und die Hasmonäerdynastie

Bezalel Bar-Kochva: Judas Maccabaeus. The Jewish Struggle against the Seleucids, Cambridge 1989.

Klaus Bringmann: Hellenistische Reform und Religionsverfolgung in Judäa, Göttingen 1983.

Regev Eyal: The Hasmoneans. Ideology, Archaeology, Identity, Göttingen 2013.

Herodes erschafft seine Hauptstadt

Ernst Baltrusch: Herodes – König im Heiligen Land. Eine Biografie, München 2012.

Linda Marie Günther: Herodes und Jerusalem, Stuttgart 2009.

Dies. (Hg.): Herodes der Große, 2. Auflage, Darmstadt 2012.

Sarah Japp: Die Baupolitik Herodes' des Großen. Die Bedeutung der Architektur für die Herrschaftslegitimation eines römischen Klientelkönigs, Rahden 2000.

Nikos Kokkinos: The Herodian Dynasty. Origins, Role in Society and Eclipse, Sheffield 1998.

Armin Lichtenberger: Die Baupolitik Herodes des Großen, Wiesbaden 1999.

Ehud Netzer: Die Paläste der Hasmonäer und Herodes' des Großen, Mainz 1999.

Abraham Schalit: König Herodes. Der Mann und sein Werk, 2. Auflage Berlin/New York 2001.

Manuel Vogel: Herodes. König der Juden, Freund der Römer, Leipzig 2002.

Ein Platz für die Ewigkeit: Der Tempel

Jostein Adna: Jerusalemer Tempel und Tempelmarkt im 1. Jahrhundert n. Chr., Wiesbaden 1999.

Dan Bahat: The Herodian Temple, in: W. Horbury, u. a. (Hg.): The Cambridge History of Judaism 3, Cambridge 1999, S. 38–58.

Gabriele Faßbeck: „Unermesslicher Aufwand und unübertreffliche Pracht" (bell 1,401). Vom Nutzen und Frommen des Tempelneubaus unter Herodes dem Großen, in: Stefan Alkier/Jürgen Zangenberg (Hg.): Zeichen aus Text und Stein, Tübingen 2003, S. 222–249.

Welt und Umwelt der Bibel Heft 3/1999: Der Tempel von Jerusalem.

Die Herrschaft der Römer

Alexander Demandt: Hände in Unschuld. Pontius Pilatus in der Geschichte, Köln u. a. 1999.

Werner Eck: Rom und Judaea. Fünf Vorträge zur römischen Herrschaft in Palästina, Tübingen 2007.

Ralf-Peter Märtin: Pontius Pilatus – Römer, Ritter, Richter, Frankfurt a. M. 2012.

E. Mary Smallwood: The Jews under Roman Rule. From Pompey to Diocletian, Leiden 1976.

Das Leben in der Heiligen Stadt

Kurt Erlemann u. a. (Hg.): Neues Testament und Antike Kultur, 5 Bde., Neukirchen-Vluyn 2004–2011.

Emilio Gabba: The Social, Economic and Political History of Palestine 63 BCE–CE 70, in: W. Horbury u. a. (Hg.): The Cambridge History of Judaism 3, Cambridge 1999, S. 94–167.

Joachim Jeremias: Jerusalem zur Zeit Jesu. Eine kulturgeschichtliche Untersuchung zur neutestamentlichen Zeitgeschichte, 3. Auflage, Göttingen 1962.

Ze'ev Safrai: The Economy of Roman Palestine, London/New York 1994.

Michael Tilly: So lebten Jesu Zeitgenossen. Alltag und Glaube im antiken Judentum, Stuttgart 2008.

Religion zur Zeit Jesu

Roland Deines: Die Pharisäer. Ihr Verständnis im Spiegel der christlichen und jüdischen Forschung seit Wellhausen und Graetz, Tübingen 1997.

Martin Hengel: Die Zeloten. Untersuchungen zur jüdischen Freiheitsbewegung in der Zeit von Herodes I. bis 70 n. Chr., 2. Auflage, Leiden/Köln 1976.

Richard A. Horsley/John S. Hanson: Bandits, Prophets, and Messiahs. Popular Movements at the Time of Jesus, Minneapolis 1985.

Rainer Riesner: Essener und Urgemeinde in Jerusalem, 2. Auflage, Gießen 1998.
Hartmut Stegemann: Die Essener, Qumran, Johannes der Täufer und Jesus, 10. Auflage, Freiburg 2007.
Günter Stemberger: Pharisäer, Sadduzäer, Essener, Stuttgart 2013.

Jesus in Jerusalem

Willibald Bösen: Der letzte Tag des Jesus von Nazaret. Was wirklich geschah, Freiburg 1999.
Michael Hesemann: Die stummen Zeugen von Golgatha. Die faszinierende Geschichte der Passionsreliquien Jesu, München 2000.
Shimon Gibson: Die sieben letzten Tage Jesu. Die archäologischen Tatsachen, München 2010.
Bernd Kollmann: Die Jesus-Mythen. Sensationen und Legenden, 2. Auflage, Freiburg 2009.
Ders.: Das Grabtuch von Turin – ein Porträt Jesu? Mythen und Fakten, Freiburg 2010.
Clemens Kopp: Die heiligen Stätten der Evangelien, 2. Auflage, Regensburg 1964.
Gerhard Kroll: Auf den Spuren Jesu. Sein Leben – sein Wirken – seine Zeit, 12. Auflage, Leipzig 2002.
Wolfgang Reinbold: Der Prozess Jesu, Göttingen 2006.
Peter Walker: Unterwegs im Heiligen Land. Das illustrierte Sachbuch zu den Orten Jesu, Stuttgart 2008.
Welt und Umwelt der Bibel Heft 2/2007: Auf den Spuren Jesu. Bd. 2: Jerusalem.

Herodes Agrippa I.: Der letzte König von Judäa

Daniel R. Schwartz: Agrippa I. The Last King of Judaea, Tübingen 1990.
Gerd Theißen: Die Verfolgung unter Agrippa I. und die Autoritätsstruktur der Jerusalemer Gemeinde, in: Ulrich Mell/Ulrich B. Müller (Hg.): Das Urchristentum in seiner literarischen Geschichte (Festschrift für Jürgen Becker), Berlin/New York 1999, S. 263–289.

Die Anfänge der Kirche

Dietrich-Alex Koch: Geschichte des Urchristentums, Göttingen 2013.
Ludger Schenke: Die Urgemeinde. Geschichtliche und theologische Entwicklung, Stuttgart 1990.
Alexander J. M. Wedderburn: A History of the First Christians, London/New York 2004.
Dieter Zeller (Hg.): Christentum I. Von den Anfängen bis zur Konstantinischen Wende, Stuttgart 2002.

Die Erhebung der Juden gegen die Römer

Andrea M. Berlin/J. Andrew Overman: The First Jewish Revolt: Archaeology, History, and Ideology, London/New York 2002.
Martin Goodman: The Ruling Class of Judaea. The Origins of the Jewish Revolt against Rome A.D. 66–70, Cambridge 1987.
Peter Schäfer: Der Bar Kokhba-Aufstand. Studien zum zweiten jüdischen Krieg gegen Rom, Tübingen 1981.
Ders. (Hg.): The Bar Kokhba War Reconsidered. New Perspectives on the Second Jewish Revolt against Rome, Tübingen 2003.

Von der Antike in die Gegenwart

Dieter R. Bauer (Hg.): Jerusalem im Hoch- und Spätmittelalter. Konflikte und Konfliktbewältigung – Vorstellungen und Vergegenwärtigungen, Frankfurt a. M. 2001.

Michael Brenner: Geschichte des Zionismus, München 2002.

Herbert Donner: Pilgerfahrt ins Heilige Land. Die ältesten Berichte christlicher Palästinapilger (4.–7. Jahrhundert), 2. Auflage, Stuttgart 2002.

Nikolaus Jaspert: Die Kreuzzüge, 2. Auflage, Darmstadt 2004.

Hans Wolfram Kessler/Konrad Kessler: Ritter im Heiligen Land. Kreuzfahrerstätten in Israel, Darmstadt 2013.

Gudrun Krämer: Geschichte Palästinas. Von der osmanischen Eroberung bis zur Gründung des Staates Israel, 5. Auflage, München 2006.

Ruth Lester/Carrie Steenwyk/John D. Witvliet: Walking Where Jesus Walked. Worship in Forth-Century Jerusalem, Grand Rapids/Cambridge 2010.

Georg Röwekamp (Hg.): Egeria. Itinerarium – Reisebericht, Freiburg 1995.

Carsten Schliswiki: Geschichte des Staates Israel, Stuttgart 2012.

Carlo Strenger: Israel – Einführung in ein schwieriges Land, Berlin 2011.

Dieter Vieweger: Streit um das Heilige Land. Was jeder vom israelisch-palästinensischen Konflikt wissen sollte, 2. Auflage, Gütersloh 2010.

Abbildungsnachweis

2 akg-images/Erich Lessing; 8 Palmedia Publishing Services, Berlin; 11–13 akg-images/Erich Lessing; 15 Palmedia Publishing Services, Berlin; 16 akg-images/Erich Lessing; 19 R. u. S. Michaud/akg-images; 20 akg-images/Erich Lessing; 23 akg/Bible Land Pictures; 24–27 akg-images; 28 akg/Bible Land Pictures; 30 akg-images/Erich Lessing; 31 akg/Bible Land Pictures; 32 akg-images; 35–36 Palmedia Publishing Services, Berlin; 39 akg-images/MPortfolio/Electa; 40 akg-images; 42 Palmedia Publishing Services, Berlin; 45 akg-images/Erich Lessing; 46 Palmedia Publishing Services, Berlin; 47 akg-images; 49 akg/Bible Land Pictures; 50 akg-images; 52 akg/Bible Land Pictures; 53–58 akg-images/Erich Lessing; 60–62 Palmedia Publishing Services, Berlin; 63 akg-images/Cameraphoto; 64 akg-images; 65 akg/De Agostini Pict. Lib.; 66–73 akg-images/Erich Lessing; 74 akg/Bible Land Pictures; 77 akg-images/MPortfolio/Electa; 78–82 akg-images/Erich Lessing; 85 akg-images; 86 akg-images/Erich Lessing; 89 Hervé Champollion/akg-images; 90 akg-images/British Library; 93–94 akg/Bible Land Pictures; 96 akg-images/Erich Lessing; 99 Palmedia Publishing Services, Berlin; 100 akg-images/MPortfolio/Electa; 103 akg-images/Erich Lessing; 104 Yvan Travert/akg-images; 107–108 akg/Bible Land Pictures; 109 Yvan Travert/akg-images; 110–113 Palmedia Publishing Services, Berlin; 114 akg-images/Erich Lessing; 118 akg/Bible Land Pictures; 121 akg-images/Erich Lessing; 122 akg/Bible Land Pictures; 125–126 akg-images; 129 akg-images/Rabatti-Domingie; 130 akg-images/Nimatallah; 133–134 akg-images/Erich Lessing; 137 Palmedia Publishing Services, Berlin; 138 akg-images; 139 akg/Bible Land Pictures; 140 akg-images/Erich Lessing; 143 akg/Bible Land Pictures; 144 akg-images; 147 akg-images/Ulrich Sahm; 148–149 Yvan Travert/akg-images; 153 akg-images/Archives CDA/St-Genès; 156 picture alliance/dpa; 160–163 akg-images/Erich Lessing; 165 Yvan Travert/akg-images; 166–170 akg-images/Erich Lessing; 172 Palmedia Publishing Services, Berlin; 174 akg-images/Erich Lessing; 177 R. u. S. Michaud/akg-images; 178 akg-images/A. F. Kersting; 181–182 akg-images; 185 Palmedia Publishing Services, Berlin

Karten: Palmedia Publishing Services, Berlin